학교교사를 위한

디지털교육 가이드

조규락 저

DIGITAL EDUCATION GUIDE
for School Teachers

양 성 원

머리말

디지털과 인공지능은 우리 시대의 화두(話頭)입니다. 우리의 삶과 사회를 근본부터 바꿀 수 있는 기술이라고 기대와 우려를 동시에 받고 있죠. 교육계에서도 다르지 않습니다. 이를 반영하듯, 2022 개정 교육과정은 모든 교과에서 디지털 소양을 기본으로 삼고 있습니다. 자라나는 세대가 학교교육이라는 의무교육에서 꼭 길러야 하는 소양, 역량이 된 겁니다. 교육과정 속에 기본 소양이 되었다는 의미는 그것을 학생 때부터 의무적으로 차근차근 길러주어 곧 마주칠 변화에 슬기롭게 대처할 수 있도록 해주어야 한다는 기대를 반영하는 것입니다만, 동시에 의무교육을 통해서라도 익히지 않으면 곧 마주칠 변화에 의해 도태될 수 있다는 우려를 반영하는 것입니다. 따라서 자라나는 학생에게 디지털과 인공지능 기술은 필수적인 역량이란 뜻입니다.

교육과정은 교사에 의해서 최종적으로 실현됩니다. 다시 말해 학교에서 학생은 길러야 할 역량을 교사로부터 배웁니다. 그런데 교사가 디지털과 인공지능 기술 역량이 없거나 부족하다면? 수학을 잘 모르는 교사가 수학을 잘 가르치기 어려운 것처럼, 디지털과 인공지능 기술을 잘 모르면 디지털과 인공지능 기술을 잘 가르치기 어렵습니다. 혹여, 누군가 아는 것과 가르치는 것은 별개라고 하면서 앎에 대한 노력을 소홀히 할지 모릅니다. 그러나 아는 것과 가르치는 것이 별개란 것은 아는 것과 가르치는 것의 관계를 나타내는 것이지, 모르는 것과 가르치는 것의 관계를 나타내는 말이 아닙니다. 아는 상태에서 가르치는 것과 모르는 상태에서 가르치는 것은 근본적으로 다릅니다. 디지털과 인공지능이 이미 사회를 변화시키고 있고, 이를 대비한 교육을 실패 없이 마련하고자 한다면, 교육의 실행 주체로서 교사의 디지털과 인공지능 역량 역시 중요하다는 뜻입니다.

〈디지털교육〉이라는 교직소양과목의 신설은 교사의 디지털과 인공지능 역량을 길러주기 위해 교육계가 야심차게 구체화한 노력의 모습입니다. 〈디지털교육〉은 사범대학이나 교육대학처럼 교사양성기관이 교육과정에 배치하여 개설하는 강좌의 이름으로서 교사 자격증 취득을 위해서는 반드시 수강해야 할 과목입니다. 이 과목을 통해서 장차 학교에서 자라나는 학생을 가르칠 모든 예비교사의 디지털과 인공지능 역량을 향상시켜주자는 의도인 것이죠.

이 책은 교직소양과목인 〈디지털교육〉과 직접적인 관계를 맺고 있습니다. 〈디지털교육〉에서 주교재로서 활용할 것을 목적으로 디지털과 인공지능 기술에 대한 기초 소양의 내용을 충실히 다루고 있기 때문입니다. 교직소양과목으로서 〈디지털교육〉의 범위를 넘어서는 심층적인 내용은 제외하였기 때문에, 비록 디지털과 인공지능에 대해 지식이 부족한 고등학교 문과 출신의 예비교사일지라도 읽고 이해하는 것에 어려움은 없을 것입니다. 따라서 이 책은 예비교사의 디지털과 인공지능 역량 향상에 도움을 줄 것으로 확신합니다.

이 책은 총 열한 개의 장으로 되어 있고, 크게 세 파트로 나눌 수 있습니다. 첫째 파트는 1~3장으로 구성된 디지털과 인공지능의 배경적 지식 측면입니다. 이 파트에서는 디지털과 인공지능의 시대적 역사와 교육의 역할, 인공지능과 인공지능 교육의 의미, 디지털 리터러시의 중요성 등을 다룹니다. 둘째 파트는 4~9장으로 구성된 디지털과 인공지능의 구체적 실천 측면입니다. 이 파트에서는 데이터 사이언스, 에듀테크, 교육도구와 플랫폼, 인공지능 디지털 교과서, 생성형 인공지능, 디지털 및 인공지능 기반 수업모형 등을 다룹니다. 셋째 파트는

10, 11장으로 구성된 디지털과 인공지능의 윤리적 측면입니다. 이 파트에서는 디지털과 인공지능의 윤리적 쟁점과 사회적 파급력 등을 다룹니다. 이로써 예비교사는 이 책에서 디지털과 인공지능의 1) 배경 지식과 2) 구체적 실천 모습과 3) 윤리적 이슈를 체계적으로 습득할 수 있습니다.

이 책의 주목적이 교직소양과목 〈디지털교육〉의 교재이기는 해도 이 책의 독자가 〈디지털교육〉 수강생인 예비교사에 국한하지는 않습니다. 디지털과 인공지능에 대해 각종 연수를 받아야 하고 당장 실제 수업에서 그것을 적용해야 하는 학교의 현직 교사에게도 유익합니다. 기초 소양의 내용을 매우 충실히 담아냈다고 믿기 때문입니다. 또 예비교사는 조만간 학교의 교사가 되므로 주요 독자를 예비교사와 학교교사로 굳이 나눌 필요도 없겠습니다. 그리고 인문·사회적 관점에서 디지털과 인공지능에 관심을 갖고 있는 일반 독자에게도 충분히 읽을거리가 될 수도 있습니다. 이 분들에게는 이 책이 디지털과 인공지능 자체의 지식뿐만 아니라 교육계에서 디지털과 인공지능에 어떻게 접근하는지를 파악할 수 있는 단초를 제공할 수 있기 때문입니다.

한편으로 이 책은 교직소양과목 〈디지털교육〉의 내용적 깊이의 한계 때문에 디지털과 인공지능의 전문적인 내용은 다룰 수 없었습니다. 그렇다고 내용이 부실하다는 뜻은 아닙니다(〈디지털교육〉에 필요한 소양 내용은 풍성하게 수록하였습니다). 하여, 이미 상당한 지식이 축적된 여러 독자는 부족함을 느낄 수 있습니다. 하지만 이 책을 통해 그러한 부족함을 느낀 독자라면 분명 보다 깊이 있는 내용으로 구성된 다른 서적을 찾아 읽게 될 것이라 생각합니다.

책의 원래 제목은 군더더기 없이 『디지털교육』으로 하려 했습니다. 그러나 책 내용이 '디지털교육'의 범위와 깊이에 있어서 모든 것을 포괄하는 것이 아니란 것을 아는 상태에서 책 제목을 『디지털교육』으로 하자니 선뜻 마음이 내키지 않았습니다. 책 제목이 과장된 것이란 생각이 들었죠. 또 장차 누군가의 연구나 논문에서 인용될 참고문헌으로서의 정확한 위치를 드러내 줄 필요도 있을 거라는 생각도 했습니다. 그래서 이 책의 주요 독자층이 누구인지를 밝히는 마음을 담아 '학교교사'를 원래 제목 앞에, 그리고 이 책이 길잡이와 안내자 역할을 했으면 하는 희망을 담아 영어 단어 '가이드(guide)'를 원래 제목 뒤에 붙였습니다. 이렇게 하여 『학교교사를 위한 디지털교육 가이드』라는 책 제목이 탄생하였습니다. '가이드(guide)'는 무언가 하는 것을 돕는 역할을 합니다. 모쪼록 이 책이 학교교사를 포함한 모든 독자를 디지털과 인공지능으로 '가이드'하면서 돕는 역할을 충실히 하는 도서가 되었으면 좋겠습니다.

끝으로 이 책이 지금의 모습으로 예쁘게, 멋있게 만들어주신 양성원 출판사 강철원 대표님 및 편집부 관계자 분들에게도 감사한 마음을 전하고 싶습니다.

2025년 한 여름 무더운 열기 속에서
저자 조규락

사족(蛇足)을 달겠습니다.

많은 사람들이 이구동성(異口同聲)으로 말합니다. 세상이 기술(technology)에 의해 빠르게 변화하고 있다고, 인류 역사상 기술 주도에 의한 이렇게 빠른 변화는 일찍이 없었다고 말이죠. 저자도 동감합니다. 여러 분야 중에서 매우 보수적이라는 평가를 받는 교육계를 보더라도 인터넷 기반 교육, ICT 활용교육, e-러닝, u-러닝, 스마트교육, 코딩교육, AI교육까지 이 모든 것들이 한 세대 안에서 벌어진 일들입니다.

책의 본문에서도 밝힌 것이지만 일단 기술이 등장하고 사람들이 그 기술 사용의 편리함과 유용함에 익숙해지면 그 기술이 없던 과거의 세상으로 되돌아가는 것은 불가능에 가깝습니다. 자동차 없이, 컴퓨터 없이, 스마트폰 없이 살아가기 어렵습니다. 개별적으로 무인도나 산 속에 들어가 다른 사람과 교류 없이 산다면 가능할 수 있으나 사회 전체가 그렇게 될 수는 없습니다. 이런 기술들이 우리의 삶을 얼마나 어떻게 변화시켰는지는 굳이 말할 필요도 없습니다.

그러고 보면 기술 진보는 변화를 추동하고 있는 게 확실합니다. 그런데 이것이 전부고 핵심일까요?

기술은 어느 날 갑자기 등장하지 않습니다. 거기에는 필요, 의지, 욕망, 목적, 수단, 노력 등으로 불릴 수 있는 갖가지 사연이 있습니다. 저는 이런 사연들을 '마음(minds)'이란 단어로 포괄하여 표현하겠습니다. 먼 곳을 빠르게 이동하고 싶은 마음이 없었다면, 신속하고 정확하게 계산하고 싶은 마음이 없었다면, 다른 곳에 있는 누군가와 통신하고 싶은 마음이 없었다면, 자동차와 컴퓨터와 전화는 등장하지 않았을 겁니다.

기술의 저편에는 사람들의 사연, 즉 마음이 있습니다. 종종 그 마음이 잘 보이지 않습니다. 기술에서는 그 마음을 드러내는 것보다 숨기는 편이 더 발전한 모습일지도 모릅니다. 많은 기술이 사람이 생각지도 못하고 알지도 모르는 채, 즉 부지불식(不知不識)간에 어떤 일이 발생하기를 바란다는 측면에서는 특히 그러합니다. 우리는 살면서 기술로부터 많은 도움을 받지만 정작 그런 도움을 받았는지조차 모르는 경우가 허다하죠. 디지털 기술, 인공지능 기술은 사연이 아주 많습니다. 당연히 그 사연과 관련한 수많은 마음들이 서로 연관되어 있고, 서로 얽혀 있습니다. 그 마음들이 지금의 디지털 기술, 인공지능 기술의 탄생과 진보를 이끌었습니다.

상황이 이러하다면 기술 추동에 의한 변화는 겉보기일 뿐 실제의 변화는 마음이 추동하는 것은 아닐까요? 기술의 중요성은 아무리 강조해도 지나치지 않을 정도로 누구나 알고 있는 사실입니다. 허나, 기술의 이면에서 잘 드러나지 않은 마음을 헤아려보는 것도 그 기술을 아는 것만큼 중요하다고 봅니다. 이 책 뒤표지에 적힌 영어 문장은 저자의 이런 심정을 담은 표현입니다.

"It is not technology itself but our minds hidden
in the technology that change the world."

차 례

Chapter 01

AI·디지털 전환 시대와 교육

Chapter

01

1. **디지털 전환의 의미**
2. **디지털 전환의 역사**
   1) 컴퓨터의 개발 역사
   2) 통신 및 인터넷 네트워크 기술 발달의 역사
   3) 인공지능(AI)의 역사
3. **디지털 전환의 사회적 영향**
4. **AI · 디지털 시대의 교육**
   1) 교육의 변화
   2) 우리나라 교육 정보화의 역사와 AI · 디지털 교육
   3) 교사의 역할

Chapter 01

AI·디지털 전환 시대와 교육

교육의 중요성은 새삼 강조할 필요가 없다. 우리는 누구나 예외적인 경우가 아니라면 어렸을 때부터 성인이 되기 직전까지 적어도 10년이 넘는 기간 동안 공교육(public education)이란 이름하에 교육을 받는다. 공교육이란 국가가 의무적으로 일정한 연령에 도달한 자국민을 대상으로 강제적으로 실시하는 학교교육이다. 이를 위해 국가는 교육법을 제정하여 그 법에 따라 학교를 세우고 교사를 채용하며 체계적인 교육과정을 운영한다. 상당한 국가 예산이 소요됨은 말할 필요도 없다. 이런 공교육은 우리나라만이 아니라 전 세계 모든 나라에서 실시한다. 학교에서 도대체 뭘 가르쳤기에 학생들이 이 모양이니, 학교에서는 어째서 이런 것도 가르치지 않았니, 학교에서 배운 것이 사회에서 하나도 쓸모없다느니 등의 각종 비판이 제기될 때에도 학교를 없애자, 교육 자체를 하지 말자는 주장까지는 이어지지 않는다. 사실 이러한 교육 비판 자체도 교육을 받았기 때문에 가능한 일이다. 지금의 우리는 크든 작든 직 · 간접으로 교육의 영향을 받은 결과다. 그만큼 교육이 중요한 것이다.

그런데 교육은 사회 변화에 민감하다. 특히 기술의 발달은 교육의 모습에 영향을 미친다. 현재의 교육 모습은 과거부터 새로운 기술이 교육에 도입된 결과다. TV, 비디오, 프로젝터, 컴퓨터, 인터넷 등이 어느 순간 학교에 버젓이 들어와 자리를 잡고 교육 활동에 필수적으로 활용되고 있다. 기술을 사용하지 않는 교육은 현대의 교육에서 찾기 어렵다. 지금은 AI와 디지털 기술로 대변되는 디지털 전환 시대라고 일컬어진다. 따라서 AI · 디지털 기술이 교육에 범람하는 것은 자명하다.

1. 디지털 전환의 의미

디지털 전환(digital transformation)의 시대를 살고 있다. 디지털 기술에 의해 우리의 사회가 영향을 받고 우리는 이전과는 다른 모습의 삶을 영위해 간다. 디지털 전환은 원래 기업이나 산업 분야에서 비즈니스 범위의 확산과 성과의 개선을 위해 디지털 기술을 활용하는 것에서 출발하였으나 그 파급력이 매우 커서 인간 사회 전반을 변화시켜 왔다. 교육 분야도 예외는 아니다.

그 시작은 기술 발달로 저렴하고 소형화된 개인용 컴퓨터가 사무실에 업무용으로 배치되고, 뒤이어 인터넷이 본격적으로 도입된 1990년대 후반부에 일어났다. 아날로그에서 디지털로의 변환이라는 전산화 작업이 각종 산업분야에서 발생한 것이다. 특히 인터넷의 상용화는 정보의 접근성을 획기적으로 개선하였다. 디지털 시대가 열리고, 각종 디지털 인프라가 구축된 시기였다. 다양한 소셜 미디어가 부각되는 2000년대는 본격적인 디지털 기술의 적용 시기다. 이때 인터넷 기반의 전자 상거래와 마케팅이 활발하게 이루어져 산업계가 크게 변화했으며, 또한 모바일 기기와 클라우드 컴퓨팅 기술을 활용한 다양한 소프트웨어 및 어플리케이션이 개

발되어 개인의 일상생활도 큰 변화를 초래했다.[1)]

디지털 전환은 2010년대를 거치면서 정보통신기술의 고도화, AI와 빅데이터 분석기술이 발전하면서 지속적으로 이루어진다. 그리고 2020년 전후로 코로나19 팬데믹은 디지털 전환을 더욱 가속화하였는데, 그 이유는 감염병으로 인해 밖에서의 정상적인 대면활동이 제한되어 사람들이 비대면 활동으로 각종 업무를 처리해야 했기 때문이다. 비록 몇 년 만에 팬데믹은 종식되었지만, 그 기간 동안 인류는 디지털 기술을 사용하여 사무실로 출근하지 않는 재택근무, 온라인 및 인터넷 교육의 일상화, 온라인 쇼핑의 확대 및 배달의 활성화 등 다른 사람과의 직접적 접촉이 없어도 삶을 지속할 수 있는 언택트(un-tact) 사회를 경험하였다. 이때 사물인터넷(IoT, internet of things)이나 스마트 기기, 데이터 기반 클라우드 컴퓨팅, 가상현실 등의 기술이 더욱 발달하고 동시에 네트워크에 연결되었다. 이로써 디지털 기술은 데이터를 실시간으로 수집 · 분석할 수 있었고, 비즈니스의 자동화 및 효율성 증대와 사용자 친화적 맞춤형 서비스 제공에 기여할 수 있었다.

2. 디지털 전환의 역사[2)]

앞서 소개한 디지털 전환은 컴퓨터와 함께 이루어졌다. 컴퓨터 개발 초기에는 그 역할이 한정되었지만, 지금은 일일이 열거할 수 없을 정도로 너무 많은 역할의

1) 구글, 페이스북, 트위터, 아마존, 네이버, 카카오 등 지금도 막대한 영향을 미치는 인터넷 기업들이 이 시기에 크게 성장할 수 있었던 배경이다. 이 기업들이 손으로 만지고 사용하는 물건이나 제품, 즉 하드웨어를 제조하는 기업이 아니라 손으로 만질 수 없는 서비스를 제공하는 기업이란 점에 주목할 필요가 있다.
2) 이 절의 '1) 컴퓨터 개발의 역사'와 '2) 통신 및 인터넷 네트워크 기술 발달의 역사'는 Kernighan(2021)의 책을 주로 참고하였다.

일을 수행하고 있다. 여기에는 컴퓨터가 네트워크에 연결되면서 계산하며 파일 작업하는 것을 넘어서 타인과 소통하는 통신 수단이 되었으며, 여러 곳에 산재해 있는 정보를 검색하는 수단이 되었다는 점도 포함된다. 또한 최근에 일고 있는 AI 열풍도 컴퓨터와 네트워크 기술 덕분이다. 따라서 컴퓨터와 네트워크의 발달 및 AI의 역사를 시간 순으로 추적하는 작업은 현재의 우리 사회의 모습을 이해하는 데에 유용한 시사점을 제공한다.

1) 컴퓨터 개발의 역사

컴퓨터의 역사를 거슬러 올라가보면 수를 계산할 때 도움을 주는 계산기의 모습과 역할이 나타난다. 기원전 3000년 전에 이미 발명된 주판이 대표적인 아날로그적 계산기의 역할을 수행했다. 주판은 아주 간단한 구조를 갖추었고 손가락으로 작업할 수 있는 편리한 계산기였기 때문에 휴대용 소형 전자계산기가 등장하기 전인 1900년대 중반까지만 해도 많은 상인들과 금융기관이 사용했고, 학교에서도 산수나 수학 시간에 가르쳤던 교육내용이기도 했다.

[그림 1-1] 주판(출처: 구글 이미지)

기어와 바퀴를 돌리면 덧셈과 뺄셈의 계산을 할 수 있는 기계식 계산기의 발명은 프랑스의 파스칼(Pascal)에 의해 1642년에 세상에 등장했고, 이런 계산기를 개선하여 곱셈과 나눗셈까지 계산이 가능한 기계식 계산기는 독일의 라이프니츠(Leibniz)에 의해 1671년에 등장한다. 하지만 이 기계식 계산기는 대중에게 크게 주목받지도, 주판처럼 대중화 되어 활용되지도 못했다. 다만 컴퓨터의 역사가 언급될 때 등장하는 수준이다.

외려 기계식 계산기보다 덜 알려져 있지만, 오늘날의 컴퓨터와 근접한 모습을 보인 장치는 따로 있었다. 1800년경 프랑스에서 등장한 자카르 직기(Jacqard's Loom)라는 천공 카드를 읽어내는 장치가 그것이다. 자카르 직기는 여러 줄의 구멍이 있는 직사각형 모양의 천공 카드를 읽어서 직조 패턴을 지정할 수 있었던, 즉 천공 카드에 입력된 명령에 따라 다양한 패턴을 짜도록 프로그래밍 된 장치였다. 천공 카드를 다른 것으로 교체하면 다른 패턴의 직물이 만들어진다. 흥미롭게도 이런 천공 카드는 지금도 사용하고 있는 OMR 카드의 기원이 되고, 개인용 컴퓨터 시대를 여는 것에 일조한다.

아쉽게도 19세기 중반의 기술 상황과 재정적 문제로 인해 완벽히 작동하는 실물을 제작해 낼 수는 없었지만, 영국의 찰스 배비지(Charles Babbage)가 개발한 차분기관(difference engine)은 현대적 의미의 최초 컴퓨터라고 불릴 만하다. 현재 컴퓨터의 기능인 기억, 연산, 제어, 출력의 요소를 갖추었기 때문이다. 동시대에 에이다 러브레이스(Ada Lovelace)라는 여성은 배비지의 차분기관이 훗날 수학 분야의 계산과 연산뿐만 아니라 작곡과 같은 작업도 가능할 것이라는 예측을 하였다. 이 여성은 컴퓨터 역사에서 세계 최초의 프로그래머라는 칭송을 얻게 된다.

[그림 1-2] 차분기관(출처: 구글 이미지)

컴퓨터에 조금이라도 관심을 갖고 있다면, International Business Machines이라는 이름의 회사, 영어 앞 글자만을 딴 IBM이란 기업을 알고 있을 것이다. 19세기 후반 허먼 홀러리스(Herman Hollerith)는 미국의 인구 조사국과 협력하여 인구 조사를 수행하는 데 있어서 앞서 설명한 자카르 직기가 사용한 천공 카드의 발상을 활용했다. 그는 빳빳한 종이 카드에 구멍을 뚫어 인구 조사 데이터를 기계에서 처리할 수 있는 형태로 인코딩하여 아주 빠르게 작업을 끝낼 수 있었다. 이런 처리가 크게 성공하면서 홀러리스는 기업을 설립했는데, 이 기업이 인수 합병을 거쳐서 1924년 IBM이 된다. IBM은 훗날 개인용 컴퓨터(personal computer), 즉 PC의 시대를 개막했다. 현재 전 세계 사무실에서, 학교에서, 가정에서 사용하고 있는, 그리고 마이크로 소프트(MS, Microsoft)사의 윈도(Window) 오퍼레이팅 시스템으로 구동되는 모든 컴퓨터가 이 IBM에서 비롯되었다.[3)]

3) 빌 게이츠(Bill Gates)가 세운 MS는 원래 IBM의 작은 하청 기업이었다. PC에 관한 하드웨어 설계는 IBM이 했고, IBM은 그 하드웨어를 구동하는 오퍼레이팅 시스템(Operating Systems)만을 당시 출범한 지 얼마 되지 않은 작은 회사 MS에 맡겼을 뿐이었다. 그 최초의 OS가 DOS이며, 이후 그래픽 기반의 인터페이스인 윈도(Windows)로 발전하였다. IBM은 컴퓨터 하드웨어 설계에 대한 특허권이나 라이센스 권리를 전혀 행사하지

배비지의 기계가 세계 최초의 컴퓨터라고 불릴 수 있지만, 그것은 어디까지나 컴퓨터의 기능이나 기억, 연산, 제어, 출력과 같은 설계 방식에 의한 것이지 지금의 컴퓨터 모습과는 거리가 멀다. 기어, 휠, 지렛대, 막대가 복잡하게 조립된 형태의 배비지의 기계를 현대식 컴퓨터라고 할 수는 없다. 기계식 부품이 의존하지 않고, 전자식 부품에 의존하는 최초의 컴퓨터는 미국 펜실베이니아 대학에서 1946년 개발한 에니악(ENIAC, Electronic Numerical Integrator And Computer)이다. 에니악은 약 30톤 무게를 지닌 거대한 크기였으며, 많은 양의 전력도 소비했다. 더구나 명령어가 데이터가 있는 메모리에 저장하는 방식이 아니었기 때문에 현재 우리가 사용하는 컴퓨터와는 상이한 면이 존재한다. 일련의 명령어로 구성된 프로그램과 데이터를 메모리에 저장하는 방식의, 즉 지금과 같은 방식의 컴퓨터는 1949년 영국 케임브리지 대학에서 개발한 에드삭(EDSAC, Electronic Delay Storage Automatic Calculator)이 최초다.

초기 컴퓨터는 전자식 부품으로 많은 수의 진공관을 사용했기 때문에 크기가 상당했다. 또한 진공관의 단점은 부피가 큰 반면에 내구성이 약하고 전력도 많이 소비한다. 그리고 이때의 컴퓨터는 여러 면에서 개인은 도저히 감당할 수 없는 장치였다. 추후 트랜지스터와 집적회로가 발명되어 진공관을 대체하고 기술 발달이 지속됨에 따라 컴퓨터의 물리적 크기가 작아지고, 처리 속도도 빨라졌으며, 가격 역시 저렴해졌다. 마침내, 앞서 언급한 IBM와 Apple의 개인용 컴퓨터가 출시되면서 전 세계의 누구나가 사용할 수 있는 컴퓨터의 대중화 시대가 열렸다.

않고 전 세계 누구에게나 무료로 허용하였으며, 다른 기업이 만든 컴퓨터의 판매에 딴지를 걸지 않았다. 삼성 컴퓨터, LG 컴퓨터뿐만 아니라 전 세계 대부분의 컴퓨터 회사가 제조하는 컴퓨터들은 모두 IBM이 설계한 하드웨어를 가져다 사용하는 것이다. 아이러니하게도, 시간이 흐르면서 작은 하청 기업이었던 MS는 OS뿐만 아니라 공전의 히트를 기록한 Word, Powerpoint, Excel 등의 소프트웨어의 개발과 판매를 통해서 원청 기업인 IBM을 훨씬 능가하는 거대 기업으로 성장했지만, IBM은 컴퓨터 하드웨어 제조에서조차 많은 다른 컴퓨터 제조 기업과의 경쟁에서 밀려나 결국은 컴퓨터 제조 분야에서 손을 떼게 된다. 반면에 PC와는 별개로 매킨토시 컴퓨터로 잘 알려진 스티브 잡스(Steve Jobs)의 Apple사는 컴퓨터 하드웨어 설계에 대한 특허권과 라이센스 권리를 강력하게 행사한다. 이 때문에 다른 컴퓨터 회사에서는 Apple이 설계한 하드웨어를 갖춘 컴퓨터를 만들 수 없다. 또한 OS도 Apple이 직접 개발한 것을 사용한다.

[그림 1-3] 초기 PC(출처: 구글 이미지)

2) 통신 및 인터넷 네트워크 기술 발달의 역사

장거리 통신의 역사는 매우 길다. 걷거나 뛰어가서 직접 전달하는 방식도 그 중 하나다. 그 사례는 매 4년마다 개최되는 올림픽 마라톤 경기의 근원이기도 하다. 기원전 490년 아테네가 페르시아의 전투에서 대승을 거뒀다는 소식을 전하기 위해 전쟁터인 마라톤에서 아테네까지 약 42km를 달렸다는 이야기 말이다. 안타깝게도 그 소식을 전한 사람은 승리했다는 기쁨의 소식을 전하고는 죽었다고 전해진다.

말(馬, horse)을 통한 메시지 혹은 우편 배달 방법은 페르시아 제국 시절에도 있었다. 미국의 조랑말 속달 우편(Pony Express)은 현재로부터 그리 멀지 않은 시기인 1860년부터 2년간 미주리주와 캘리포니아주 사이 약 3,000km를 달리며 운영되었던 서비스다. 또한 전서구와 같은 비둘기도 이용되었으며, 봉화, 깃발, 북, 거울도 심지어 사람의 목소리까지도 장거리 통신에 사용되었다.

[그림 1-4] 조랑말 속달 우편(출처: 구글 이미지)

초기 기계적 시스템은 1790년대에 개발된 시각 전신(optical telegraph)으로 시작되었다. 높은 탑에 긴 막대기의 모양을 약속된 형태로 표현해 놓으면 다른 쪽 인접한 탑에서 그것을 눈으로 보고 다음 탑으로 전달하는 방식이다. 물론 특정 모양은 어느 알파벳을 뜻하는지는 서로 약속된 상태다. 봉수대에서 피어나는 불이나 연기를 다른 쪽 봉수대가 보고 불이나 연기를 지펴 다른 봉수대로 계속하여 전달하는 것과 마찬가지 방식이었다.

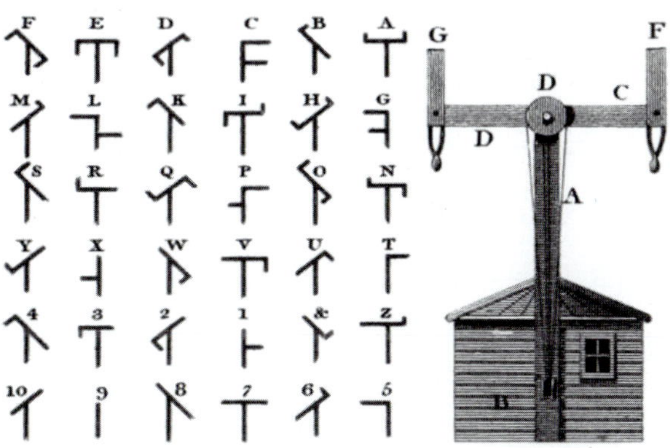

[그림 1-5] 시각 전신(출처: 구글 이미지)

1830년대에 들어서 새뮤얼 모스(Samuel Morse)가 발명한 전기 전신이 등장하여 시각 전신을 대체하면서 상업용 전기 전신 서비스가 미국의 주요 도시를 연결했다. 지금도 종종 널리 사용되고 있는 모스 부호의 시작이다. 1850년에 들어서는 미국과 유럽 사이의 대서양을 횡단하는 전신 케이블이 설치되기도 했다.

A •-	J •---	S •••
B -•••	K -•-	T -
C -•-•	L •-••	U ••-
D -••	M --	V •••-
E •	N -•	W •--
F ••-•	O ---	X -••-
G --•	P •--•	Y -•--
H ••••	Q --•-	Z --••
I ••	R •-•	

[그림 1-6] 영어 알파벳 모스 부호(출처: 구글 이미지)

1876년에는 드디어 지금도 사용 중인 전화가 등장했다. 알렉산더 그레이엄 벨(Alexander Graham Bell)이 엘리샤 그레이(Elisha Gray)보다 특허 신청을 불과 몇 시간 먼저 했다고 해서 전화기 발명자로 명성을 얻고, 그 특허 권리도 인정받았다는 이야기는 세간에도 이미 잘 알려진 사실이다. 전화는 이후로 진화를 거듭하면서 통신 혁명을 이끌었다. 공간적으로 멀리 있어도 바로 옆에 있는 것처럼 목소리를 통해 대화할 수 있었고, 전화 사용에 전문적 기술은 필요치 않았다. 이 과정에서 전화 서비스를 해주는 회사가 등장했고 전화의 표준과 협약이 이루어져 세계 어디에 있는 사람과도 통화가 가능해졌다. 또한 기술이 발전하여 선으로 연결된 유선 전화가 선이 필요 없는 무선 전화로 진보했고, 마침내 전화기 자체도 손으로 가지고 다닐 수 있는 만큼 작아지면서 휴대폰이 세상을 평정하다시피 하였다. 개인 모두가 개별적으로 휴대하고 다닐 수 있는 말 그대로 휴대폰이었다.

[그림 1-7] 다이얼 전화기(출처: 구글 이미지)

전신과 전화라는 통신의 발달이 이루어지는 동안에 컴퓨터 기술 역시 발전하면서 컴퓨터가 통신망에 연결되기 시작했다. 팩스와 모뎀을 통해서 비트를 소리로 변환하거나 역으로 소리를 비트로 변환하기도 하면서 메시지를 전달할 수 있었다. 처음에는 전화 통신망을 이용하여 컴퓨터를 네트워크에 연결했다. 이 시기 우리나라에서는 전화 통신망을 이용하는 모뎀을 통해 천리안, 하이텔 등의 서비스가 선풍적인 인기를 끌었다. 가족의 누군가가 천리안이나 하이텔에 수 시간 접속해 있으면 그 집의 전화는 그동안 통화 중이기 때문에 전화를 하거나 받을 수도 없는 불편함도 있었던 시기였다.

한편, 1969년 인터넷의 시초가 되는, 미국 국방부가 구축한 아르파넷(ARPANET)이 등장한다. 전화 시스템이 세계의 모든 전화기를 연결했듯이, 컴퓨터 및 통신 기술의 진보와 함께 인터넷은 세계의 모든 컴퓨터를 연결했다. 인터넷은 컴퓨터가 서로 통신할 수 있는 표준화된 통신 규약, 이른바 인터넷 프로토콜을 사용함으로써 이를 가능케 했다. 컴퓨터가 네트워크로 연결되면서 이제 컴퓨터 네트워크, 즉 인터넷은 엄청난 규모의 데이터와 정보를 획득할 수 있는 '정보의 바다'라는 타이틀이 생겨났다. 초기에는 e-mail, Telnet, FTP, Gopher 등이 대표적인 인터넷 서비스로 활약하다가 World Wide Web(WWW, 웹)이 인터넷 활용의 대세로 바뀌었다. 이때 Netscape사의 Navigator, MS사의 Internet Explorer 등과 같은 웹 서비스를 쉽게 해주는 웹 브라우저 프로그램이 출시되었고, 웹이라는 인터넷 세상에 전 세계 사용자를 끌어 들였다. 이제 인터넷은 통신, 방송, 전기, 가스, 수도와 유사한 사회 공공 인프라가 되었다.

인터넷 접속은 컴퓨터로 하는 것이기 때문에 초기에는 크고 무거운 데스크탑 컴퓨터로 할 수밖에 없었다. 통신 기술이 발전하면서 무선 연결이 가능해졌고, 컴퓨터 하드웨어 제조 기술이 발전하여 크기가 점점 가볍고 작아지면서 들고 다닐 수 있는 노트북 컴퓨터가 등장하였다. 그로 인해 통신의 무선 연결 기능과 휴대용 크기의 노트북 컴퓨터가 만나서 자동차나 전철과 같은 교통수단을 통해 이동하는 도중에도 인터넷을 사용할 수 있게 된다. '언제 어디서나' 인터넷 접속이 가능한 세상이 도래한 것이다.

더욱이 손바닥만 하게 작아진 휴대전화가 컴퓨터의 기능과 네트워크 연결성을 더해서 스마트폰으로 변신한다. 그 시작은 Apple의 스티브 잡스(Steve Jobs)가 세상에 소개한 아이폰의 출현이었다. 곧 많은 전자통신 기업들이 스마트폰 영향력의 여파를 직감하면서 때로는 독자적으로 때로는 아이폰을 모방하면서 스마트폰을 개발하고 시장에 출시했는데, 그 중에서 가장 크게 성공한 기업과 스마트폰을 들라면 우리나라 삼성의 갤럭시 시리즈라고 하겠다. 스마트폰을 손바닥에 올려놓고 손가락으로 터치하면서 전화도 하고, 인터넷도 하는 모바일 시대를 열었다.

[그림 1-8] Apple의 1세대 아이폰(출처: 구글 이미지)

3) 인공지능(AI)의 역사

인공지능(AI, artificial intelligence)[4]의 기원은 여러 학자로부터 시작된다. 이들을 시간 순으로 나열하면, 1943년 신경망에 기본을 둔 이진법 논리 회로를 논문을 발표한 신경외과 의사 워런 스터지스 맥컬로크(Warren Sturgis McCulloch)와 논리학자 월터 피츠(Walter Pitts), 1950년 '튜링 테스트' 제안과 같은 생각하는 기계라는 아이디어를 소개한 수학자이며 컴퓨터 과학자인 앨런 튜링(Alan Turing), 1956년 다트머스 대학교에서 열린 콘퍼런스에서 인간의 지적 기능을 모방한 기계에 대한 연구를 제안한 컴퓨터 과학자 존 매커시(John McCarthy), 클로드 섀넌(Claude Shannon), 마빈 민스크(Minsky) 등이다. 이렇게 1940년대와 1950년대는 AI의 초기이면서 AI의 개념이 형성되는 시기였다. 특히 AI 연구의 방향과 목표가 설정되고 이후 AI 연구의 기반을 마련하는 데에 크게 기여한 다트머스 콘퍼런스는 AI 역사에서 중요한 위치를 차지한다. AI라는 용어가 공식적으로 사용되는 시점도 바로 이때였다(이용상, 2024).

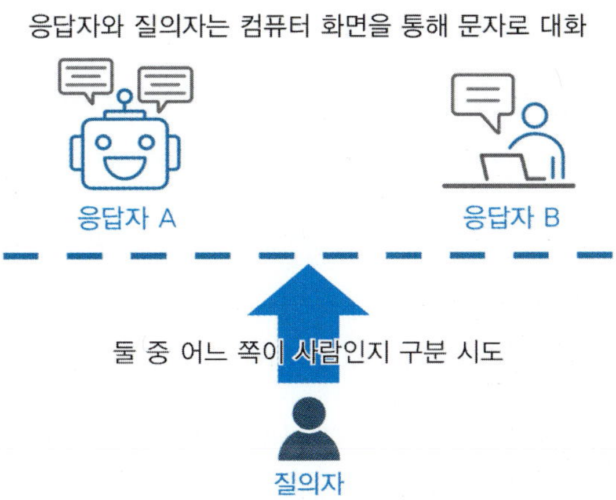

[그림 1-9] 튜링 테스트(출처: 구글 이미지)

4) AI의 개념은 이 책 2장에서 구체적으로 기술하였다.

다트머스 콘퍼런스 이후의 1950년대와 1960년대의 대표적인 성과로는 일반적 문제해결자(GPS, General Problem Solver)가 있다. GPS는 인간의 문제해결 과정을 컴퓨터로 시뮬레이션 할 수 있다는 가능성을 보여준 프로그램인데, 1957년에 허버트 사이먼(Herbert A. Simon)과 앨런 뉴엘(Allen Newell) 등이 모든 가능한 문제를 해결할 수 있는 범용 문제해결 기계로서 설계한 것이었다. 인간처럼 기호를 사용하여 문제를 표현하고 논리적인 추론을 통해 문제를 해결하는 방식이었다. 하지만 실제 세계의 복잡한 다양한 문제를 해결하지 못하면서 AI에 대한 관심이 줄어들었다.

1970년대에 '지식기반시스템(Knowledge-Based Systems)'을 바탕으로 하는 '전문가 시스템(expert systems)'이 등장하였다. 이 시스템은 각 영역의 전문가들의 지식 체계를 if, then(만일 ~라면, ~일 것이다)과 같은 규칙으로 이루어진 체계로 보고 이를 컴퓨터에 구현하였다. 이러한 시스템은 특정한 전문적 분야에서 상당한 성공을 거두기는 했다. 하지만 수많은 지식의 인코딩 문제와 그 많은 지식을 규칙으로 정립할 수 없었기에 AI에 대한 관심과 연구가 감소했다.

1980년대에 들어서면서 통계적 방법을 사용한 기계학습이 본격적으로 시도되기 시작하였다. 이 시기에 데이터에서 패턴을 학습하여 예측을 수행할 수 있는 다양한 기계학습의 알고리즘이 등장했는데, 예를 들어 서포트 벡터 머신(SVM), 랜덤 포레스트, 그라디언트 부스팅 머신(GBM) 같은 알고리즘이 뛰어난 성능을 보여주었다. 그리고 딥러닝 기초가 되는 다층 퍼셉트론(multi-layer perceptron) 등도 등장하였고, 이러한 발전과 연구는 AI 연구에 크게 기여하게 된다. 그러나 이러한 알고리즘도 인간의 복잡한 문제를 해결하는 데에는 한계가 있었고, 또한 데이터를 잘 설명 못하는 과적합 문제가 발생하여 다시금 AI 연구가 정체되었다.

2000년대 이후에는 인간의 뉴런과 유사한 방식의 인공신경망 기반의 딥러닝이 등장하면서 AI 연구는 크게 도약한다. 인간의 신경망처럼 다층 구조를 갖추고 대량의 데이터로부터 학습하는 딥러닝은 의료, 산업, 번역 등 여러 분야에서 크게 성과를 이루어냈다. 2016년에는 바둑 AI 알파고(AlphaGo)가 당시 인간 프로기사 중에서 최고였던 우리나라의 이세돌 9단을 이기는 사건이 발생했다. 바둑은 체스와는 달리 경우의 수가 너무 많아 최적의 착점 자리를 계산할 수 없기 때문에 AI가 인간을 꺾지 못할 것이다가 지배적인 관측이었다. 이런 지배적 관측을 무너뜨린 이 사건으로 인해 AI에 대한 관심은 전 세계적으로 폭발적으로 증가했다.

2022년 대화형 AI 챗봇 프로그램인 ChatGPT가 공개되면서 이후로 생성형 AI가 널리 회자되고 있다. 생성형 AI는 딥러닝 기술로 방대한 데이터를 미리 학습해서 텍스트, 코딩, 이미지 등을 생성해준다는 점에서 기존 AI와 차별된다. 핵심은 '생성'이다. 기존의 방식은 정보를 찾아주거나 요약해주면 인간 사용자가 그걸 이용해서 직접 작업해야만 했다. 하지만 생성형 AI는 인간 사용자의 작업결과까지 만들어준다는 점이다. 더욱이 그 일련의 결과를 생성할 때 사용자는 AI에게 대화하듯이 명령하면 된다.

현재 AI는 음악 작곡, 그림 그리기, 글 창작, 번역, 대화 등 다양한 작업을 수행하며 현대인의 삶에 깊숙이 자리 잡고 있으며, 앞으로도 AI는 계속해서 발전하면서 더욱 영향을 줄 것으로 예측된다.

3. 디지털 전환의 사회적 영향

디지털 대전환은 여러 영역에서 사회의 모습과 인간 삶의 변화를 초래하는 영향력을 발휘한다. 가장 영향을 많이 받는 것 중의 하나는 사회적 상호작용의 변화에서 오는 사람들 사이의 관계 변화다. 디지털 기술은 전 세계 사람들의 연결을 용이하게 해주었지만, 직접적인 대면 상호작용이라기보다는 비대면 상호작용이었다. 디지털 기술로 나라와 나라, 지역과 지역 사이의 물리적 거리를 뛰어넘어 직접 만날 수 있는 것은 아니기 때문이다. 하지만 의사소통을 하거나 정보를 주고받거나 자신의 이야기나 콘텐츠를 전달할 때는 물리적 거리가 전혀 장애가 되지 않는다. 이는 사람 사이의 관계 형성과 유지에 큰 변화를 가져왔다. 또한 비대면 상호작용은 재택근무, 원격회의, 온라인 교육 등의 비대면 활동을 일상화하였고, 이는 다시 경제 활동의 패턴을 변화시키며 새로운 형태의 경제 활동을 촉진하였다.

새로운 형태의 경제 활동은 직업 환경에도 영향을 미친다. 디지털 전환이 직업 구조를 재편하고, AI와 자동화의 확산으로 인해 많은 직업들이 사라지거나 새로운 직업으로 대체되거나 변화하게 된 것이다. 시간이 지날수록 경력이 오래된 세대나 고령층은 갈수록 벌어지는 기술 격차 때문에 디지털 기술에 적응하기가 더 어려움을 겪는다. 특히 대부분의 사무직 및 관리직은 자동화된 기계로 대체 가능하기 때문에 사라질 직업으로 인식되고 있으며, 이에 대한 대책으로 새로운 기술의 습득, 지속적인 자기 개발, 경력 전환이 필요성이 커지게 되었다. 반면에, AI나 자동화로 대체하기 어려운 직업은 앞으로 청년들의 인기가 높아질 것으로 예측된다.

디지털 전환은 문화와 예술 분야에도 영향을 미친다. 인간 고유의 창의성이 잘 반영되는 문화와 예술은 디지털 시대에도 여전히 중요하지만, 테크노 아트와 같은 분야는 디지털 기술을 결합한 새로운 형태의 문화·예술 콘텐츠를 창출한다. 최근 생성형 AI는 사람이 직접 작업한 것인지 아닌지를 구분할 수 없는, 때로는 사람의 작업 결과보다 더 우수한 음악이나 이미지를 창작하는 수준에 와 있다.

미디어의 시대도 달라졌다. 기존 레거시 미디어(legacy media)로 불리는 신문, 방송, 잡지 등의 대중 매체(mass media) 시대에서 디지털 기술을 통해 소셜 미디어와 같은 뉴미디어 시대가 등장한 것이다. 이제는 누구나 콘텐츠를 생산하고 유통시킬 수 있는 세상이 된 것이다. 유튜브, 페이스북, 인스타그램, 블로그 등에 업로드되는 수많은 콘텐츠는 개인이 생산해서 유통한다. 그 내용이 참신하거나 독특하거나 해서 많은 이들의 관심을 받으면 단숨에 유명해지며, 상업적 광고가 따라붙는 일은 흔한 일이 되었고, 그 콘텐츠 생산자는 인플루언서(influencer)로서 활동하게 된다. 이처럼 달라진 환경 속에서 사람들의 콘텐츠의 소비 방식에도 변화가 초래되었다. 기존 대중 매체 시대의 일방향 흐름에서 양방향으로 변화한 것이다. 신문, 방송, 잡지에서 생산한 콘텐츠를 수동적으로 소비하는 기존 방식에서 자신의 생각과 의견이 반영되도록 적극적인 형태로 소비한다. 누군가는 앞서 말한 대로 자신이 직접 콘텐츠를 생산 · 유통하며, 또 누군가는 적극적으로 형태로 그 콘텐츠를 소비한다. 이처럼 소셜 미디어와 같은 플랫폼 상에서의 상호작용은 디지털 전환이 가져온 특성이다.

교육도 눈에 띄는 변화를 맞이했다. 이에 대해서는 다음 절에서 다룬다.

앞에서 서술한 디지털 전환이 가져온 변화는 긍정적인 면과 부정적인 면을 모두 가지고 있다. 이를 간략하게 〈표 1-1〉에 요약하였다.

〈표 1-1〉 디지털 전환의 긍정적인 변화 및 부정적인 변화

긍정적인 면	부정적인 면
새로운 비즈니스와 일자리 창출 새로운 비즈니스 모델과 일자리를 창출한다. 앱 개발, 데이터 분석, 사이버 보안 등 새로운 산업 분야에서의 일자리가 증가한다.	**고용 시장의 변화** 일부 직업이 사라지거나 대체되면서 실업이나 직업 불안정성이 증가한다. 고령층이나 기술 적응이 어려운 계층은 이러한 변화에 적응하기 어렵다.
효율성과 생산성 향상 업무의 자동화와 데이터 분석을 통해 효율성과 생산성이 크게 향상되어 기업의 경쟁력이 향상된다.	**사이버 보안 위협** 사이버 공격과 개인정보 유출 등의 보안 위험을 증가시켜 피싱, 사이버 범죄 등으로 피해자가 자주 발생한다.
접근성과 편리성 증가 정보와 서비스의 접근성을 높여주어 시공간의 제약을 줄인다. 온라인 쇼핑, 모바일 결제, 원격 진료 등 일상생활이 편리해진다.	**사회적 불평등 심화** 디지털 격차로 인해 경제적, 지역적, 세대적 불평등이 심화되며, 이에 따라 소외되는 계층이 나타난다.
사회적 연결성 강화 사람들 간의 연결성을 강화하고 공동체의 형성과 참여를 촉진한다.	**정보 과잉과 신뢰성 문제** 정보의 양이 급증하지만, 그 신뢰성을 담보할 수 없고, 가짜뉴스나 허위 정보로 인해 사회적 혼란이 생길 수 있다.
교육과 학습의 기회 확대 디지털 플랫폼을 통한 온라인 교육은 학습자에게 유연성을 제공하며, 다양한 학습 자원에 쉽게 접근할 수 있게 한다.	**정신 건강 문제** 디지털 기기의 과도한 사용은 스트레스, 불안, 우울증 등 정신 건강 문제를 유발한다. 특히 청소년과 젊은 세대가 이러한 문제에 취약하다.

이와 같은 디지털 전환의 과정은 현대 사회의 모든 측면에 깊은 영향을 미치고 있기 때문에, 앞으로도 지속적인 학습과 적응이 필요하며, 사회적 변화에 대한 이해가 필요하다. 주목해야 할 점은 디지털 전환이 단순히 기술적 측면에만 강조되는 것이 아니라 사회와 인간 삶의 방식에 광범위한 영향을 미친다는 점이다. 따라서 디지털 전환 시대에 적응하기 위해서 각 분야의 전문가들이 협력하여 디지털 기술을 효과적으로 활용하고, 그로 인한 사회적 변화를 관리하는 것이 중요하다. 이를 위한 정책적 지원과 사회적 노력이 필요한 시점이다.

4. AI·디지털 시대의 교육

1) 교육의 변화

AI · 디지털 전환은 교육의 내용과 방식 및 정책적 측면에서 큰 변화를 일으키고 있다. 디지털 기술을 활용한 교육은 학습의 효율성을 높이고, 교육의 질을 향상시키는 데 중요한 역할을 하기 때문이다. 최근 생성형 AI의 등장과 함께 AI와 디지털 기술을 통합하고, 이를 교육과정에 접목시키려는 움직임도 강화되었다. AI · 디지털 교과서를 도입하고 이를 실제 학교교육에서 활용하는 다양한 AI 교육이 시도되고 있는 것이다. 어떤 방향으로 교육의 변화가 일어나고 있는지는 다음과 같다.

첫째, 온라인 교육과 비대면 교육의 확산을 들 수 있다. 디지털 기술의 발전으로 인해 전통적인 교실 수업 외에도 온라인 강의와 원격 교육이 보편화되었다. 그동안 웹기반학습, 가상교육, 사이버가정학습, 인터넷 강의, e-러닝 등의 이름으로 행해진 온라인 교육은 학습자가 시간과 장소에 구애받지 않고 학습할 수 있는 환경을 제공하였다. 코로나19라는 팬데믹은 그 중요성을 크게 부각시켰다. 왜냐하면 감염의 위험 때문에 대면할 수 없는 상황에서 대체 교육의 방법으로 비대면 온라인 교육은 유일했으며 또한 절실했기 때문이다. 이에 많은 디지털 교육 기술과 방법이 진보했다.

둘째, 하이테크와 하이터치의 결합이다. 하이테크가 기술 혹은 테크놀로지와 관련 깊다면, 하이터치는 인간적 요소와 관련 깊다. 따라서 이 둘의 결합은 기술과 인간의 조화를 중시한다. 즉, AI · 디지털 교육은 기술을 활용하면서도 교사와 학생 간의 유대감 같은 인간적 요소를 강조한다. 구체적으로는 하이테크 측면에서 학습 데이터를 기반으로 학생 개개인의 학습 진도와 이해도를 파악하여 그에 맞춘 피드백을 제공하는 등의 개인 맞춤형 학습 경험과 교육 환경과 하이터치 측면에서 교사-학생 간 상호작용, 정서적 지원, 사회적 관계 형성 등을 통해 학생들의 창의성과 비판적 사고를 촉진하는 학습 경험과의 조화인 것이다.

셋째, AI와 디지털 리터러시 강화와 디지털 성숙도의 향상이 나타나고 있다. AI와 디지털 기반의 학습 도구와 시스템이 도입되면서 이를 활용할 수 있는 리터러시가 필요하다. 학생은 AI와 디지털을 학습 도구로 다룰 줄 알아야 하며, 교사는 학생들의 학습 데이터를 직접 분석하거나 시스템이 제공하는 분석 결과를 해석하고 활용할 수 있어야 한다. 개인 맞춤형 교육은 AI · 디지털 리터러시를 어느 정도는 갖추어야 가능하다. 이러한 배경에서 AI · 디지털 리터러시를 강화하는 교육 프로그램이 도입되면서 디지털 활용이 성숙도가 향상된다.

넷째, 직업 교육이 변화한다. 직업이 소멸되거나 대체되거나 하는 직업 환경의 변화는 초 · 중 · 고 학생들의 대학 진로와 미래 직업 선택에 영향을 미친다. 새로운 직업군에 대한 수요와 그에 적합한 기술에 대한 요구가 증가하게 되면서 직업 교육도 그 수요와 요구에 맞추어진다. 이에 직업 교육은 디지털 기술과 관련된 교육과정이 강화되고 있고, 학생들이 변화하는 직업과 고용 시장에 적용할 수 있도록 돕는다.

다섯째, 교육 정책과 재정 지원이 달라지고 있다. 달라진 환경에 적응하려면 정책의 변화와 적정 수준의 재정 지원도 필요하다. 디지털 기술을 학교 현장에서 어떻게 활용하고 지원해야 하는지에 대한 정책은 기존과 달라야 하며, 학교 현장에서 AI와 디지털 활용을 위해서는 디지털 기술의 인프라를 구축해야 한다.

2) 우리나라 교육 정보화의 역사와 AI·디지털 교육

우리나라의 교육 정보화는 시청각 교육이 도입되는 1970년대까지 거슬러 올라간다. 이후 학교에 컴퓨터가 도입되면서 시작된 컴퓨터 활용 교육, 인터넷이 설치되면서 시작된 인터넷 활용 교육의 1990년대를 거친다. 2000년대가 시작하면서 정보통신기술 활용의 ICT 소양/활용, 곧이어 등장한 e-러닝, u-러닝, 스마트 교육 및 소프트웨어 교육이 2015~2016년까지 이어진다. 그리고 연도를 정확히 특정할 수는 없으나 2017년 전후부터 현재까지 소프트웨어 교육에 더해 AI 교육이 부각된다. 최근 ChatGPT와 같은 생성형 AI가 세계적인 화제가 되면서 AI 교육에 생성형 AI 활용이 더해지고, 2026년부터 인공지능 교과서인 AIDT가 사용될 것이기에 우리나라 교육 정보화는 여전히 진행 중에 있다. 〈표 1-2〉에서 제시되는 표는 지금

〈표 1-2〉 우리나라 교육 정보화 역사 1

시기 계획 · 영역	인프라 구축 시기 시청각 교육 – 컴퓨터 활용교육 – 인터넷 활용교육
기본계획	• 1987년 학교 컴퓨터교육 강화 방안 • 1996년 1단계 교육정보화 기본계획(1996~2000)
추진계획	• 1970년 전자계산기 교육계획 • 1989년 학교 컴퓨터교육 지원 및 추진계획 • 1997년 교원정보활용능력 활성화계획 • 1999년 학생정보소양인증제 시행계획 • 2000년 ICT 교육 강화계획 저소득층 자녀 정보화 지원계획
초 · 중등	• 1996년 에듀넷 서비스 개시 • 2000년 초 · 중등학교 정보통신기술활용 교육지침 개발
고등 · 평생 · 국제	• 1998년 학술연구정보 종합서비스(RISS) 개시 • 1999년 진로 · 직업 정보화서비스(커리어넷) 개시 • 2000년 사이버대학 인가
지원인프라 · 시스템	• 1996년 학교생활기록부 전산화 프로그램 구축 • 1997년 학교종합정보관리시스템(SIMS) 구축 • 2000년 학교종합정보관리시스템 운영 개시

까지의 우리나라 교육 정보화 전체 역사를 시기별(인프라 구축 시기, ICT 활용 촉진 시기, 서비스 고도화 시기, 지능정보학습체제 시기), 계획별(기본계획, 추진계획), 영역별(초 · 중등, 고등 · 평생 · 국제, 지원인프라 · 시스템)로 요약 정리한 것이다(교육부, 한국교육학술정보원, 2022).

〈표 1-2〉 우리나라 교육 정보화 역사 2

시기 / 계획 · 영역	ICT 활용 촉진 시기 ICT 활용교육 – e러닝
기본계획	• 2001년 2단계 교육정보화 교육계획(2001~2005) • 2006년 3단계 교육정보화 교육계획(2006~2010)
추진계획	• 2001년 학교 컴퓨터교육 강화 방안 • 2002년 대학정보화 활성화 방안 • 2004년 이러닝 지원체계 종합발전 방안 • 2005년 공교육 내실화를 위한 교수학습 혁신계획 교육기관 정보 보호 기본계획 • 2007년 디지털교과서 상용화 추진 계획
초 · 중등	• 2001년 전국 초 · 중등학교 정보인프라 구축 및 인터넷 연결 • 2002년 전국 교육정보공유체계 구축 • 2004년 사이버가정학습체제 구축, EBS 수능 인터넷 서비스 개시 중앙교육학습지원센터 · 에듀넷 통합 서비스 개시 • 2005년 유러닝 연구학교 운영 • 2006년 이러닝 품질 인증제 실시 • 2007년 미래교실 모델관 및 U-class 개관 • 2008년 디지털교과서 연구학교 운영 시작 이러닝 품질인증 가이드라인 국가 표준 제정
고등 · 평생 · 국제	• 2003년 권역별 대학 이러닝센터 지정 • 2005년 교류협력국 이러닝 인프라 지원 및 ICT 선도교원 초청연수 시작 • 2006년 이러닝 국제컨설팅 사업 개시 APEC 이러닝 연수 프로그램 운영 시작 • 2007년 KOCW 서비스 개시
지원인프라 · 시스템	• 2002년 전국단위 교육행정정보 시스템 중앙총괄센터 지정(KERIS) • 2003년 교육행정정보 시스템(NEIS) 구축 • 2006년 홈에듀(Home-Edu) 민원서비스 개시 • 2007년 지방교육행 · 재정시스템(에듀파인) 구축 및 서비스 개시(2007~)

〈표 1-2〉 우리나라 교육 정보화 역사 3

시기 / 계획 · 영역	서비스 고도화 시기 u-러닝 - 스마트 교육 - 소프트웨어 교육
기본계획	• 2010년 4단계 교육과학기술 정보화 기본계획(2010~2014) • 2014년 5단계 교육정보화 기본계획(2014~2018)
추진계획	• 2008년 교원연수 종합정보제공체계 전략계획 • 2009년 유아교육 선진화 추진계획 • 2011년 스마트교육 추진전략(2011~2015) 장애학생 스마트러닝 지원계획 • 2012년 클라우드 교육서비스 기반조성 정보화 전략계획 • 2013년 디지털교과서 개발 및 활성화계획(2013~2014) • 2014년 초 · 중등 SW교육 활성화 방안 • 2015년 초 · 중등 SW교육 운영지침 • 2016년 SW교육 활성화 기본계획
초 · 중등	• 2008년 디지털교과서 연구학교 운영 시작 이러닝 품질인증 가이드라인 국가 표준 제정 • 2009년 IPTV 연구학교 운영 • 2010년 창의적 체험활동 종합지원 시스템(에듀팟) 전국 서비스 개시 교육정보 모바일 서비스 개시 • 2011년 전국 학부모 지원센터 홈페이지 구축 및 운영 • 2012년 교육정보통계 시스템(EDS) 개통 e교과서 온라인 서비스 개시 • 2013년 이러닝 품질인증 기관 지정(KERIS) • 2014년 디지털교과서 전송 및 연구학교 대상 서비스 개시 정보보호영재교육원 개원(4개 권역) • 2015년 교육(행정)기관 개인정보 보호 강화를 위한 전담부서 신설 • 2016년 교육 · 학술 서비스 분야 개인정보 비식별 조치 전문기관 지정 (KERIS)
고등 · 평생 · 국제	• 2009년 사이버대학 특수대학원 인가 • 2010년 국가직무능력표준 서비스(NCS학습모듈서비스) 개시 교류협력국 대상 첨단 ICT 활용 시범교실 • 2012년 사이버대학 종합정보 시스템(CUinfo) 서비스 개시 이러닝센터 및 허브센터 구축(동남아시아 4개국 지원) • 2013년 외국 학술지 지원센터 서비스 확대 • 2014년 국가평생학습포털 늘배움 개통 • 2015년 K-MOOC 서비스 개시 학술정보 이용통계 빅데이터 기반 분석 서비스 개시 • 2016년 다문화 교육 아카이브 구축 국립대학자원관리 시스템(KORUS) 구축

계획 · 영역 \ 시기	서비스 고도화 시기 u-러닝 – 스마트 교육 – 소프트웨어 교육
지원인프라 · 시스템	• 2008년 교육사이버안전센터(ECSC) 개소 에듀파인 서비스 개시 학교정보공시서비스 개시 • 2010년 차세대 나이스(NEIS) 구축, 서비스 개시(2011~) • 2011년 시 · 도교육청 업무관리 시스템 개통 교원능력개발 평가시스템 시범 운영 • 2012년 유치원정보공시 대국민 서비스 개시 에듀파인 新학교회계 시스템 개통 • 2013년 교육비 지원 정보서비스 시스템 개통 • 2014년 나이스(NEIS) 주요 정보통신 기반시설로 지정 • 2015년 자유학기제 반영을 위한 나이스 개발 및 학생부 보존시스템 구축 맞춤형 교육급여 시스템 개통 • 2016년 나이스 교무업무 시스템 웹 접근성 개선 유치원 입학관리시스템(처음학교로) 서비스 개시

〈표 1-2〉 우리나라 교육 정보화 역사 4

계획 · 영역 \ 시기	지능정보학습체제 시기 SW · AI 교육
기본계획	• 2019년 6단계 교육정보화 기본계획(2019~2023)
추진계획	• 2018년 과학 · 수학 · 정보 교육 진흥법 시행 • 2019년 인공지능 국가전략 • 2020년 한국판 뉴딜정보 교육 종합계획 • 2021년 K-에듀 통합플랫폼 ISP 수립 • 2022년 디지털 인재 양성 종합방안(~2026, 관계부처 합동)
초 · 중등	• 2017년 에듀넷 · 티-틀리어 서비스 개시 사이버 가정학습 e학습터로 개편 교육저작권지원센터 지정(KERIS) • 2018년 SW교육 초 · 중 · 고 교육과정 필수화 디지털교과서 실감형 콘텐츠 탑재 및 개정 교육과정에 적용(초중고) 사이버폭력예방교육지원 센터 출범(KERIS) • 2019년 디지털교과서 보급 및 활용 확대 학생평가지원포털 개선 학부모On누리 개편 • 2020년 코로나19 대응 원격 수업 및 원격교육지원 쌍방향 온라인 지식공유 서비스 '지식샘터' 개통

시기 계획 · 영역	지능정보학습체제 시기 SW · AI 교육
	• 2021년 교원전용 디지털콘텐츠 운영체제 '잇다' 개통 교육콘텐츠 전담기관 지정 에듀테크 소프트랩 구축(경기 · 대구 · 광주) • 2022년 초 · 중등 교육데이터 개방 · 활용 서비스 확산 K-에듀 통합 플랫폼 구축(~2024)
고등 · 평생 · 국제	• 2017년 학술관계분석서비스(SAM) 개시 RISS 정보취약계층 대상 서비스 개시 ACU-OER 서비스 개시 • 2019년 다문화교육포털 고도화 학위논문 음성변환 서비스 개시 • 2020년 사이버대학 역량진단 실시 • 2021년 권역별 대학원격교육 지원센터(10개권역) 운영 AI기반 지능형 학술연구정보서비스(RISS)구축 성인학습자를 위한 '맞춤배움길' 개통 • 2022년 차세대 학술연구정보서비스(RISS) 구축 한국형 온라인공개강좌(K-MOOC) 고도화
지원인프라 · 시스템	• 2018년 4세대 나이스 정보화 전략계획 수립 나이스 교육정보시스템 통합 재해복구센터 구축 • 2019년 나이스 대국민 모바일 어플리케이션 서비스 제공 교육정보 개방 서비스 실시 • 2020년 차세대 지방교육행 · 재정 통합시스템(K-에듀파인) 개통 • 2021년 4세대 지능형 나이스 구축(~2023) 교육기관 사이버위협 자동판별 · 탐지체계 구축 • 2022년 국가기초학력지원센터 홈페이지 구축 교육정보서비스 클라우드 전환 확대

3) 교사의 역할

AI · 디지털 대전환은 거스를 수 없는 시대적 환경이며 소용돌이다. 대전환의 소용돌이는 어느 한 분야와 영역에 국한되지 않는다. 교육도 예외가 아니다. 따라서 대전환 흐름에 동조하는 방향으로 인프라를 구축하고, 교육과정을 개편하며,

교수-학습활동 계획을 세워야 한다. 사대생 및 교대생이 〈디지털교육〉이라는 교직소양필수 과목을 수강하게 만든 이유도, 이 책을 출간하는 이유도 이 흐름에 동조하기 때문이다. 그렇다면 이 요동치는 교육 현장 소용돌이에서 교육활동을 주도하는 교사는 어떤 역할을 해야 할까? 지금까지 해왔던 역할과의 관계는 어떻게 달라질까?

전통적으로 오랫동안 교사는 필요한 지식과 정보를 전달하는 지식 전달자 역할을 해왔다. 이 역할이 주가 되었던 시기에는 교사의 시각에서 수업이 이루어졌다. 시대와 교육사조가 바뀌면서 현재는 학생의 시각이 수업에서 중요해졌다. 더불어 학생들의 학습을 지원하고, 촉진시켜주고, 도와주는 학습 촉진자로 교사의 역할이 바뀌었다. 그렇다면 역할 변화로 인해 지식 전달자로서의 역할이 전혀 없어졌다는 뜻일까? 그건 아니다. 교사의 역할에서 지식 전달은 중요하지 않은 적이 없었다. 학습 촉진자로서의 역할이란 교사가 설명하는 방식으로 지식을 가르치지 말고 학생이 참여하는 활동 내에서 자연스럽게 스스로 학습하도록 만들라는 뜻이다. 따라서 학습 촉진자는 원래 지식 전달자 역할에 추가된 역할이다. 이로써 교사의 수업은 이전 시기보다 힘들어졌다.

교사의 역할과 관련하여 정작 핵심은 역할이 바뀌느냐 아니냐가 아니라 어느 역할이든 잘 수행할 수 있느냐다. 교육 정보화의 역사에서 알 수 있듯이 새로운 첨단 기술이 지속적으로 추가된다. 이 첨단 기술이 때로는 특정 교과의 내용으로 그 교과에서만 가르치는 것으로 끝나기도 하지만 대부분 다른 교과의 내용과 융합되기 때문에 다른 교과에서도 이를 가르쳐야 한다. 다른 교과의 내용과 융합되지 않는 경우가 있을지라도 가르칠 때 적용해야 할 방법으로서 영향을 미친다. 즉, 첨단 기술은 모든 교과와 그 교과를 담당한 교사에게 영향을 미치는 것이다. 문제는 첨단 기술을 학생의 활동 속에 녹여내고 학습을 촉진시키려면 전문적 수준은 아닐지라도 상당히 알고 있어야 한다는 것에 있다. 이로써 교사의 수업은 이전

시기보다 힘들어졌다.

현재 AI · 디지털 대전환이 가져온 교육의 변화는 AI · 디지털 리터러시와 역량, 데이터 기반 교육, 에듀테크, AIDT, 생성형 AI 등 다양한 양상으로 전개되고 있다. 따라서 교사는 교육사조가 강조하는 각 교과를 지도하는 학습 촉진자로서의 역할을 하면서도 AI · 디지털 대전환의 다양한 양상과 기술을 일정 수준 이상 알고 있어야 한다. 교과의 지식을 전달하는 역할을 하면서도 AI와 디지털 도구를 활용하여 학생 맞춤형 수업을 수행해야 하기 때문이다. 이때, 학생들이 AI · 디지털과 경쟁하는 것이 아니라 AI · 디지털과 협력하고, 실제에 활용할 수 있도록 이끌어야 한다. 물론 학습 과정에서 학생이 자기 주도적으로 학습할 수 있도록 도와주는 코치와 멘토 역할을 소홀히 해서도 안 된다. 앞으로는 점차 창의적 질문, 경청, 공감, 감성, 비판적 사고 등과 같은 소프트 스킬(soft skills)을 학생이 기르도록 만들어주는 교사의 역할이 더 강조될 것이다. 미래에는 더욱 AI · 디지털이 대체하기 어려운 인간만의 영역의 능력이 더 중요하기 때문이다. 이처럼 AI · 디지털 대전환은 교사의 역할에 대해서도 깊은 성찰을 요구하고 있다.

Chapter

02

AI와 AI 교육의 이해

Chapter 02

1. AI의 기초와 기술의 이해
   1) 지능과 AI의 개념
   2) AI의 구성요소
   3) AI의 분류
      (1) 규칙 기반 AI vs. 학습 기반 AI
      (2) 약한 AI(전용 AI) vs. 강한 AI(범용 AI) vs. 초AI
   4) AI의 기술 분류
      (1) 자연어 처리
      (2) 컴퓨터 비전
      (3) 로보틱스
      (4) 음성 인식
      (5) 감정 인식
2. AI 교육의 이해
   1) AI 교육의 필요성
   2) AI와 학교교육
      (1) AI 교육의 목적과 목표
      (2) AI 교육의 내용
3. AI 교육의 분류
   1) 다양한 AI 교육 분류
      (1) AI에 대한 학습 vs. AI와 함께 하는 학습
      (2) AI 이해교육 vs. AI 개발교육 vs. AI 활용교육
      (3) AI 내용교육 vs. AI 활용교육 vs. AI 융합교육
      (4) AI 이해교육 vs. AI 활용교육 vs. AI 가치교육
   2) AI 교육 유형의 시사점

Chapter 02

AI와 AI 교육의 이해

> 이세돌과 알파고가 바둑 대결을 벌일 때 사람들의 관심은 인공지능 컴퓨터에만 있었다. 데이터에 주목한 사람은 거의 없었다. 만일 역사적으로 두어 왔던 바둑 기보에 대한 방대한 데이터가 없었다면 어떠했을까? 데이터 없이도 알파고가 사용했다던 알고리즘이 잘 작동했을까? 절대 그럴 수 없다. 지능이란 것이 있다면 그것을 지능으로 드러내 줄 원천이나 자원 혹은 재료가 필요하다. 무언가 축적되고 나서야 그것을 토대로 새로운 어떤 것이 출현하는 것이다. 인간은 누적된 세대를 거치면서 생존에 관련된 수많은 다양한 경험을 축적하여 왔는데, 이때 축적되는 각각의 경험은 다양하고 많은 데이터로 이루어져 있다. 따라서 감각으로 수용되는 수많은 정보의 데이터를 처리해야만 했다. 이런 데이터 처리를 통해서 생존에 필요한 정보와 지식을 도출하고, 지능이라고 불릴 막강한 능력을 소유하게 되었다. 그러니까 지능으로 드러내 줄 원천, 자원, 자료가 데이터인 것이다. 데이터가 지능을 낳았다. 이건 인공지능에게도 그대로 해당된다(조규락, 2020, p. 10).

AI는 더 이상 SF 영화에 등장할 법한 아주 신박한 기술이 아니다. 또 미래에 발생할 일이나 사건도 아니다. 그것은 지금(Now) 여기(Here), 일상의 삶에서 마주하는 현실이며 시간이 흐를수록 더욱 깊게 스며들 것이다. 자동차 발명 이후, 컴퓨터 개발 이후, 우리는 자동차와 컴퓨터 없는 삶을 상상하기 어렵다. 그렇기 때문에 운전면허도 따고, 컴퓨터도 배운다. AI도 이와 같다. 아니, 어쩌면 자동차나 컴퓨터를 능가할지도 모른다. AI가 운전도, 컴퓨터 작업도 대신 해줄 수 있기 때문이다. 이제 AI는 알아야 할 필수가 되었고, 많은 국가가 AI 교육에 깊은 관심을 표하며 투자하고 있다.

1. AI의 기초와 기술의 이해

1) 지능과 AI의 개념

사전적인 의미로 지능은 사물이나 현상을 이해하고 대응하는 지적 능력이다. 인간의 지능이 잘 드러나는 장면은 익숙하지 않은 새로운 문제 상황에 놓였을 때다. 지능이 있다면, 문제에 직면했을 때 무턱대고 이것저것 아무거나 마구잡이로 문제해결을 시도하지 않는다. 먼저 문제가 어떤 성격인지를 인식하고 이에 맞는 해결안을 찾으려 한다. 만일 높은 지능을 갖추고 있다면, 이에 더해 동원할 수 있는 자원과 자료를 생각하며, 절차에 따른 과정에도 주의하고, 창안하거나 선택한 해결안이 잘 작동하는지도 확인한다. 이러한 인간의 지능은 오랜 기간 동안 자신을 둘러싼 세계 혹은 대상으로부터 입력되는 수많은 감각 데이터를 신경회로의 집합인 뇌에서 처리하여 학습하고 축적한 결과다. 인간은 지능을 활용하여 각종 행위와 조작과 운동을 하며 여러 상황을 대처해 나간다.

Artificial Intelligence(AI)는 Artificial이 의미하는 바인 '인공의', '인위적인' 뜻에

Intelligence가 의미하는 '지능'이 결합되어 '인공지능'으로 불린다. 사전적으로는 인간의 지능을 모사하는 혹은 인간처럼 지능을 가진 것처럼 보이고 행동한다는 뜻이다. AI도 인간의 지능처럼 외부로부터 입력된 데이터를 학습한 결과가 알고리즘과 모델로 구현된다. 대량의 데이터를 통해 인간이 신경회로의 집합을 가지게 된 것처럼, AI는 일종의 명령어의 집합이며 추후 입력되는 데이터나 지시사항을 처리하여 출력하는 알고리즘과 모델을 갖는다. 즉, AI는 알고리즘과 모델로 구현한 기술이며 이를 컴퓨터 시스템으로 구체화한 것이다. 그리고 이 AI는 마치 인간이 세계나 대상인 외부에 대해 수행하는 작업과 유사한 지능적인 작업을 수행한다.

[그림 2-1] 인간의 지능과 AI

2) AI의 구성요소

지능이란 어느 한 요소로 이루어진 것이 아니며, 혼자서 작동하는 것도 아니다. 여러 구성요소가 서로 상호작용하면서 작업을 수행한다. AI가 작동하기 위해서는 서로 상호작용할 수 있는 다양한 구성요소가 결합되어야 한다.

첫 번째 구성요소는 데이터이다. 왜냐하면 지능을 갖기 위해서는 대량의 데이터를 입력받아 학습해야 하기 때문이다. 텍스트, 이미지, 동영상, 음성 등의 다양한 형태의 데이터를 학습하고 평가와 최적화를 통해 AI의 성능을 개선하고 향상시킨다. 추후 이 학습한 결과를 토대로 사용자의 요청이나 지시에 따라 지능적인 작업을 수행한다.

두 번째는 학습이다. 크게 두 번의 학습이 있다. 하나는 AI를 갖기 위한 대량의 입력 데이터로부터의 학습이며, 이때는 지도학습, 비지도학습, 강화학습이란 학습법으로 데이터를 기반으로 패턴을 인식하고 예측 능력을 향상하면서 알고리즘과 모델을 완성한다. 다른 하나의 학습은 완성된 AI를 활용하는 과정에서 일어난다. 사용자가 AI를 활용할 때 입력하는 데이터는 사용자의 요청에 따른 결과 출력의 재료이지만 동시에 AI의 알고리즘과 모델을 개선하는 학습 데이터이기도 하다.

세 번째는 알고리즘과 모델이다. 알고리즘은 데이터를 처리하고 특정한 문제를 해결하기 위한 규칙과 절차이며 모델은 주어진 입력에 대해 예측과 결정을 내릴 수 있도록 알고리즘을 통해 만들어진 결과물이다. AI에 사용되는 대표적인 알고리즘에는 머신러닝 알고리즘, 신경망, 추론 규칙 등이 있으며, 대표적인 모델에는 회귀모델, 분류모델, 예측모델, 생성모델 등이 있다. 알고리즘과 모델은 AI의 가장 핵심적인 구성요소다.

네 번째는 평가다. AI에서 모델의 성능은 중요하다. 모델 성능은 출력 결과가 현실이나 사실에 얼마나 부합하는지에 따라 결정된다. 모델 성능이 우수해야 실제에 잘 들어맞고 현상을 잘 설명할 수 있다. 평가란 이런 모델 성능을 측정하고 분석하는 것이다. 이때 정확도, 정밀도, 재현율, F1 점수 등의 지표를 사용한다.

다섯 번째는 인터페이스다. 인터페이스란 사용자와 시스템(혹은 디바이스) 사이의 상호작용을 가능하게 해주는 접점이다. 마우스로 아이콘을 선택하는 그래픽 사용자 인터페이스, 키보드로 타이핑하는 명령줄 인터페이스, 음성으로 인식하는 음성 인터페이스, 손으로 화면을 터치하는 터치 인터페이스, 지문과 홍채 혹은 얼굴 등을 이용하는 생체 인식 인터페이스, 헤드셋이나 안경 등을 이용하는 증강·

가상현실 인터페이스 등 현재 다양한 인터페이스가 사용 중이다. AI 역시 사용자의 지시와 이에 대한 답변이라는 상호작용이 필수적이다.

끝으로 컴퓨팅 자원과 컴퓨팅 파워다. AI가 컴퓨터로 구현된 시스템이란 사실을 염두에 두어야 한다. 따라서 우수한 성능의 AI는 빠른 데이터 처리와 분석이 가능한 고성능 중앙처리장치(CPU), 그래픽 카드와 처리장치(GPU), 메모리(RAM)와 저장장치(HDD 혹은 SSD) 등이 필수적으로 요구된다.

3) AI의 분류

(1) 규칙 기반 AI vs. 학습 기반 AI

규칙(rule) 기반 AI는 특정 작업을 수행하기 위해 사전에 정의된 규칙과 조건을 사용하는 AI를 말한다. 대개 if-then, 즉 '만약 A라면, B를 수행하라'와 같은 형식으로 구성되어 있으며, 전문가의 지식을 형식적 규칙으로 만들어 사용한다. 규칙이 사전에 정의되어 있고, 명확하므로 시스템이 간결하고 결과가 정확하여 의료나 법률과 같은 특정 분야에서 활용성이 높았다. 이 때문에 과거에는 전문가 시스템(expert systems)처럼 규칙 기반 AI를 개발하였다. 하지만 새로운 상황이나 예외나 돌발 상황일 때, 주변 환경이 빠르게 변화할 때는 명확히 규정된 규칙은 이에 대응하기 어려워지는 약점이 있다.

학습 기반 AI는 데이터를 통해 패턴을 학습하고 학습한 결과를 토대로 새로운 데이터를 분석하거나 예측하는 AI다. 규칙 기반 AI와는 달리 어떤 규칙이 명확히 고정되어 있는 것이 아니라서 변화하는 환경에 적응할 수 있는 장점을 갖고 있다. 이것이 가능한 이유는 머신러닝과 신경망 알고리즘을 사용하여 학습하며 스스로 성능을 개선할 수 있기 때문이다. 즉, 학습을 통해 초기 설정된 규칙이나 조건에서 벗어나는 것이다. 물론 단점이 없는 것은 아니다. 학습하는 데이터의 양과 질에 따라 결과물의 편향성, 개인정보나 저작권 침해 문제, 범죄 악용 가능성 등 규칙 기반 AI와는 차원이 다른 문제점의 가능성을 갖고 있다.

(2) 약한 AI(전용 AI) vs. 강한 AI(범용 AI) vs. 초AI

약한(weak) AI는 특정 작업과 기능을 수행하는 데에 특화된 AI다. 특정 유형의 데이터 분석처럼 한정되고 주어진 범위 내의 작업은 잘 수행하지만 그렇지 않은 작업, 새롭고 창의적인 해결책 제시와 같은 작업은 어렵다. 약한 AI의 대표적인 예로는 스마트폰의 음성 비서, 내비게이션, 자율주행 시스템, 의료 영상 분석 시스템, 스마트폰 얼굴 인식, 금융 투자 시스템, 바둑 AI 알파고 등이 있다. 특정 작업에 특화된 AI이기 때문에 약한 AI는 전용(specialized) AI라고도 한다.

강한(strong) AI는 인간의 지능을 전반적으로 모방하는 AI다. 인간의 지능은 해결해야 할 분야마다 다르게 구성된 시스템을 갖고 있지 않다. 비서 역할을 하는 지능이 따로 있고, 내비게이션 기능을 하는 지능이 따로 있고, 영상을 분석하는 지능이 따로 있는 것이 아니다. 여러 상황에 유연하게 적응하여 대처하면서, 한 지능 시스템이 조건과 상황에 따라서 이 역할과 저 역할을 하는 것이다. 이러는 과정에서 스스로 학습하며 대처 능력이 향상되고, 창의적인 작업 수행 능력이 커진다. 강한 AI는 인간의 지능처럼, 다양한 상황에 적응하며 스스로 학습하는 하나의 AI 시스템이 되고자 하는 것이다. 강한 AI는 아직 완전히 실현되지는 않았지만 연구가 활발히 진행 중이다. 강한 AI의 구체화된 모습은 여러 영화에서 살펴볼 수 있다. 영화 Her에 나오는 AI 사만다(Samantha), 영화 터미네이터에 출현하는 터미네이터 모델 T-800과 T-101, 영화 어벤져스 시리즈에 등장하는 안드로이드 슈퍼히어로인 비전(Vision) 등 아직은 SF 영화에서나 볼 수 있지만 최근에 등장한 생성형 AI는 인간의 자연어를 이해하고, 인간의 결과물과 잘 구별하기 어려운 창의적인 결과물을 만들어내는 것으로 비추어 보아 강한 AI는 조만간 실현될 가능성이 크다. 지능이 특정 작업에 한정되지 않고 여러 영역과 다양한 상황에서 작업이 가능하기 때문에 강한 AI를 범용(general) AI라고도 한다.

[그림 2-2] 영화 터미네이터의 T-800(출처: 구글 이미지)

슈퍼AI 혹은 초AI의 탄생을 예견하기도 한다. 모든 인류의 지능을 다 통합한 것을 초월하는 AI 말이다. 이때가 되면 어느 누구도, 어떤 분야에서도 AI를 능가할 수 없는 시대가 된다. 따라서 어떤 모습으로 구체화될지는 누구도 쉽게 예측할 수 없으나, 상상력으로 구현된 영화 터미네이터 속의 AI 스카이넷(Skynet), 영화 미션 임파서블 데드 레코닝의 AI 엔티티(Entity)를 예로 들 수 있다. 비록 이 영화들에서 등장하는 초AI 모두 인간과 대립하고 인간을 위협하며 심지어 멸절시켜 버리려는 부정적인 모습으로 그려졌지만 AI로 인한 인류 미래에 대한 딜레마와 경고를 흥미롭게 제시하고 있다.

[그림 2-3] 영화 미션 임파서블 데드 레코딩의 엔티티(출처: 구글 이미지)

4) AI의 기술 분류

AI의 기술을 분류할 때 적용 분야와 영역을 기준으로 구분할 수 있다. 예컨대 의료, 언어, 금융, 자율주행, 제조 산업, 게임 산업, 농업, 군사, 교육 등의 분야인 것이다. 하지만 이런 분류는 AI 기술의 적용에서 서로 중복된다. 특정 AI 기술이 어느 한 분야에만 적용되지 않기 때문이다. 이러한 분류는 AI 기술의 각 분야별 활용방안이 될 뿐, AI 기술이 갖고 있는 특성을 나타내어 비교할 수 없다. 따라서 여기서는 AI의 기술적 특성에 초점을 두어 분류한다.

(1) 자연어 처리

자연어 처리(NLP, natural language processing)는 인간의 언어를 읽고 처리하며 이해하는 기술이다. 이를 통해 인간처럼 자연스러운 언어를 생성하고 문서를 작성하며, 다른 언어로 번역하고, 음성을 텍스트로 혹은 텍스트를 음성으로 변환하는 작업이 가능하다. 자연어 처리 기술은 문서의 분류와 요약, 번역 서비스, 음성 인식, 챗봇 및 대화형 AI에 응용할 수 있다.

(2) 컴퓨터 비전

컴퓨터 비전(computer vision) 기술은 카메라와 같은 시각적 장치로 얻은 이미지나 동영상 데이터를 AI가 이해하고 해석하는 것이다. 즉, 인간의 시각 시스템을 모방하여 주변 환경에 놓여 있는 객체를 인식하고 분석토록 한다. 이 기술을 통해 컴퓨터는 외부의 시각적 객체를 정확히 식별하고 분류할 수 있다. 컴퓨터 비전 기술은 자율주행 자동차의 도로 상황의 인식, 의료 영상의 분석, 보안 분야에서의 얼굴 및 대상의 분류와 인식, 로봇 공학 등에서 응용할 수 있다.

(3) 로보틱스

로보틱스(robotics)는 로봇의 설계, 제작, 적용, 운영 및 활용과 관련한 기술이다. 기계공학, 전기 및 전자공학, 제어공학, 컴퓨터 공학 등 다양한 학문의 접근이 요구된다. 로봇이 복잡한 환경에서 스스로 행동하도록 만들어서 인간이 작업하기에는 위험한 일을 대신 수행하거나, 인간이 접근하기 어려운 환경에서 작업을 수행하도록 하는 것이 로보틱스의 주요 목표다. 이 기술은 붕괴된 건물이나 광산에서 생존자 파악과 같은 구조 업무, 우주나 심해의 탐색을 포함해서 제조와 서비스 분야에서 응용할 수 있다.

(4) 음성 인식

음성 인식은 인간의 음성을 이해하는 기술이다. 이 기술을 이용하면, 인간의 음성 신호를 디지털 신호로 변환하여 이해함으로써 텍스트로 변환하거나 미리 정의된 명령을 인식하고 동작을 수행하도록 한다. 애플의 Siri, 삼성의 Bixby, Google의 Assistant와 같은 음성 비서가 이 기술이 적용된 대표적인 예이다. 이 밖에도 스마트 스피커, 자동차 내비게이션, 의료 기록 서비스에서도 응용할 수 있다.

(5) 감정 인식

감정 인식은 텍스트, 얼굴 표정, 음성, 행동에서 드러나는 인간의 감정을 인식하고 분석하는 기술이다. 이 기술을 통해 기쁨, 슬픔, 분노, 두려움, 놀람, 혐오와 같은 감정을 분류하고 예측할 수 있다. 감정 인식 기술은 상품의 구매평에서 고객 감정과 반응을 파악할 때, e-메일에서 스팸메일을 걸러낼 때, 블로그에 나타난 혐오 표현 텍스트를 분류할 때 등 응용 분야가 많다. 또한 로봇이나 가상 비서가 감정을 인식하게 함으로써 인간과의 의사소통을 더욱 자연스럽게 만들 수도 있다.

2. AI 교육의 이해[1)]

1) AI 교육의 필요성

AI는 이미 우리 생활 속에서 활용 중이다. 그 활용분야는 컴퓨터와 IT 분야뿐만 아니라 국방, 의료, 금융, 제조, 게임, 농업과 환경, 보완, 판매, 교통 및 운송 등 정치, 사회, 경제, 문화를 아우른다. 어떤 영역에서는 AI의 능력이 이미 인간의 수준을 넘어섰고, 인간의 고유 영역이라고 생각되어 왔던 음악, 미술, 요리, 소설 등과 같은 예술과 창작 같은 창의성이 필요한 영역에서도 두각을 나타내고 있다. AI가 모든 인간의 지능의 총합을 초월하는 특이점(singularity)이 올 것이라는 예견이 실현될 날도 머지않은 것 같다.

1) 이 절은 조규락(2024a)의 일부를 수정 및 재기술한 것이다.

확실한 사실은 AI의 영향 때문에 인간은 AI와 별개로 동떨어진 삶을 영위할 수 없으며, 따라서 적극적으로 AI를 이해하고 활용하는 편이 보다 바람직하다는 점이다. 또한 AI의 영향으로 인해 인간 사회의 많은 것이 변화하고 있는데, 그 변화의 속도가 더욱 가속화되고 있다는 사실이다. 특히 그 변화는 직업 세계에서 두드러지게 나타나면서 AI가 대체할 수 있는 직업과 대체가 어려운 직업으로 관심사가 모인다. 그렇다면 곧 다가올 가까운 미래에는 AI에 의해 대체되는 직업은 인기가 없을 것이지만, AI가 할 수 없는, 즉 인간이 AI보다 더 잘할 수 있는 능력이 필요한 직업에는 사람이 몰릴 것이다. 국가 경쟁력도 AI와 밀접히 연관되어 있다. AI 기술이 다양한 활용분야에서 막대한 재화를 창출하는 신사업을 이끌기 때문이다. 국가마다 AI 관련 인재개발에 진심일 수밖에 없다. 미국, 유럽, 중국, 일본 등은 이미 빠르게 앞서나간다.

우리나라도 이에 뒤처질 수 없다. 안목 있는 기업은 벌써 많은 투자를 하고 있고, 관련 기술을 제품과 서비스에 응용하고 있으며, 학계에서의 연구 논문 발표도, 정부의 정책 지원도 지속적인 증가 추세에 있다. 그러나 인재개발의 핵심적인 사항은 성인과 기업·산업적 측면에 있는 것이 아니라 어린 학습자와 어린 학습자를 위한 교육적 측면에 있다. 어린 학습자가 교육을 통해 준비된 성인이 되어 기업과 산업에 진출하여 기존 성인의 바통을 이어받고 궁극적으로는 기존 성인을 대체하기 때문이다. 인재개발의 시작이 어린 학습자로부터 비롯된다면, 첫 출발지는 초등학교, 중학교, 고등학교에서 벌어지는 교육이다. AI 교육이 필요한 시점이다.

2) AI와 학교교육

AI 교육이 절실히 필요하다고 해도, 지금까지 교육이란 이름으로 수행하고 이룩해왔던 학교교육의 범위를 넘어서서 수행할 수는 없다. 공교육 기관으로서 학교는 대표적인 어린 학습자를 위한 교육의 장소이며, 이런 목적을 위해 의도적이며 인위적으로 조성한 환경인 것이다. 학교에는 교실이라는 구체적인 공간이 있고, 이 공간에서 교사는 교수활동을, 학생은 학습활동을 하면서 수업이 이루어진다. 따라서 AI의 인재양성을 학교교육에서 수행한다는 것은 수업이라는 학교교육의 틀 안에서 이루어진다는 것을 뜻한다. 그렇다면, AI 교육 역시 수업에서 중요하게 다루어지는 교육목표, 교육내용, 교육방법이라는 측면에서 이해할 필요가 있다. 교육목적과 목표, 교육내용, 교육방법은 학교에서 벌어지는 교육과 수업을 파악하는 기본적이며 핵심적인 이해의 축이기 때문이다. 따라서 AI 교육은 AI 교육의 목적과 목표, AI 교육의 내용, AI 교육의 방법으로 나누어 파악해야 한다.[2)]

(1) AI 교육의 목적과 목표

AI의 발달은 사회 전반에서 패러다임 변화를 예고한다. 초·중·고의 학교교육은 미래를 살아갈 모든 학생을, 한편으로는 패러다임 변화에 두려움 없이 대처할 수 있게 하고, 또 한편으로는 패러다임 변화를 적극 활용할 수 있는 역량을 갖춘 인재로 만들어 줄 의무와 책임이 있다. 사회가 변화하면, 이를 거부하는 것이 아니라 이에 부응하고 대비할 수 있도록 교육의 변화도 함께 요청되기 때문이다. 교육목적은 교육을 통해 도달하고자 하는 목적지, 즉 달성해야 하는 교육의 결과다. 특히 학교교육은 무작정, 대충하는 활동이 아니라, 많은 시간과 비용을 들여서라

2) AI 교육의 방법은 AI · 디지털 기반 수업모형의 이름으로 이 책의 9장에서 기술한다. 여기서는 AI 교육의 목표와 AI 교육의 내용만을 다룬다.

도 학생들의 특정 시기에 의무적으로 전개하는 의도적이며 계획적인 활동이다. 교육목적은 이 의도와 계획적인 활동을 통해 학습자가 획득해야 하는 결과로서의 능력, 역량 등과 관계된다. 즉, 교육목적을 달성하여, 학습자의 능력이나 역량을 길러주어야 한다는 것이다.

AI 교육의 목적은 교육부가 제시한 21세기 학습자가 갖추어야 할 인재의 역량과 능력에 잘 드러나 있다(교육부, 2015). 지식 · 정보사회를 주도할 인재는 '정보와 정보처리기술을 올바르게 활용할 뿐만 아니라, 새로운 지식과 정보, 기술을 창의적으로 생성하고 협력적으로 문제를 해결하는 능력'을 갖추어야 한다는 것이다. 이러한 인재상을 달성하기 위해 '정보'와 'AI' 관련 과목이 필요하며 관련 학문적 지식을 제공해야 한다고 밝힌다. 이런 과목을 토대로 하여 학습자는 다음과 같은 내용을 능력과 태도를 함양해야 한다. 첫째, AI 기술의 발전에 따른 사회 변화에 유연하게 대처하는 태도를 함양한다. 둘째, AI의 기본 개념과 원리를 습득하고 다양한 AI 기술을 활용하여 실생활의 문제를 창의적으로 해결하는 능력을 신장한다. 셋째, AI의 관점에서 문제해결을 위한 해법을 설계하고 이를 활용하는 능력과 태도를 함양한다. 넷째, 다양한 분야의 데이터를 AI의 관점에서 재해석하고 창의 · 융합적으로 활용하는 능력을 함양한다. 다섯째, AI가 개인의 삶과 더불어 사회에 미치는 영향을 이해하고 AI 윤리를 실천하는 능력과 태도를 함양한다(전우천, 2022).

이와 별도로 교육부 · 한국과학창의재단이 AI 수업을 위한 교사용 지도서에서 밝히고 있는 AI의 목표는 일반 목표와 초 · 중 · 고의 학교급별 목표 그리고 AI 교육내용의 영역별 목표로 나뉜다. 여기에 AI 교육내용의 영역별로 이루어진 단원의 목표, 차시별로 이루어진 수업의 목표가 더해진다. 하지만 영역별 목표와 단원의 목표는 매우 구체적인 수준이며, 차시별 목표는 수업을 주관하는 교사에 따라 재량을 발휘하여 상이할 수 있으므로 여기서 다루기에 적절하지 않다. 먼저 교사용

지도서에서 제시하고 있는 AI 교육의 일반 목표를 살펴보자(교육부, 한국과학창의재단, 2021).

> 「초·중등 인공지능 교육 내용 기준」을 통해 인공지능에 대한 이해와 올바른 태도를 갖고, 데이터와 인공지능을 활용하여 다양한 문제를 창의적이고 융합적으로, 그리고 올바르고 공정하게 해결할 수 있는 역량을 습득하도록 한다.

한편, AI 수업을 위한 교사용 지도서에 제시되어 있는 초·중·고의 학교급별 AI 목표는 다음과 같다. 학교급별 AI 목표는 실제 교사가 학생을 대상으로 수업을 통해 달성해야 하는 목표이므로 매우 실제적이며, 실제 교실에서 이루어지는 차시별 수업의 목표는 이 학교급별 목표를 보다 각 학교의 상황에 맞게 세분화한 것이다.

> 〈초등학교〉
> 인공지능의 기능과 원리를 놀이와 교육용 도구를 통해 체험하고, 자신의 주변에서 인공지능 기술이 적용된 사례를 탐색하고 활용할 수 있다.
>
> 〈중학교〉
> 인공지능 기술 발전의 원동력이 되는 데이터의 가치와 인공지능 기술의 원리를 이해하고, 실생활 문제를 해결하는 능력을 함양한다.
>
> 〈고등학교 심화〉
> '인공지능 기초'[3]의 내용을 바탕으로, 심화된 내용의 인공지능 개념과 알고리즘을 이해하고, 인공지능 기술을 응용하여 문제를 해결할 수 있는 역량을 기른다.

3) 2015 개정 교육과정에 신설된 진로 선택 과목

(2) AI 교육의 내용

교육내용은 교육목표 달성을 위해서 교수자가 가르치고 학습자가 배워야 할 콘텐츠이며, 다른 말로 수업을 통한 학습자의 경험 내용이다. 교육내용을 흔히 과목 혹은 과목명이라고 하는데, 교과로 부르기도 한다. 하지만 교과는 초·중·고의 학교교육에서의 명칭이며, 대학교육에서는 교과 대신에 대개 강좌 혹은 강좌명으로 불린다. 또한 학교교육에서는 국어, 영어, 수학, 과학, 사회처럼 교과가 한 영역의 이름과 거의 동일하게 사용되지만, 대학에서는 강좌가 한 영역의 이름과 반드시 일치하는 것은 아니다. 학교교육은 일정 연령의 모든 학습자에게 가르치고 배우게 하는 의무교육이므로 여러 영역을 얕지만 넓게 다루는 것이지만, 대학교육은 학습자가 선택한 한 영역 혹은 소수의 영역을 깊은 수준에서 다루기 때문이다. 대학교육에서 학습자가 선택한 전공분야에 대한 여러 강좌가 교육내용으로 개설되는 이유다.

AI의 교육내용을 보면 AI의 주요 영역이 무엇인지 파악할 수 있으며, 그 영역이 중요하다는 것을 알 수 있다. 교육내용으로 선정된 것에는 그 내용을 교육하여 달성하고자 하는 교육목표가 들어 있다. 즉, 앞 절에서 언급한 AI 교육의 목표는 다음에 제시되는 AI 교육내용을 학습자가 경험하면서 도달해야 한다.

우리나라 AI 교육내용은 크게 3개의 영역으로 나뉘어 있다. 첫째는 급변하는 AI 기술로 인해 변화하는 사회를 인식하고, 지능 에이전트 관점에서 AI의 본질을 이해하는 것에 중점을 둔 '인공지능의 이해' 영역이다. 둘째는 실제 AI가 동작하는데 필요한 요소와 원리를 이해하는 것에 중점을 둔 '인공지능 원리와 활용' 영역이다. 셋째는 AI 사회 속에서 발생할 수 있는 윤리적인 문제를 통해 AI의 긍정적·부정적인 영향을 탐색하고, AI를 올바르게 사용할 수 있도록 하는 것에 중점을 둔

'인공지능의 사회적 영향' 영역이다.

이 3개의 커다란 영역은 총 7~8개의 하위 세부 영역으로 세분화되고, 이 하위 세부 영역은 다시 내용 요소별로 세분화되는데, 이때 내용 요소는 초·중·고의 학교급별로 구분된다. 요약하면, AI 교육내용은 1) 영역, 2) 세부영역, 3) 세부영역의 내용 요소라는 3단계로 구분되어 있고, 이 중 세부영역의 내용 요소는 초·중·고라는 학교급별로 나뉘는 모습을 갖고 있다. 이를 표로 정리하여 제시하면 〈표 2-1〉 초등학교 AI 교육내용, 〈표 2-2〉 중학교 AI 교육내용, 〈표 2-3〉 고등학교 AI 교육내용과 같다(교육부, 한국과학창의재단, 2021).

AI 교육내용의 선정과 편성은 나선형 교육과정이라고 하는 일반 교육과정(curriculum)의 원리를 따른다. 나선형 교육과정이란 학교와 학년이 높아짐에 따라 동일한 교과가 점점 깊이와 폭을 더해 가면서 심화되도록 조직된 것을 말한다. 이에 따르면 교육내용은 내용의 성격상 학교 급이나 학년에 상관없이 동일하게 반복적으로 가르치고 배우도록 하지만, 학교급이나 학년에 따라 관찰되는 학습자의 발달단계를 고려하여 내용의 범위나 깊이에서만 차이가 나는 것이다. AI 교육내용도 3개의 커다란 AI 영역과 세부 영역은 초·중·고 모두에서 동일하지만, 세부영역의 내용 요소에서만 달라지고 있음을 알 수 있다.

① 초등학교 AI 교육내용과 특징

초등학교 교육내용에서 특이한 사항은 저학년(1~4학년)과 고학년(5~6학년)으로 구분하여 제시한 점이다. 또 AI 윤리라는 세부 영역은 저학년에서는 다루지 않는다는 점이다. 이는 초등학교 저학년과 고학년의 발달적 측면이 매우 커다란 간격을 보인다는 사실을 고려한 것이다. 또한 고학년의 내용이 저학년 내용보다 수준

면에서 더 넓고 깊다는 점을 볼 수 있다. 또 AI에 관한 윤리적 측면은 저학년이 경험하기에는 어렵거나 적합하지 않다는 점을 보여준다(〈표 2-1〉).

〈표 2-1〉 초등학교 AI 교육내용

영역	세부 영역	내용 요소	
		초등학교 저학년 (1~4학년)	초등학교 고학년 (5~6학년)
인공지능의 이해	인공지능과 사회	• 인공지능과의 첫 만남	• 인공지능의 다양한 활용 • 약인공지능과 강인공지능
인공지능 원리와 활용	데이터	• 여러 가지 데이터 • 수치 데이터 시각화	• 데이터의 중요성 • 문제 데이터 시각화 • 데이터 경향성
	인식	• 컴퓨터와 사람의 인식	• 컴퓨터의 인식 방법
	분류, 탐색, 추론	• 특징에 따라 분류하기	• 인공지능 분류방법 • 지식 그래프
	기계학습과 딥러닝	• 인공지능 학습 놀이 활동	• 기계학습 원리 체험
인공지능의 사회적 영향	인공지능 영향력	• 우리에게 도움을 주는 인공지능	• 인공지능과 함께하는 삶
	인공지능 윤리		• 인공지능의 올바른 사용

② 중학교 AI 교육내용과 특징

중학생의 교육내용은 학년의 구분 없이 다루어지며, 세부 영역의 내용 요소가 누락된 점도 없다. 초등학교의 교육내용과 비교했을 때 더 구체적이며 세분화되어 있음을 알 수 있다(〈표 2-2〉).

〈표 2-2〉 중학교 AI 교육내용

영역	세부 영역	내용 요소
		중학교
인공지능의 이해	인공지능과 사회	• 인공지능 발전 과정 • 튜링 테스트
인공지능 원리와 활용	데이터	• 데이터 수입 • 데이터 전처리 • 데이터 예측
	인식	• 사물 인식
	분류, 탐색, 추론	• 인공지능 탐색 방법 • 규칙기반 추론
	기계학습과 딥러닝	• 지도 학습 • 비지도 학습
인공지능의 사회적 영향	인공지능 영향력	• 인공지능과 나의 직업
	인공지능 윤리	• 인공지능의 오남용 예방

③ 고등학교 AI 교육내용과 특징

고등학교의 AI 교육내용은 초등학교와 중학교와 비교했을 때 특성이 두드러진다. 우선 세부 영역이 하나 늘어 AI과 에이전트 세부 영역이 AI의 이해라는 영역에 추가되었다. '지능 에이전트'가 초등학생과 중학생 수준에서 다루기 어렵다는 점이 반영된 것이다. 또한 내용 요소를 고등학교 기초와 고등학교 심화로 이분하여 교육내용의 깊이 수준을 구분한 점이 눈에 띤다. 초등학교에서 교육내용을 저학년과 고학년이라는 발달단계의 수준을 고려한 것과 비교해보면, Piaget의 인지발달론에 근거하여 고등학생은 학년에 관계없이 이미 인지발달이 다 되어있음을 반영한 것이다. 그리고 고등학교 기초의 내용 요소는 2015 개정 교육과정에 신설된 진로 선택 과목인 '인공지능 기초'의 내용 구성에서 가져온 것도 특징이다(〈표 2-3〉).

〈표 2-3〉 고등학교 AI 교육내용

영역	세부 영역	내용 요소	
		고등학교 기초	고등학교 심화
인공지능의 이해	인공지능과 사회	• 인공지능의 개념과 특성 • 인공지능 기술의 발전과 사회변화	• 인공지능 기술의 적용분야 • 인공지능 융·복합
	인공지능과 에이전트	• 지능 에이전트의 개념과 역할	• 지능 에이전트 분석
인공지능 원리와 활용	데이터	• 데이터의 속성 • 정형 데이터와 비정형 데이터	• 데이터 속성 분석 • 빅데이터
	인식	• 센서와 인식 • 컴퓨터 비전 • 음성 인식과 언어 이해	• 컴퓨터 비전 응용 • 음성 인식 응용 • 자연어 처리
	분류, 탐색, 추론	• 문제해결과 탐색 • 표현과 추론	• 휴리스틱 탐색 • 논리적 추론
	기계학습과 딥러닝	• 기계학습의 개념과 활용 • 딥러닝의 개념과 활용 • 분류모델 • 기계학습 모델 구현	• 기계학습 • 강화 학습 원리 • 퍼셉트론과 신경망 • 심층 신경망
인공지능의 사회적 영향	인공지능 영향력	• 사회적 문제해결 • 데이터의 편향성	• 인공지능과의 공존 • 알고리즘 편향성
	인공지능 윤리	• 윤리적 딜레마 • 사회적 책임과 공정성	• 인공지능 개발자 윤리 • 인공지능 도입자 윤리

④ 초·중·고 인공지능 교육내용에서 생각할 점

일반적으로 초·중·고 학교교육에서 각 교과의 교육내용은 국어, 영어, 수학 등의 각 교과의 교육내용은 초·중·고 각각 학년별로 구성되어 있다. 반면에, AI의 교육내용은 〈표 2-1〉, 〈표 2-2〉, 〈표 2-3〉에서 볼 수 있는 것과는 달리 각 학년별로 구성되어 있지 않다. 중학교는 아예 학년별로 구별될 수 있는 구성이 없어서 어느 학년이든지 학교에서 재량으로 편성해서 가르칠 수 있다. 6년 기간의 초등학교는 저학년과 고학년의 2개, 3년 기간의 고등학교도 기초와 심화의 2개로 구성되어 있지만, 중학교와 마찬가지로 교육내용이 특정 학년에서 다루도록 규정한 것이 아니다. 그런데 그것마저도 초등학교에서는 발달단계로, 또 고등학교에서는 내용의 깊이 수준이라는 서로 다른 시각에서 구분되어 있다.

AI 교육내용의 편성이 이처럼 되어 있는 것은 AI가 아직 국어, 영어, 수학과 같은 필수 교과가 아니며 또한 독립된 교과가 아니기 때문이다. AI 관련 교육내용은 초등학교라면 실과라는 교과에서, 중학교라면 정보 교과에서 한 단원으로 구성되어 있어서 부분적으로만 다루어지거나 또는 초 · 중 · 고의 교과 학습 과정 이외에서 진행되는 '창의적 체험활동'이라고 불리는 특별활동 시간에 다루어진다. 창의적 체험활동은 자율활동, 동아리활동, 봉사활동, 진로활동의 4개 영역으로 구성되는데, AI 교육은 특히 진로활동에서 다루어지고 있는 실정이다. 고등학교는 조금 복잡한데, 그 이유는 AI 기초는 정보 교과에 반영되어 다루고 있지만, AI 심화는 교양 교과라는 국가 외 고시과목에서도 다루고 있기 때문이다. 또 AI 수학의 내용은 수학 교과에서 다루어지기도 한다. 국가 외 교시과목의 이름은 '인공지능과 미래사회', '수리와 인공지능' 등 학교마다 동일하지 않다. 더욱이 중학교와 고등학교의 AI 교육내용은 모두 진로 선택 과목에서 다루어지기 때문에 선택한 학생들만이 학교에서 AI 교육을 학습할 수 있다.

3. AI 교육의 분류[4)]

1) 다양한 AI 교육 분류

AI 교육에 대한 분류는 다양하다. 교육현장에서 다루어야 할 AI 교육의 내용과 체계는 대동소이하지만 강조점이 조금씩 다르기 때문이다.[5)]

(1) AI에 대한 학습 vs. AI와 함께 하는 학습

'AI에 대한 학습(Learning about AI)'은 AI 내용 자체에 대한 교육이다. AI의 개념과 역사, AI가 어떻게 구현되는지에 대한 원리와 알고리즘(프로그래밍) 설계와 개발, AI가 미치는 사회적 분야와 영향과 이로 인해 발생할 수 있는 윤리적 문제점 등을 다룬다. 이에 비해 'AI와 함께 하는 학습(Learning with AI)'은 AI가 수업환경에서 수업을 지원하는 테크놀로지의 역할로써 활용되는 것을 말한다. 학교에서 AI 기반 교육용 플랫폼을 활용하여 학습자에게는 학습자 맞춤형 학습을 제공 및 지원하고, 교사에게는 학습관리시스템이나 대시보드를 통해 학습자의 학습과정과 학습이해도를 모니터링하고 개별적 피드백을 제공하는 형태로 구체화된다 (Holmes et al., 2019).

---

4) 이 절은 조규락(2024a)의 일부를 수정 및 재기술한 것이다.

5) 〈표 2-1〉, 〈표 2-2〉, 〈표 2-3〉에서 나타난 초 · 중 · 고 AI 교육내용의 3개의 영역인 '인공지능의 이해', '인공지능 원리와 활용', '인공지능의 사회적 영향'은 각각 차례대로 AI 교육을 대표하는 3개의 교육유형인 1) AI 이해교육, 2) AI 활용교육, 3) AI 가치교육과 가장 유사한 관련성을 맺는 것으로 보인다. 따라서 어느 한 AI 교육 분류를 택해야 한다면, 이 책은 AI 이해교육, AI 활용교육, AI 가치교육 분류를 따른다.

(2) AI 이해교육 vs. AI 개발교육 vs. AI 활용교육

'AI 이해교육'은 앞에서 언급한 'AI에 대한 학습'과 동일하게 AI 내용 자체를 가르치는 것이다. 'AI 개발교육'은 AI를 만드는 교육인데, 알고리즘과 머신러닝과 딥러닝을 교육하면서 AI를 설계 · 개발하고 시험하는 등의 AI 개발에 필요한 전반적인 지식을 교육한다. 반면에, 'AI 활용교육'은 수업현장에서 AI를 체험해보고, 교사를 지원하고 보조하는 형태를 말한다. 구체적으로는 학습자에게 맞춤형 교육을, 교사에게는 학습자를 이해할 수 있는 다양한 분석 데이터를 제공함으로써 AI가 수업의 보조 도구로써 활용되는 교육이다(서울특별시교육청, 2021).

(3) AI 내용교육 vs. AI 활용교육 vs. AI 융합교육

'AI 내용교육'은 AI의 개념과 원리, 기술, 영향 등을 이해하고 이와 관련된 기술과 태도를 기르는 교육을 말한다. 'AI 활용교육'은 교과수업에서 AI를 도구로 활용하는 것인데, AI 플랫폼을 활용하거나 에듀테크를 활용하는 교육이다. 'AI 융합교육'은 AI에 대한 원리와 기술, 도구의 이해를 바탕으로 교육내용과 관련 문제들을 새로운 관점으로 바라보고 창의적인 해결책을 제시하도록 하는 교육이다. 다시 말해, 각 교과에서 AI 기술을 이용하거나 AI 도구를 활용함으로써 문제를 해결하도록 하는 것이다(최숙영, 2024a).

(4) AI 이해교육 vs. AI 활용교육 vs. AI 가치교육

'AI 이해교육'은 AI의 이론과 기능 자체를 수업의 내용으로 하는 교육이다. AI 자체의 내용을 습득하지 않고서는 AI를 여러 방면에 활용하는 것도 사회 윤리적인 이슈에 대한 적절한 대처도 가능하지 않다는 점이 내포되어 있다. AI 자체의 이해와 습득은 AI 교육의 선행요건이며 다른 유형의 교육의 기초가 된다. 'AI 이해교육'

에서는 AI와 관련한 기술, 기능에 대한 개념 등의 지식 형성이 매우 중요하다.

'AI 활용교육'은 'AI 이해교육'을 통해 학습한 AI의 기술이나 개념을 여러 방면에서 활용할 수 있는 역량에 방점을 둔 교육이다. 학생이 다른 교과나 분야에서 또 여러 산업의 영역에서 마주치는 문제를 AI 기술을 통해 해결하게끔 해주는 것이다. 이를 위해서 AI 기술에 대한 지식이 탄탄해야 하는데, 실제 AI 동작에 필요한 요소와 원리를 이해해야 한다.

AI 활용교육에서 특징적인 면은 'AI 교과활용교육', 'AI 융합교육', 'AI 기반교육'처럼 여러 파생된 모습이 있다는 점이다(한선관 외, 2021). AI를 '활용'하는 대상과 범위가 매우 크기 때문이다. 'AI 교과활용교육'은 교과 교육에 AI를 활용하여 교과 목표를 달성하려는 교육이다. 예컨대, 국어, 수학, 과학, 음악 등의 각 교과가 목표로 하는 내용을 AI를 활용해서 학습자가 잘 익힐 수 있도록 돕는 것이다. 이때 AI의 기술과 기능은 각 교과의 학습을 보조하는 도구가 된다. 'AI 교과활용교육'의 주안점이 교과라는 하나의 특정 영역에서 AI를 활용하는 것이라면, 'AI 융합교육'의 주안점은 여러 교과 내용이 함께 혼재된 영역에서 AI를 활용하는 것이다. 이때 학생은 한 교과의 목표에 집중하는 것이 아니라 융합이 가능한 영역에서 발생하는 문제를 해결하는 활동을 하게 된다. 널리 알려져 있는 STEAM(Science, Technology, Engineering, Art, Mathematics) 교육은 과학, 기술, 공학, 인문 · 예술, 수학 분야의 융합적 사고력과 실생활 문제해결력 향상을 위한 교육이므로, STEAM의 T(기술)에 AI 기술을 넣으면 'AI 융합교육'의 모범적 사례라고 할 수 있다. 'AI 융합교육'은 다시 'AI 교과융합교육'과 'AI 방법융합교육'으로 나뉜다(정영식, 2022). 전자는 수업활동에서 다루어질 문제나 주제의 분야 측면에서의 융합이며, 후자는 수업활동에서 다루어질 문제나 주제를 해결하는 방법 측면에서의 융합이다. 한편, 'AI 기반교육'은 AI 기술을 수업활동의 플랫폼으로 이용한다. 대개 MOOC(Massive Open Online Courses), 학습앱, LCMS(Learning Contents Management System)와 같은 인공지능 기반의 튜터링 시스템이나 온라인 교육 시스템 또는 각종 에듀테크를 기반으로 한다. 즉, 학습자의 학습활동을 AI 기술이 적용된 플랫폼을 이용하여 도와주고 교사와 협력해서 수업을 진행하는 것이다. 현재 구글 AutoML, 애플 CreateML, MakeML 등의 범용적인 AI 상용 플랫폼도 개발되어 있고, 티처블머신, ML4Kids, 텐서플로와 같은 AI 교육을 위해 특화된 플랫폼도 개발되어 있으며, 다니얼로그플로우, 매니챗과 같은 AI 챗봇 플랫폼 역시 개발되어 있다. 교사가 관심을 갖는다면, 이런 플랫폼을 활용해서 수업에서 AI 기반교육을 수행할 수 있다.

'AI 가치교육'에서는 AI 이해교육과 AI 활용교육을 통해 나타나는 사회적 영향과 윤리적인 이슈를 다룬다. AI는 항상 인간에게 신뢰와 이익이라는 긍정적인 면만을 가지고 있을까? 아니면 인간을 소외시키는 부정적 면도 있을까? 친AI 진영과 반AI 진영으로 갈라진 이유는 AI에 대한 서로 상반된 관점과 그 관점에서 파생한, 윤리적 이슈를 포함한 여러 이슈가 있기 때문이다. 게다가 AI 기술이 적용되는 다양한 각 분야마다 윤리적 이슈들이 존재한다. 예컨대, AI가 관장하는 자율주행자동차는 자동차 사고 시 운전자의 생명 보호를 우선할 것인지 보행자의 생명 보호를 우선할 것인지에 대한 이슈, AI에 의한 무기체계는 인간 지휘관이면 주저할 상황에서도 과감히 폭탄을 투하할 것인지에 대한 이슈 등이다. AI 가치교육에는 두 가지 접근을 생각할 수 있다. 하나는 학습자가 AI에 대한 바른 태도와 가치관을 갖도록 해주는 것이며, 다른 하나는 학습자가 AI 기술을 윤리적으로 실천하고 활용하며 개발하도록 하는 것이다.

2) AI 교육 유형의 시사점

AI 교육유형은 교사가 수업에서 AI 교육을 실천할 때 내용적 측면과 활동적 측면에서 소중한 시사점을 제공한다. 내용적 측면에서 〈표 2-1〉, 〈표 2-2〉, 〈표 2-3〉의 AI 교육의 내용은 모두 그 개념의 지식과 기능 자체를 이해해야 할 필요가 있다. 즉, 'AI 이해교육'을 통해서 알아야 할 지식과 기능을 알려준다. 예컨대, 〈표 2-3〉의 인공지능 원리와 활용/세부 영역/고등학교 기초의 '정형 데이터와 비정형 데이터'에서 정형 데이터와 비정형 데이터의 개념을 모르면, 즉 AI 이해교육이 되어 있지 않다면, AI 활용도 불가능하고 그것 때문에 발생하는 AI의 윤리나 가치, 사회적 영향력도 파악하기 어렵다. 3개의 표에서 제시된 교육 내용은 그것이 둘째 '인공지능 원리와 활용' 속의 내용이든, 셋째 '인공지능의 사회적 영향'의 내용이든 모두 '인공지능 이해교육'의 내용인 것이다.

활동적 측면에서 보면, 수업에서 어떤 활동을 해야 할지가 반영되어 있다. 수업에서 해야 할 활동은 AI 교육유형이 제시하고 있는 것처럼, 학생이 AI를 '이해'하고, AI를 '활용'하며, AI의 '가치문제'를 깨닫는 것이며, 각각을 위해서 교사는 구체적으로 수업 중에 학생들에게 무엇을 제공하고 어떤 활동을 함께 할지를 선택하고 결정해야 한다. 3개의 표가 기술한 AI 교육의 내용은 수업에서 다루는 내용적인 면에서는 유용하지만 수업에서 교사가 추구하고 해야 할 활동은 제시하지 않기 때문에 수업 중 어떤 활동을 해야 할지는 교사의 몫인 것이다. 이처럼 AI 교육의 유형은 교사의 수업 활동에 대한 시사점을 제공한다.

AI의 교육유형은 대개 3개로 구분되지만, 이 유형들이 완전히 독립적으로 별개인 것은 아니다. 전술한 것처럼 '인공지능 활용교육'과 '인공지능 가치교육'은 '인공지능 이해교육'의 기반 위에서 가능하다. AI의 지식과 기능을 모르는 상태에서는 AI를 실생활 문제해결에 활용할 수 없으며, AI 관련한 도덕적이며 윤리적 이슈에도 적절히 대처할 수 없다. 또 '인공지능 활용교육'과 '인공지능 가치교육'은 서로 상보적이다. AI 관련한 도덕적, 윤리적 이슈는 AI의 활용 맥락에서 발생하기 때문이다.

Chapter

03

AI·디지털 역량과 리터러시

Chapter 03

Chapter 03

AI·디지털 역량과 리터러시

교육적 맥락에서 교사는 AI나 디지털 전문가가 아니며 또한 학생 모두가 장래에 AI 혹은 디지털 전문가가 되는 것이 아니다. 때문에 AI나 디지털 관련 수업과 학습 내용의 주안점은 알고리즘이나 프로그래밍 등을 수행할 수 있는 전문적 식견과 개발 능력을 길러주는 것에 있는 아니라 실생활의 다양한 맥락에서 AI와 디지털을 이해하고 활용함으로써 문제해결을 할 수 있도록 돕는 일이다. 이는 문제해결에 AI와 디지털을 활용하는 도구라는 측면에서 리터러시의 의미와 가깝다. 따라서 교육 분야에서 AI · 디지털 역량이 리터러시라는 개념과 섞여 혼용되어 사용되는 것은 자연스러운 현상일 것이다. 실제로 많은 관련 서적에서 AI · 디지털 역량은 AI 리터러시, 디지털 리터러시 혹은 이 둘을 결합한 AI · 디지털 리터러시와 함께 쓰이고 있다.

그런데 어떤 관점을 견지하느냐에 따라 AI가 디지털의 한 분야에, 아니면 디지털이 AI의 한 분야에 속한 것으로 볼 수도 있다. 챗봇처럼 AI를 디지털 도구의 하나로써 사용한다면 혹은 디지털 도구에 AI 기능을 부가적으로 추가한 것이라면 전자일 것이며, 각종 디지털 도구를 AI로 구현한다거나 AI 기능이 디지털 도구의 핵심이라면 후자일 것이다. 물론 이 둘이 완전히 동일하지도 혹은 완전히 별개의 것도 아닌 공통된 교집합이 많은 분야일 수도 있다(김갑수, 2024).

한편, 디지털 시민성에 대한 요구도 존재한다. 우리 삶의 공간인 사회에 참여하는 일은 시민의 권리이며 의무다. 그런데 21세기 첨단 AI · 디지털 기술에 의해 사회 공간이 디지털 공간, 사이버 공간, 가상공간 등으로 확장되어 구성원, 즉 시민의 참여가 이전에 비해 더욱 복잡하며 역동적으로 변한다. 이런 환경에서 디지털 역량이나 리터러시 없이는 참여 자체가 불가능하거나 소외될 수 있다. 때문에 디지털 시민성은 디지털 시민으로서 갖춰야 할 능력으로서 디지털 역량이나 리터러시를 강조한다.

1. AI·디지털 역량

1) AI·디지털 역량의 개념

일반적으로 역량(competency)이란 개인이 맡은 역할을 성공적으로 수행하여 직무 성과를 달성할 수 있도록 하는 내적 특성을 말하며 기술, 지식, 태도와 행동특성 등의 요소로 구성된다. 과거에는 직무 역할에 필요한 기술과 지식이 중요했지만 오늘날에는 제공되는 학습 콘텐츠와 지식을 수용하는 것에서 그치지 않고 스스로 학습하고 이를 활용할 수 있는 능력을 포함한다(조헌국, 2024; MacBeath, 2012). 최근 들어 역량이 더욱 중요해진 이유는 AI, 디지털 기술 분야에서 새로운 지식이 빠르게 생성되고, 이에 따라 급격하게 변화하는 환경에 슬기롭게 대처해야 하기 때문이다.

일반적인 역량의 의미가 AI와 접목한 것이 AI 역량이다. 구체적인 역량의 요소인 기술, 지식, 태도와 행동특성으로 나누어 AI 역량을 살펴보면 다음과 같다.

- **기술 요소:** 알고리즘 및 모델링, 프로그래밍 언어, 데이터 처리 등
- **지식 요소:** AI 원리와 이론, 응용 분야, 윤리적 고려사항 등
- **태도와 행동특성 요소:** 협업, 의사소통, 최신 동향의 지속적 학습 자세 등

습득해야 할 기술과 지식수준에 따라 다르겠지만, 이 같은 AI 역량은 AI 전문가나 실제 관련 분야에서 종사하는 사람에게 더 적합한 것이지 관련 업무에 종사하지 않는 일반인이나 공교육 학교 기관에 종사하는 교사나 배우는 학생에게는 적절하지 않다. 어릴 때부터 AI의 전문가 양성을 위해서는 모든 학생이 그 전문가 양성의 대상이 아니라 적성과 재능을 갖춘 소수의 학생을 대상으로 하는 교육과 그것을 위해 마련한 교육 프로그램을 이용하는 방안이 더 적합하다. 영재교육 기관이나 과학고를 통해서도 가능할 것이다.

사실 대다수의 학생들은 AI 및 디지털에 대한 전문적인 지식과 역량이 필요한 것이 아니라 AI와 디지털에 의해 변화하고 있는 미래사회를 대처하기 위한 역량이 요구된다. 즉, AI를 포함하여 각종 디지털 기기를 활용하여 필요한 정보를 검색하고 활용하면서 최선의 의사결정을 하거나 문제를 해결할 수 있는 역량이 필요한 것이다. 마찬가지로 교사 역시 AI · 디지털의 전문가 수준의 지식과 역량을 지닐 필요가 없다.[1] 다만 수학교사가 수학을 전혀 알지 못한 상태로 수학을 바르게 가

1) AI나 디지털에 대해 전문가적 역량을 갖춘 교사라면, 특별한 이유가 있지 않고서는 굳이 학교에 종사하지 않을 것이다.

르칠 수 없는 것처럼 AI · 디지털을 전혀 모르는 상태로 학생을 바르게 가르칠 수 없다. 때문에 비록 전문가 수준의 지식과 역량은 아닐지라도 가르칠 수 있을 정도의 필요한 역량은 갖추어야 한다.

2) AI·디지털 역량 체계

교육 분야에서 AI · 디지털 역량은 교사가 갖추어야 할 역량과 학생이 갖추어야 할 역량으로 나뉜다. 교사는 학생이 AI · 디지털 역량을 함양할 수 있도록 교수활동에 필요한 AI · 디지털 역량, 교수역량을 갖추어야 하며, 학생은 교사로부터 다양한 실제적 맥락에서 활용할 수 있는 AI · 디지털 역량을 습득해야 한다. 이에 대해 여러 학자 · 연구자가 교사와 학생이 갖추어야 할 AI · 디지털 역량 체계를 제안하고 있으며(〈표 3-1〉, 〈표 3-2〉), 교사의 AI · 디지털 역량이 어느 정도인지를 측정하고자 하는 목적을 가진 도구도 여럿 제안되어 있다(〈표 3-3〉).

〈표 3-1〉 교사의 AI · 디지털 역량 체계

영역	정의	역량	세부 내용
AI · 디지털 기술 이해와 활용	AI · 디지털 기기, 네트워크, 소프트웨어 및 서비스 등을 알고 교육업무에 활용한다.	교육 환경 준비	교육 목적과 주어진 인프라 환경을 파악하여 적합한 기기와 소프트웨어를 선택하고, 자리 배치 등 교육 환경을 조성한다.
		기술 문제해결	자주 발생되는 기술적인 문제는 직접 해결하고, 기술 문제에 따라 적합한 해결책을 찾는다.
		AI · 디지털 기반 의사소통	학생, 동료, 학부모 및 제3자와의 의사소통에 AI · 디지털 기술을 효과적으로 활용한다.
		AI · 디지털 활용 수업설계	AI · 디지털 콘텐츠나 서비스 등을 활용하여 수업 준비 시간을 경감하고, 효과적인 수업계획과 자료를 개발한다.

영역	정의	역량	세부 내용
AI · 디지털 기술 윤리	AI · 디지털을 사용 시 안전과 보안을 지키며 교육업무에 활용한다.	디지털 자원 활용	저작권이나 라이센스를 지키며 AI · 디지털 콘텐츠나 서비스를 사용하고 제작한다.
		AI · 디지털 보안 인식	AI · 디지털 기술을 사용 시 개인정보를 보호하고, 해킹, 사이버 범죄에 노출되지 않도록 한다.
AI · 디지털 활용 교육	일반(비)교과 교육을 효과적으로 실행하기 위해 AI · 디지털을 수업 및 평가에서 적합하게 활용한다.	AI · 디지털 기반 협력 수업	효과적인 상호작용 촉진을 위해 적합한 AI · 디지털 기술을 활용한다.
		AI · 디지털 기반 맞춤형 수업	맞춤형 학습에서 학생별 피드백을 주고, 학생 데이터를 분석 및 처치하기 위해 적합한 AI · 디지털 기반 플랫폼을 선택하고 효과적인 수업을 실행한다.
		AI 디지털 교과서 활용	AI · 디지털 교과서의 개발 취지를 이해하고 수업 시간에 적합하게 활용한다.
		실감형 콘텐츠 활용	메타버스, 가상현실(VR, AR, XR 등) 콘텐츠를 적합한 교육 맥락에서 효과적으로 활용한다.
		생성형 AI 활용	생성형 AI 도구를 글쓰기, 데이터 등 다양한 수업의 맥락에서 효과적으로 활용한다.
		AI · 디지털 기반 평가	지필 및 수행평가를 효율적이고 타당하게 실시하기 위해, AI · 디지털 기술을 활용한다.
AI · 디지털 융합 교육	학생의 AI · 디지털 역량을 일반(비)교과 교육의 교육목표, 내용, 방법, 평가 수준에서 통합하여 AI · 디지털 역량을 관리한다.	성취기준 재구조화	학생의 AI · 디지털 역량을 일반교과의 성취기준에 통합하여 융합수업에 적합하도록 재구조화한다.
		빅데이터 활용 융합수업	학생이 빅데이터의 수집, 분류 및 관리, 분석 및 해석, 시각적 표현 등의 AI · 디지털 역량을 함양하도록 수업한다.
		AI 융합수업	학생이 피지컬 컴퓨팅, AI 플랫폼 등을 활용하여 AI에 대한 지식과 원리를 이해할 수 있도록 수업한다.
전문성 개발	교사로서 AI · 디지털 역량을 통해 수업 및 업무 전문성을 향상하기 위해 공식적, 비공식적으로 전문성 개발 활동을 습관화한다.	AI · 디지털 역량 지속 개발	교육, 학습공동체, 정책 및 학술 세미나 등에 참여하여 AI · 디지털 역량을 지속적으로 개발한다.
		성찰과 개선	자신의 일상과 수업을 돌아보며 교훈을 통해 공식, 비공식적으로 개선 활동을 한다.

출처: 김현진 외(2024).

〈표 3-2〉 학생의 AI · 디지털 역량 체계

영역	정의	세부 내용
AI · 디지털 기술 이해	AI · 디지털 기술을 자신의 이용 목적에 따라 활용하기 위해 기기, 도구, 콘텐츠 및 서비스를 효율적으로 다룰 수 있는 능력	• 디지털 기기 및 네트워크 원리에 대해 이해한다. • 도구, 콘텐츠, 플랫폼 등 소프트웨어의 종류별 기능과 원리를 안다. • SNS, OTT, 쇼핑, 금융 등 웹서비스의 특징과 주의점을 안다. • 메타버스, VR/AR 플랫폼 등 최신 기술을 이해한다. • 인공지능 원리를 이해하며 인공지능 도구를 적절하게 활용한다.
AI · 디지털 정보와 데이터 활용	필요한 AI · 디지털 정보와 데이터를 검색하고, 비판적으로 분석 · 평가하며 체계적으로 관리할 수 있는 역량	• AI · 디지털 정보와 데이터를 목적에 맞게 탐색 및 수집한다. • AI · 디지털 정보와 데이터를 신뢰성과 적합성을 바탕으로 비판적으로 평가하고 활용한다. • AI · 디지털 정보와 데이터를 체계적으로 저장하고 분류한다.
AI · 디지털 기반 의사소통과 문제해결	AI · 디지털 기술을 활용하여 사람들과 소통하고 정보과 데이터를 공유하며 협력한다.	• 디지털 환경에서 개인이나 공동체와 원활하게 소통한다. • 디지털 환경에서 공동의 목적을 달성하기 위해 다른 사람과 협업한다.
AI · 디지털 자원 창출	AI · 디지털 콘텐츠를 목적과 상황에 맞게 생산하고, 컴퓨팅 사고 기반으로 AI · 디지털 자원을 활용하여 일상생활의 문제를 해결하는 역량	• 창의적 사고를 활용하여 목적과 상황에 맞는 AI · 디지털 콘텐츠를 수정하거나 창작한다. • 컴퓨팅 사고를 활용하여 문제해결을 위한 AI · 디지털 프로그램(알고리즘, 소프트웨어 APP 등)을 수정하거나 창조한다.
AI · 디지털 안전과 웰빙	AI · 디지털 기기 및 서비스를 안전하고 건강하게 사용할 수 있는 역량	• 디지털 환경에서 나와 타인을 보호하며, 디지털 기기와 서비스를 안전하고 책임감 있게 활용한다. • AI · 디지털 기기 및 서비스의 활용이 개인과 사회에 미치는 심리적, 신체적 영향에 대한 명확한 인식을 통해 건강하게 사용한다.

출처: 김현진 외(2024).

〈표 3-3〉 교사의 AI · 디지털 역량 측정 도구

영역	역량	역량 정의	행동지표
Ⅰ. AI · 디지털 기본	AI · 디지털 기술 활용	AI · 디지털 기술을 올바르게 활용한다.	• AI · 디지털 기술의 개념과 원리를 설명한다. • AI · 디지털 기술을 활용하여 나의 업무를 효과적으로 처리한다. • AI · 디지털 기술이 제공하는 데이터를 분석하고 해석한다. • AI 보조교사와 협력한다.
	AI · 디지털 윤리 실천	AI · 디지털 기술 활용에 관련된 윤리적인 측면을 내면화하고 실천한다.	• 윤리적인 측면을 고려하여 AI · 디지털 기술을 활용한다. • 나의 업무 과정에서 생성되는 정보를 안전하게 관리하고 활용한다.
Ⅱ. AI · 디지털 교육 실행	AI · 디지털 기술 활용 교육맥락 분석	AI · 디지털 기술을 활용하여 수업설계를 위한 요구와 제한점을 도출한다.	• AI융합/활용교육을 설계하기 위해 학습자 및 학습환경 관련 요구와 제한점을 도출한다. • AI융합/활용교육을 설계하기 위해 AI · 디지털 기술 관련 학습과제(내용)를 분석한다. • AI · 디지털 기술을 활용하여 학습내용, 학습자, 학습환경의 특성을 분석한다.
	AI · 디지털 기술 활용 교수-학습 설계	AI · 디지털 기술을 활용하여 교육내용과 학습과제를 구성하고, 교수-학습 방법을 설계한다.	• AI · 디지털 기술을 활용하여 국가 수준 교육과정에 근거한 학습목표를 설정하고 학습평가를 설계한다. • AI · 디지털 기술(AI디지털교과서 등)을 활용하는 학습과제와 학습활동을 구성한다. • 선정한 학습내용과 학습과제에 AI의 개념과 원리를 연계한다. • 학습자 개별 특성과 학습 수준을 반영한 AI · 디지털 기반 맞춤형 학습활동을 구성한다. • 학습자 개별 특성과 학습 수준을 반영한 AI · 디지털 기반 정서적 지원방안을 구성한다. • AI · 디지털 기술을 활용하여 학습동기를 유발하고 유지하기 위한 전략을 설계한다.

영역	역량	역량 정의	행동지표
	AI · 디지털 기술 활용 교육자원 개발	AI · 디지털 기술을 활용하여 교수–학습자료, 평가자료를 개발한다.	• AI융합/활용교육을 위해 담당 교과에서 활용 가능한 AI기반 기술을 검색하고 선정한다. • AI · 디지털 기술을 활용하여 교수–학습 자료를 개선 또는 개발한다. • AI · 디지털 기술을 활용하여 평가 자료와 도구를 개선 또는 개발한다. • AI융합/활용교육을 위한 교육환경(예: 디지털 장비와 자료 등)을 확인한다.
	AI · 디지털 기술 활용 수업실행	설계한 수업을 AI · 디지털 기술을 활용하여 실행한다.	• AI · 디지털 기술을 활용하여 학생들과 상호작용한다. • AI · 디지털 기술을 활용하여 개별 학습자의 학습과정을 모니터링한다. • 학습자의 특성과 학습수준에 대한 데이터에 기반하여 학습을 촉진한다. • AI · 디지털 기술을 활용하여 학습자에게 맞춤화된 피드백을 제공한다. • AI · 디지털 기술을 활용하는 수업상황에서 발생하는 기술적 문제에 대처한다.
	AI · 디지털 기술 활용 교육평가와 성찰	AI · 디지털 기술을 활용하여 학습자의 학업성취를 평가하고 수업을 성찰한다.	• AI · 디지털 기술을 활용하여 학습자의 학습 과정 및 성취 결과를 평가한다. • AI융합/활용교육의 효과성을 평가한다. • 교수–학습 과정을 성찰하고 개선한다.
Ⅲ. 전문적 참여	자기 개발	AI · 디지털 역량을 꾸준히 개발한다.	• AI · 디지털 역량을 증진할 수 있는 교사교육 프로그램에 지속해서 참여한다. • AI · 디지털 융합/활용 교육에 대한 현장연구를 수행한다.
	사회 참여	AI · 디지털 기술을 이용하여 긍정적인 사회 변화에 기여한다.	• AI · 디지털 활용 교육에 관련된 전문 학습공동체에 참여한다. • 교육 및 사회 시스템 변화를 위한 AI · 디지털 교육 정책을 실행한다.

출처: 허희옥 외(2024).

2. 디지털 리터러시

1) 리터러시의 개념과 변천사

디지털 리터러시란 리터러시의 개념을 디지털로 확장한 것이다. 현재의 리터러시 의미는 기존 리터러시의 의미인 문해력을 포함하여 다양한 맥락에서 정보를 이해 · 해석하며 비판적으로 사고할 수 있는 능력까지 포함된다. 현대가 기존의 문자만을 이해하고 해석하는 것을 넘어서 다양한 정보통신 관련 테크놀로지 기기들을 활용해야 하는 사회가 되었기 때문이다. 따라서 디지털 리터러시는 디지털 환경에서 다양한 디지털 미디어 및 테크놀로지 기기를 통해 필요한 정보를 수집, 관리, 평가, 통합 및 창출할 수 있는 능력을 가리킨다(한정선 외, 2006). 디지털 리터러시는 현재 발전하고 있는 기술과 그것이 사회에 미치는 막대한 영향력 때문에 AI 역량과 더불어 앞으로도 더욱 중요한 기본 소양이 될 것이다.

인류는 글을 읽고(이해하고), 쓰고(작문하고), 수를 갖고 계산하는 3개의 리터러시(3R, Reading, wRiting, aRithmetic)의 중요성을 인식하고 있었다. 그렇기 때문에 리터러시는 아주 오래전부터 인류에게 필요한 능력으로 간주되어 왔다. 그런데 리터러시에 새로운 능력이 추가되기 시작한 것은 리터러시가 가지고 있는 역사에 비해 그리 오래되지 않았다. 또한 새로운 리터러시가 부각된다고 해서 기존의 리터러시가 완전히 없어지는 것이 아니다. 다음에 출현하는 리터러시와 독립적으로 끝까지 남게 되거나 점차 시간이 흘러 다른 리터러시와 통합된다. 전통적으로 리터러시는 글을 읽고 쓰는 문해력을 의미했는데, 지금도 여전히 중요한 능력으로 남아 있다.

국제기구는 각 나라별 문해력 지수를 평가하여 발표한다. 아직도 지구상에서 글을 읽고 쓰지 못하는 사람이 많은 것이다. 리터러시 역사에서 디지털 리터러시의 부각은 최근의 일이며, 이에 더해 AI 리터러시가 다시 갈라져 나오는 중이다 (〈표 3-4〉). 그러나 이 장의 도입문에 서술한 것처럼, 디지털 리터러시와 AI 리터러시는 실질적 의미에 있어서 AI · 디지털 역량과 크게 다른 점이 없다.

〈표 3-4〉 리터러시의 역사

리터러시	시기	범주	비고
3Rs(Reading, Writing, Arithmetic)	5,000여 년 전	읽기, 쓰기, 셈하기	기본적인 기능
텔레비전 리터러시 (Television L.)	1950년대 이후	시각 리터러시, 비판적 사고	비판적 관점 부각
시각 리터러시 (Visual L.)	1960년대 이후	시각적 사고, 학습, 소통, 창출	
컴퓨터 리터러시 (Computer L.)	1980년대 이후	컴퓨터에 대한 이해와 지식, 컴퓨터를 활용하는 능력, 컴퓨터에 대한 태도	
멀티미디어 리터러시 (Multimedia L.)	1990년대 이후	정보, 소통, 멀티미디어 테크놀로지	
정보 리터러시 (Information L.)	1990년대 이후	정보의 필요성 인식, 정보원 탐색, 비판적 사고	정보의 중요성 인식
정보통신 리터러시 (ICT L.)	1990년대 후반 이후	매체 활용, 정보 탐색 및 선택, 정보 평가, 조직 및 종합, 문제해결	소통의 도구로 부각 문제해결력 강조
미디어 리터러시 (Media L)	1990년대 후반 이후	정보 리터러시, 컴퓨터 리터러시, 영화 및 비디오 리터러시, 문화 리터러시	메시지에 초점 인쇄, 비인쇄 매체 포함
디지털 리터러시 (Digital L.)	2000년대 이후	컴퓨터 리터러시, 네트워크 리터러시, 정보 리터러시	기술 습득을 넘어 활용능력 요구
AI 리터러시* (AI L.)	2020년대 이후	알고리즘 리터러시, 프로그래밍 리터러시, 데이터 리터러시, AI윤리 리터러시	

*AI 리터러시는 본 저자가 추가
출처: 노은희 외(2019).

2) 디지털 리터러시의 구성 체계

교육부는 모든 학생이 갖추어야 할 기본 소양인 디지털 리터러시를 함양하게 할 목적으로 국가적인 수준에서 4개의 대영역, 10개의 소영역으로 구성되어 있는 디지털 리터러시 체계를 발표하고 이를 2022 개정 교육과정에 반영하였다([그림 3-1]). 이 구성된 디지털 리터러시 체계를 바탕으로, 여러 선행연구와 국내 현장 교사들의 의견을 종합하여 4개의 대영역과 10개의 소영역에 들어맞는 22개 학습 요소와 55개의 세부학습요소로 세분화된 체계가 완성되었다(〈표 3-5〉)(김진숙 외, 2003).

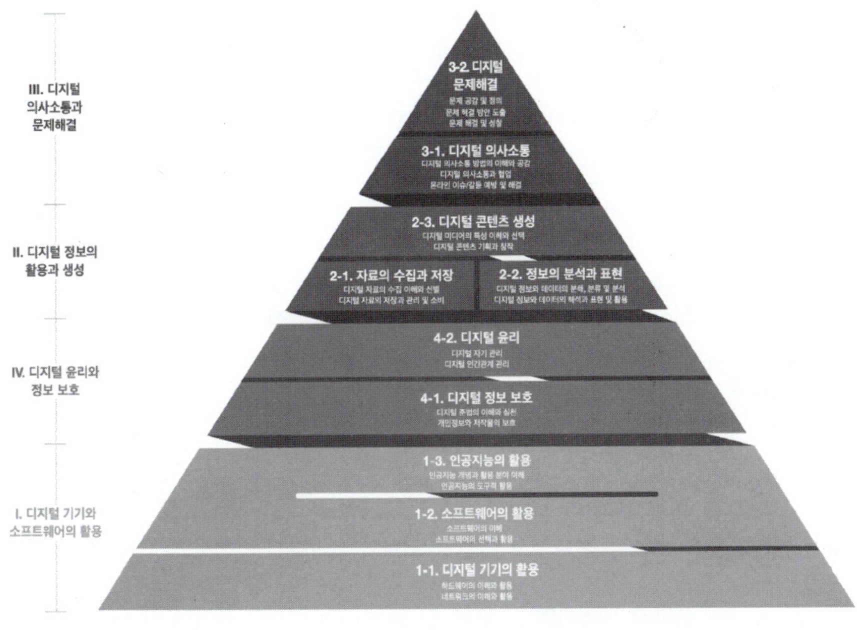

[그림 3-1] 교육부의 디지털 리터러시 구성 체계(출처: 김진숙 외, 2023)

〈표 3-5〉 디지털 리터러시 학습요소

대영역 (4개)	소영역 (10개)	세부요소 설명	학습요소 (22개)	세부학습요소 (55개)
I. 디지털 기기와 소프트웨어의 활용	디지털 기기의 활용	디지털 기기를 조작하는 데 필요한 기본 원리와 기능을 이해하고 활용한다.	하드웨어의 이해와 활용	• 하드웨어의 구조와 기능 • 정보 입출력 및 저장
			네트워크의 이해와 활용	• 네트워크 연결 및 인터넷 사용 • 기타 통신의 이해와 사용
	소프트웨어의 활용	소프트웨어의 기본 원리와 기능을 이해하고 다양한 작업에서 소프트웨어를 활용한다.	소프트웨어의 이해	• 소프트웨어 구조 • 소프트웨어 종류에 따른 기능
			소프트웨어의 선택과 활용	• 소프트웨어의 탐색과 선택 • 소프트웨어의 관리 • 소프트웨어의 융합적 활용
	인공지능의 활용	다양한 문제해결 과정에 인공지능 기술이 탑재된 도구를 활용한다.	인공지능 개념과 활용 분야 이해	• 인공지능의 개념과 원리 • 인공지능 활용 분야
			인공지능의 도구적 활용	• 인공지능 도구의 특성 • 인공지능 도구 활용
II. 디지털 정보의 활용과 생성	자료의 수집과 저장	사용 목적을 고려해 자료를 수집하고, 비판적 시각으로 정확성을 평가하여 효율적으로 저장/관리한다.	디지털 자료의 수집 이해와 선별	• 디지털 자료수집 방법의 이해 • 디지털 자료의 수집 • 수집한 디지털 자료 신뢰성 파악 • 목적에 필요한 디지털 자료와 정보 선별
			디지털 자료의 저장과 관리 및 소비	• 디지털 자료의 저장과 분류 • 디지털 자료의 관리 • 디지털 자료, 정보, 콘텐츠의 소비
	정보의 분석과 표현	정보와 데이터를 효과적으로 전달하기 위해 데이터를 분석, 종합, 시각화한다.	디지털 정보와 데이터의 분해, 분류 및 분석	• 디지털 정보와 데이터의 분해 • 디지털 정보와 데이터의 분류 • 디지털 정보와 데이터의 분석
			디지털 정보와 데이터의 해석과 표현 및 활용	• 디지털 정보와 데이터의 종합과 해석 • 디지털 정보와 데이터의 시각적 표현 • 디지털 정보와 데이터의 판단

대영역 (4개)	소영역 (10개)	세부요소 설명	학습요소 (22개)	세부학습요소 (55개)
	디지털 콘텐츠 생성	디지털 미디어를 통해 제공될 수 있는 다양한 유형의 콘텐츠를 생성한다.	디지털 미디어의 특성 이해와 선택	• 디지털 미디어의 이해 • 디지털 미디어의 선택
			디지털 콘텐츠 기획과 창작	• 디지털 콘텐츠의 기획 • 디지털 콘텐츠 편집과 창작
III. 디지털 의사소통과 문제해결	디지털 의사소통	디지털 환경에서 정보를 비판적으로 분석하고, 정보 공유, 의사결정 참여, 협업을 수행한다.	디지털 의사소통 방법의 이해와 공감	• 디지털 의사소통을 위한 방법의 이해 • 디지털 정보 공유 방법 선택 • 디지털 의사소통을 위한 공감
			디지털 의사소통과 협업	• 디지털 의사소통과 협업 • 사회적 의사결정 활동 참여
			온라인 이슈/갈등 예방 및 대응	• 온라인상 부정적 이슈 예방 • 온라인상 이슈 발생 시 대처 • 온라인 갈등 감지 및 예측 • 온라인 갈등 원인 파악 및 해결
	디지털 문제해결	문제해결 방안을 구안하고, 디지털 도구를 활용하여 실행한다.	문제 공감 및 정의	• 문제 파악 및 공감 • 디지털 도구를 활용한 문제 정의
			문제해결 방안 도출	• 문제해결 아이디어 공유 • 문제해결 방안 수립
			문제해결 및 성찰	• 디지털 도구 활용 문제해결 실천 • 문제해결 결과와 과정의 성찰
IV. 디지털 윤리와 정보보호	디지털 윤리	디지털 사회의 성숙한 시민으로서 타인을 배려하고, 예절과 윤리를 실천한다.	디지털 자기 관리	• 디지털 기기 이용 시 건강 관리 • 디지털 기기 이용 시 자기절제 • 디지털 자기정체성 관리 • 디지털 평판 관리
			디지털 인간관계 관리	• 디지털 예절의 실천 • 사이버 폭력 예방 및 대처
	디지털 정보 보호	자신과 타인의 정보를 보호하기 위한 방법을 실천한다.	디지털 준법의 이해와 실천	• 디지털 준법의 이해 • 사이버 범죄 예방과 대처
			개인정보와 저작물의 보호	• 개인정보 보호 • 디지털 저작물의 보호

출처: 김진숙 외(2023).

3) 다양한 AI·디지털 리터러시

앞서 〈표 3-4〉 리터러시의 역사에서 볼 수 있는 것처럼 리터러시의 역사도 오래되고, 리터러시의 종류도 다양하지만 최근의 AI · 디지털 리터러시는 AI · 디지털 기술의 눈부신 발전과 사회에 미치는 영향력 때문에 그 중요성이 더해간다. 이와 관련해서 여러 종류로 구분될 수 있는 AI · 디지털 리터러시가 부각되고 있다. 여기서는 4개의 AI · 디지털 리터러시를 대략적으로 소개한다(전우천, 2024).

(1) 알고리즘 리터러시

이 리터러시는 문제를 해결하기 위해 따라야 하는 일련의 단계적 절차나 규칙에 관한 것이다. 비유를 들어, 각 단계가 명확히 정의되어 있어서 그 순서에 따라 각 단계를 수행하면 최종 결과물인 요리를 완성할 수 있는 요리 레시피처럼, 알고리즘은 프로그램을 작성하거나 소프트웨어를 제작할 때 필요한 능력이다.

(2) 프로그래밍 리터러시

이 리터러시는 알고리즘에 따라 프로그래밍 언어를 통해 실제 프로그램을 제작하는 작업에 관한 것이다. 프로그래밍 언어는 사용자가 컴퓨터에게 명령을 내리기 위해 사용하는 언어로서, 대표적인 언어에는 파이썬, 자바, C++ 등이 있다. 즉, 이 리터러시는 컴퓨터가 특정 작업을 수행하도록 파이썬과 같은 언어를 사용해서 명확히 정의된 단계적 절차인 알고리즘에 따라 명령어를 작성하고 구성하여 원하는 프로그램을 제작하는 능력이다.

(3) 데이터 리터러시

이 리터러시는 데이터의 적절한 분석과 활용에 관한 것이다. 우리가 사는 데이터 기반 사회는 데이터의 총량이 기하급수적으로 늘어나는 빅데이터 사회이며, 이 대규모의 빅데이터 분석은 의사결정의 주요 토대가 된다. 개인 역시 이러한 빅데이터와 파생되는 정보의 과잉으로부터 자신에게 필요한 정보를 신속하게 식별하고 해석할 줄 알아야 한다. 또한 합리적이며 현명한 의사결정을 하기 위해 데이터를 분석하고 활용하는 능력이 요구된다.

(4) AI윤리 리터러시

이 리터러시는 AI와 관련된 윤리적이며 도덕적인 책임과 인식에 대한 것이다. AI의 발전과 이용의 확대에 따라 발생하는 여러 윤리적인 이슈에 대해 자각하고 고민하는 자세가 필요하다. AI 개발자는 AI 기술이 사회에 미치는 영향력을 감안하여 도덕적으로 올바른 방식으로 사용해서 기술을 개발하고, AI 사용자는 각종 도덕적 문제점이 발생하지 않도록 하고, 만일 문제점이 발생하면 책임 의식을 갖고 대해야 한다.

3. 디지털 시민성

디지털 시민성(digital citizenship)은 디지털 기술을 기반으로 이루어진 우리 사회에서 4차 산업혁명의 주체가 될 자라나는 청소년 세대가 필수적으로 갖추어야 할 덕목으로 언급된다(김봉섭 외, 2017). 왜냐하면 디지털 기술에 의해 펼쳐지는 사회에 참여하면서 시민으로서 성찰하며 책임을 지기 위해서는 그리고 가짜뉴스, 사이버불링, 사이버 범죄 등 디지털 온라인 가상공간에서 발생하는 여러 부정적 현상을 해결하기 위해서는 혹은 사전에 예방하기 위해서는 디지털 시민성이 새로운 세대가 갖추어야 자질이자 태도이기 때문이다. 디지털 시대에서 이런 자질과 태도의 바탕에는 디지털 기술의 활용 역량과 디지털 리터러시가 자리하고 있다. 디지털 기술을 활용할 수 있어야 디지털 기술로 이루어진 사회에서 참여가 원활하며, 그 안에서 발생하는 각종 사회적 이슈와 문제점에 대해 적절한 행동을 취할 수 있는 것이다. 게다가 AI와 디지털 기술의 발달로 인해 물리적 사회 공간이 사이버 공간이나 가상공간 등으로 확장되면서 사회 참여가 더욱 복잡해지며 역동적이 되어간다. 이런 추세 속에서 청소년, 학생들이 장차 미래 사회의 핵심 시민이 되어 사회 활동에 적극적으로 참여하기 바란다면 무엇보다 디지털 활용 능력을 길러주는 것이 필수다. 디지털 시민성이 종종 디지털 역량이나 디지털 리터러시와 호환되어 사용되는 이유이며, 이 장에서 디지털 시민성을 다루는 이유이다.

1) 디지털 시민성의 개념 및 시기별 맥락과 강조점

시민성(citizenship)은 시민으로서 요구되는 자질(능력과 덕성), 조건 및 자격(멤버십)을 뜻하며(김아미 외, 2019), 우리가 모여 살고 있는 사회라는 공간 속에서 타인과의 충돌을 중재하거나 예방하는 혹은 타인과의 협력을 촉진하거나 조정하는 방식으로 작동한다. 디지털 시민성은 이러한 시민성의 개념에 디지털과 관련한 현대의 첨단 기술이 창조한 확장된 공간(예: 디지털 공간, 사이버공간, 가상공간 등)이 접목된 개념이다. 따라서 디지털 시민성은 이런 디지털 기술로 확장된 공간에서 시민으로서 요구되는 시민성, 즉 자질(능력과 덕성), 조건 및 자격(멤버십)이다.

디지털 시민성은 1기부터 3기까지 시기별로 강조점이 조금씩 상이했다(〈표 3-6〉). 정보화 사회인 1997년부터 2000년대 중반까지의 1기에서 디지털 시민성은 디지털 사회에 참여하는 역량이며 정보화 사회를 구축하기 위한 필수 조건이었다. 이때는 지식을 강조하면서 다음과 같은 내용을 중심으로 하는 시기였다.

- 온라인상에 존재하며 적극적으로 소통 및 정치 참여하는 디지털 시민
- 국가의 지식정보화와 정보격차 극복 강조
- 디지털 시민 의식이 부족한 청소년 대상 교육 필요성 대두

지식경제 사회로 인식되는 2000년대 중반부터 2010년대 중반까지의 2기에서 디지털 시민성은 디지털 기술로 인해 발생하는 부정적인 영향력과 사회 문제에 대한 대응 방안으로서의 의미를 지녔다. 이때는 윤리와 가치를 강조하면서 다음과 같은 내용을 중심으로 하는 시기였다.

- 새로운 행동방식이자 역량을 갖춘 디지털 시민
- 가상사회 도래와 디지털 공간의 활성화 속에서 규범 필요성 제기
- 디지털의 가속화에 따른 부정적 전망과 이에 대응하기 위한 디지털 시민성 강조
- 공동체 윤리가 기반이 된 리터러시 강조

지능정보화 사회인 2010년대 중반부터 현재까지의 3기에서 디지털 시민성은 디지털 기술 시대를 살고 있는 모두가 갖추어야 할 역량이나 리터러시를 뜻한다. 현재 진행 중인 이 시기는 리터러시가 구체적으로 무엇을 의미하는지 논의하면서

다음과 같은 내용의 소양을 강조하는 시기다.

- 4차 산업혁명 시대와 정보화 시대에서 살아가는 디지털 시민
- 기술을 기반으로 사회문제에 참여할 수 있는 역량
- 디지털 기술 환경에서의 민주적 협업능력
- 인공지능, 빅데이터, 공유경제 등에 대응하는 소양으로서 리터러시

〈표 3-6〉 디지털 시민성 시기별 맥락과 강조점

	기간	사회적 맥락	기술적 맥락	강조점
1기	1997년~ 2000년대 중반	정보화 사회	• 광대역 인터넷 보편화 • Web 2.0 개념 확산 • 구글의 유튜브 매입	지식강조
2기	2000년대 중반~ 2010년대 중반	지식경제 사회	• 애플 스마트폰 출시 • 모바일(스마트폰) 일상화	윤리 및 가치 강조
3기	2010년대 중반~ 현재	지능정보 사회	• 알파고 • 인공지능	소양 강조

출처: 김아미 외(2019)에서 재구성하였음.

2) 디지털 시민성의 영역과 내용

앞에서 제시한 디지털 시민성에 대한 시기별 강조점이 영역별로 어떤 역량과 어떤 내용으로 이루어져 있는지는 〈표 3-7〉에 제시하였다. 디지털 시민성의 영역은 지식 관련 능력에 해당하는 인지적 영역, 가치와 태도와 규범에 해당하는 정의적 영역, 참여 등의 행동적 영역 등 세 영역으로 나뉘고, 각 영역은 또 다시 2개의 작은 역량으로 세분화되어 있다. 그리고 [그림 3-2]는 앞서 제시한 디지털 시민성의 개념과 디지털 시민성을 이루는 세 영역과 역량을 토대로 디지털 시민성의 전체 구조를 표현한 것이다.

〈표 3-7〉 디지털 시민성의 영역과 내용

<table>
<tr><th>영역
(의미)</th><th>역량</th><th>구분</th><th>설명</th></tr>
<tr><td rowspan="4">인지적
(지식 관련
능력)</td><td rowspan="2">미디어 정보
리터러시로서의
지식과 기능</td><td>의미</td><td>미디어와 미디어에 나타난 디지털 정보에 대한 이해에 기초하여 비판적으로 분석하고 소통하는 역량</td></tr>
<tr><td>구체적
내용</td><td>• 디지털 지식 및 인식
• 디지털 접근 및 기술 사용
• 정보의 관련성 · 신뢰성에 대한 비판적 사고 역량
• 비판적 사고에 기반한 합리적 소통 역량</td></tr>
<tr><td rowspan="2">지식정보의
연결과 융합능력</td><td>의미</td><td>네트워크에 기초한 지식정보의 연결성을 이해하고 통합하여 새로운 것을 만들어내는 능력</td></tr>
<tr><td>구체적
내용</td><td>• 네트워크 기반 지식정보의 연결 역량
• 융합에 기초한 창의적 아이디어 산출</td></tr>
<tr><td rowspan="4">정의적
(가치, 태도,
규범)</td><td rowspan="2">디지털 성찰과
책임</td><td>의미</td><td>디지털에 기초한 상호작용에서 책임과 성찰을 포함하여 산출과정과 결과에 대한 성찰적 태도</td></tr>
<tr><td>구체적
내용</td><td>• 디지털 권리와 책임
• 급변하는 기술혁신 상황에 대한 성찰
• 디지털 공간에서 산출결과에 대한 책임
• 결과 산출 과정에 대한 설명에 기초한 성찰적 책임</td></tr>
<tr><td rowspan="2">디지털 갈등에
대한 조화</td><td>의미</td><td>디지털 공간에서 타인의 가치 존중과 조화 및 관용 태도</td></tr>
<tr><td>구체적
내용</td><td>• 디지털 공간에서 사회적 기본 가치 존중 및 관용
• 공적 가치를 고려한 조화 추구 성향</td></tr>
<tr><td rowspan="4">행동적
(참여)</td><td rowspan="2">다양한 차원에서
디지털 사회참여</td><td>의미</td><td>디지털을 이용하거나 디지털 공간에서의 정치, 사회 · 경제, 문화적 차원의 참여</td></tr>
<tr><td>구체적
내용</td><td>• 디지털 공간에서의 정치적, 사회경제적, 문화적 영역에서의 참여
• 디지털을 이용한 정치적, 사회경제적, 문화적 영역에서의 참여</td></tr>
<tr><td rowspan="2">디지털 연계를
통한 변혁적
행동</td><td>의미</td><td>디지털 공간과 오프라인 공간이 상호 연계되어 사회변화를 이끄는 실천적 행동</td></tr>
<tr><td>구체적
내용</td><td>• 디지털 공간에서의 비판적 저항
• 디지털 공간과 오프라인 공간 연계를 통한 사회적 변혁 실천</td></tr>
</table>

출처: 김아미 외(2019)에서 재구성하였음.

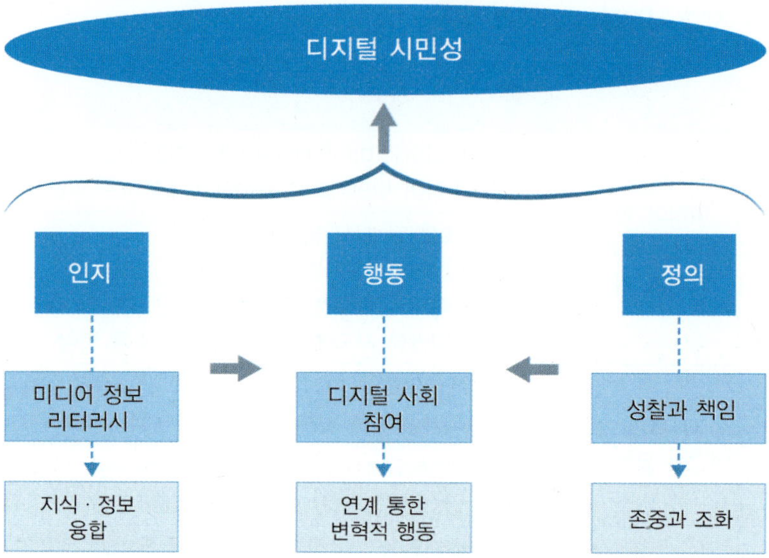

[그림 3-2] 디지털 시민성의 전체 구조(출처: 김아미 외, 2019)

Chapter 04

데이터 사이언스의 이해

Chapter 04

1. 데이터 기반 사회와 그 성격
   1) 데이터 흔적 사회
   2) 데이터 네트워크 사회
   3) 데이터 이미지 사회
2. 데이터 사이언스의 필요성
3. 데이터 사이언스의 정의와 역할
   1) 정의
   2) 역할
4. 데이터의 개념과 유형
   1) 데이터와 빅데이터의 개념 및 성격
   2) 데이터의 유형
      (1) 속성 데이터와 관계 데이터
      (2) 속성의 척도에 따른 유형
      (3) 속성 값의 개수에 따른 유형
      (4) 속성의 표현 내용에 따른 유형
      (5) 속성의 시간적 순서나 공간적 관계에 기반한 유형
      (6) 정형 데이터와 비정형 데이터
5. 데이터 분석법
   1) 전통적 통계법
   2) 데이터 마이닝
      (1) 정형 데이터 마이닝
      (2) 비정형 데이터 마이닝
6. 교육 데이터
   1) 교육활동으로 생성되는 데이터
   2) 학생 관련 데이터
   3) 학교, 교육청, 교원단체 등과 관련한 데이터

Chapter

04

데이터 사이언스의 이해[1]

과거에는 우리가 일상 속에서 나눴던 대화들이 그 순간 모두 사라졌습니다. 지금은 문자 메시지나 페이스북, 트위터처럼 우리가 나누는 대화들이 디지털화되어 플랫폼에 담기고 있습니다. 그게 데이터입니다. 우리가 던지는 말 한마디, 몸짓 하나까지, 모든 것들이 데이터가 되는 세상입니다(장영재 교수, 박순서(2012)에서 재인용, p. 21).

빅데이터는 새로운 시각으로 세상을 보게 해주는 안경이다. 빅데이터는 단순한 기술이 아니라 인간의 사고방식 자체를 바꿀 것이다. 데이터는 기업의 중요한 자산이자 경제의 필수 원천, 새로운 비즈니스 모델의 기반이 되고 있다. 말하자면 정보경제의 석유가 된 것이다(마이어 쇤베르거(Mayer-Schönberger), Weekly Biz, 2015).

현대는 생산되는 데이터의 총량이 얼마인지 가늠하기 어려운 사회다. 그렇기 때문에 현대는 데이터가 넘쳐나 산처럼 쌓여 빅데이터 광산을 이루고, 그 빅데이

1) 4절과 5절의 일부, 6절을 제외한 대부분의 서술 내용은 조규락(2020)과 조규락(2024b)에서 주로 인용하였다. 이 과정에서 일부 내용을 수정 및 재기술하였으며, 필요에 따라 가필하였다.

터 광산에서 유용한 정보와 지식을 채굴하는 사회다. 그런데 정작 사람들은 삶의 편리성이 이 빅데이터 광산 채굴의 결과에서 비롯됨을 간과한다. 매일 사용 중인 스마트폰 속 각종 앱(어플)의 서비스와 기능은 대부분 본질적으로 누적된 과거 데이터를 분석하고 거기에 현재 데이터를 매치시키는 작업이란 사실을 모른다. 데이터가 없다면 편리함도 없다. 그러나 핵심은 데이터 자체에 있는 것이 아니다. 진주도 꿰어야 보배가 되듯이, 쌓여가는 데이터를 분석해서 결과를 도출하는 일이다.

1. 데이터 기반 사회와 그 성격

현대 사회의 성격을 규정하는 여러 관점이 있지만 데이터의 시각에서 바라보면, 현대 사회는 '데이터 기반 사회'다. 우리는 우리의 의지나 선호와 상관없이 무차별적으로 생겨나는 디지털 데이터를 중심으로 돌아가는 사회에 살고 있다. 데이터 기반 사회는 데이터의 총량이 기하급수적으로 늘어나는 사회이며, 동시에 그 데이터의 분석 결과를 기반으로 의사결정을 하는 사회다. 데이터를 어떻게 관리 · 처리하며, 어떻게 분석 · 활용하느냐에 따라 사회와 그 안에 있는 우리 삶의 모습이 달라진다. 데이터 분석의 결과와 활용이 사회를 변화시키며 우리는 그 변화의 영향하에 노출되어 있다.

데이터 기반 사회는 대표적으로 세 가지 성격을 갖고 있다. 핵심적 중요 특징은 데이터가 0과 1의 디지털 데이터이며, 컴퓨터 파일로 저장되고, 원본의 훼손 없이 복사할 수 있으며[2], 이 저장과 복사 과정이 너무 용이하다. 또 네트워크에서 빠른 속도로 다른 사람에게 전달하는 것도 가능하다. 데이터는 자신의 의지와는 무관하게 디지털 기기를 사용하는 것 자체로도 생성될 수도 있고, 특정 장치에서 어떤 목적으로 만들어 낼 수도 있다는 사실이다. 그리고 일단 네트워크에서 공유하게 된다면 그 데이터의 통제권이 항상 자신에게만 있지 않다는 점도 주목해야 한다.

1) 데이터 흔적 사회

흔적(痕迹)은 남겨진 자취를 뜻한다. 데이터로 남겨진 자취가 데이터 흔적이다. 어디를 가나 항상 소지하고 사용 중인 스마트폰, 책상 위에 놓여있는 컴퓨터, 인터넷과 연결된 TV, 버스와 지하철의 대중교통, 마트나 백화점에서의 카드 결제, 도로와 골목과 엘리베이터 안의 CCTV, 고속도로 입구의 하이패스, 관공서 · 회사 등 주차장 입구의 게이트 등 주변에서 흔히 발견되고 활용되는 이러한 모든 전자 기기는 필연적으로 데이터 흔적을 남긴다. 이런 기술과 서비스를 전혀 사용하지 않거나 영향을 받지 않고 살아가는 현대인은 아마 없을 것이다. 보통의 평범한 사람도 좋든 싫든, 의도했든 아니든 선택의 여지없이 데이터 흔적을 남길 수밖에 없다.

남겨진 데이터 흔적이 종종 사회적 물의를 일으킨다. 예컨대, 과거 치기어린 시절에 올렸던 사진이나 장난스러운 기록이 다른 누군가에 의해 불펌[3]되었을 때, 당사자는 수치심을 느끼거나 삭제하고 싶다. 또 업로드된 불법 촬영물이 끝없이

---

2) 디지털 데이터는 복사(복제)가 자유롭고 원본과의 구별이 거의 불가능해진다. 발터 벤야민(Walter Benjamin)은 복제가 기술로 이루어지기 때문에 현대를 기술복제시대로 칭했고, 이 때문에 예술의 성격이 달라졌다고 주장한다. 여기저기서 나타나는 복제품의 등장으로 단 하나뿐인 원본이 주는 '아우라'가 사라졌다는 것이다. 장 보드리야르(Jean Baudrillard)는 이런 기술 복제인 모방들이, 즉 '진짜보다 더 진짜 같은 가짜'인 시뮬라크르(simulacres)가 결국 원본을 압도하고 궁극적으로는 원본을 대체하여 원본인 것처럼 행세하는 암울한 시대를 예견한다. 현대의 빅데이터는 디지털 데이터로서 기술 복제의 완벽성 때문에 이처럼 심도 깊은 철학적 주제를 던진다(심혜련, 2012).

3) 불법과 퍼옴의 합성어로서 인터넷 게시물을 게시자나 저작권자의 허락 없이 복사해서 다른 곳에 무단으로 게시하는 행위를 뜻한다.

복제되어 인터넷 상을 돌아다닐 때, 불법 촬영물의 희생자는 엄청난 손해를 보기도 하고 심지어 자살로 삶을 마감한다. 이런 데이터 흔적 때문에 우리 모두가 어느 순간 피해자가 될 수 있다. 데이터 흔적들을 찾아서 지워주는 디지털 장의사라는 새로운 직업군이 등장한 이유가 여기에 있다.

2) 데이터 네트워크 사회

사람들 사이의 연결은 서로에 대한 관계망이며, 네트워크를 이룬다. 봉건주의 하에서 인간관계는 의외로 단순했다. 귀족이나 양반 혹은 부유한 집안이 아니면 거의 평생 태어난 곳을 떠나는 것이 쉽지 않았다. 따라서 알고 지내는 사람의 수가 매우 제한적일 수밖에 없었다. 더구나 통신이 발달하지 않아서 멀리 있는 누군가와 소통하기란 어려웠다. 편지를 보내고 답장을 받으려면 며칠, 몇 달을 걸려야 했고 이 편지마저도 하층민에게는 거의 허락되지 않았다. 글을 모르는 하층민이 태반이었고, 대부분 농민이거나 노비의 삶을 살아야 했기 때문에 이동과 이주의 자유도 크지 않았다. 하지만 현대는 신분제가 사라졌고, 교통과 통신이 발달해서 매우 자유로운 왕래나 여행이 가능해졌으며 멀리 있는 지인과 바로 앞에 있는 것처럼 대화할 수 있다. 이제 많은 사람들은 각종 소셜 미디어 속에서 관계를 맺고 대화하며 정보를 주고받는다. 일면식이 없는 사람일지라도 클릭 하나만으로 어렵지 않게 관계가 트이고 친구나 지인이 된다. 네트워크 형성을 위해 직접적 만남을 필요로 하지 않는 것이다. 이에 전통적 의미의 친구나 지인의 개념이 달라져야 할 정도다.

많은 사회학자들이 이런 네트워크 속에서 데이터와 정보가 흐른다고 말하면서 네트워크가 정보를 얻을 수 있는 기반이며 출처라고 주장한다. 그래서 만일 많은 사람들로 구성된 네트워크에서 변방에 놓여 있다면 정보의 소외를 낳고 경쟁에서 밀려난다고 한다. 또한 경제학자는 네트워크를 사회적 자본이라 칭하며, 사회적 자본은 경제적 자본 못지않게 사회·경제적 성공에 중요하게 작용한다는 연구를 내놓고 있다.

3) 데이터 이미지 사회

현대는 모든 사람의 손에 디지털 카메라가 들려 있는 세상이다. 스마트폰은 폰(phone), 즉 전화이지만 동시에 카메라로서의 역할이 너무 중요하다. 스마트폰 신제품이 출시되었을 때 마케팅과 광고의 핵심은 통화의 품질이 아니라 흔들리지 않는 사진의 선명함이나 어두운 밤 사진의 깨끗함이다. 사람들이 폰으로 사진을 찍기 때문이다. 이제 사람이 가는 곳이 어디든 사진이 찍히며 이미지가 된다. 관광지에서 멋진 풍경이나 풍경을 배경으로 인물을 찍고, 길거리에서 진열된 상품과 건물과 그 앞을 지나가는 사람들을 찍고, 카페나 음식점에서 커피나 요리를 찍고, 강의실에서 교수가 설명하는 파워포인트나 판서의 내용을 찍는 모습은 너무나도 흔한 광경이다. 그리고 그 이미지들은 복사되어 인터넷 망 이곳저곳으로 전송되어 저장된다. 문자라는 추상적이며 논리적인 정보의 형태보다 이미지라는 도상적이며 직관적인 정보의 형태가 더 선호되고 있다.

많은 미디어 학자가 문자시대의 종언을 고하고 이미지 시대로의 전환을 역설한다. 문자시대는 문자 자체가 갖고 있는 자의성, 문자 지칭 대상과의 상이성, 문자가 배열되어 있는 순서로 독해해야 하는 선형성 때문에 논리와 추상적 사고가 중시된 반면에, 이미지 시대는 이미지 대상과의 유사성(혹은 도상성), 이미지를 순서적으로 파악할 필요가 없는 비선형성 때문에 직관과 감각적 사고가 중시된다.

2. 데이터 사이언스의 필요성

데이터 기반 사회는 생산되고 축적되는 데이터가 풍부한 빅데이터의 세상이다. 빅데이터는 우리 삶의 면면이 흔적으로 기록되어 있다. 데이터 분석은 엄청난 자료에 불과한 데이터를 쓸모 있게 만드는 작업이다. 빅데이터는 분석을 통하여 새롭고 유용한 가치를 창출할 수 있는 것이다. '구슬이 서 말이라도 꿰어야 보배다'라는 우리나라 전통 속담이 딱 어울린다.

적절한 데이터 분석은 우리의 삶을 새롭게 이해할 수 있는 바탕이 되며, 이를 통해 현재와 같은 편리한 서비스를 개발하고 활용하게 해준다. 데이터 분석을 통해 한 현상의 해석에 대한 대안적 관점을 제시하거나 기존과 차별되는 신제품과 혁신적인 서비스가 가능한 것이다. 구글이 사용자 로그 데이터를 분석하여 제공한 페이지 랭크(page rank)라는 검색 알고리즘 서비스, 아마존이 구매 데이터를 분석하여 소개하는 추천 상품 서비스, 넷플릭스가 리뷰와 평가 등급 데이터를 분석하여 알려주는 개인 맞춤형 영화 서비스, 삼성과 애플이 각종 센서 데이터를 수집하고 이를 제품에 응용한 유용한 기능들, Open AI가 인터넷의 방대한 말뭉치(corpus) 속 텍스트 데이터를 학습하게 하여 이용자의 질문에 답하게 하는 ChatGPT 등이 바로 그 사례들이다.

현대인은 이러한 데이터 기반의 다양한 서비스에 익숙하다. 전 세계적으로 익히 알려진 서비스 외에도 대중교통, 부동산, 여행, 병원, 음식점 등 데이터와 데이터 분석을 기반으로 하는 수많은 서비스가 우리 주변에서 활용된다. 마치 숨 쉬는 공기처럼 너무 익숙한 이 같은 주변의 서비스는 거의 모두 데이터에 기반을 둔다. 이제는 데이터 분석을 통한 삶의 이해가 먼저고 서비스 개발이 나중인지, 아니면

서비스 개발이 먼저고 서비스에서 비롯된 데이터를 분석하여 삶을 이해하는 것이 나중인지 모를 정도다.

한편, 데이터의 가치는 기술과 미디어의 발전으로 더욱 커졌다. 과거 대중 매체 시절에는 신문사, 방송사처럼 기관만이 또는 소수의 교수나 전문가만이 콘텐츠 생산과 공개를 거의 독점하다시피 했다. 일반 개인이 콘텐츠를 생산했더라도 그것을 신뢰하지도 않았고 대중에게 소개하거나 보급하는 일은 매우 어려웠고 또 비용이 많이 들었다. 그러나 누구나 콘텐츠를 생산하고 대중에게 공개할 수 있는 뉴미디어 시대가 되었다. 누구나 글을 쓰고, 사진을 찍고, 이미지를 만들고, 만화와 동영상을 만들어 각종 소셜 미디어에 올리면 된다. 이런 생산된 콘텐츠 자체는 1차 데이터다. 이제 사람들이 콘텐츠를 소비하기 위해 접속하며, 누군가는 거기에 적극적인 반응을 한다. 그래서 그 1차 데이터 접속 기록에 더하여 댓글 쓰기, '좋아요' 누르기, 여러 얼굴 표정의 '이모티콘' 보내기, '구독자' 되기, 알림 설정하기, '이웃'이나 '친구' 신청하기 등을 한다. 1차 데이터인 콘텐츠에 대한 2차 데이터가 생산된 것이다. 주지하다시피, 인기 있는 1차 데이터에는 엄청나게 많은 2차 데이터가 붙는다. 누적 조회 수와 댓글의 개수가 그 콘텐츠의 인기를 실감할 수 있다. 많은 인터넷 기업이 장안의 화제가 된 2차 데이터에 관심이 높다. 콘텐츠의 내용이나 주제가 대중에게 관심을 받고 있다는 지표이며 당시 사회상을 반영하기 때문이다. 따라서 1차 데이터에 연계된 2차 데이터를 분석하면 많은 것을 알 수 있다. 우리의 삶을 연구할 수 있다.

데이터의 가치는 콘텐츠와 콘텐츠, 데이터와 데이터, 또는 콘텐츠와 데이터가 연결되면서 또 창출된다. 이른바, 데이터 짝짓기 혹은 데이터 매쉬업(mashup)이다. 관련 있는 데이터뿐만 아니라 상이한 데이터일지라도 연결하면 데이터 가치가 생겨난다. 예를 들어, 고객 취향을 파악할 때, 고객의 거래 내역과 소셜 미디어에서 반응하는 고객의 데이터를 연결하는 것이다. 추천 상품이 고객의 관심사와 일치하려면, 구입한 상품 내역만으로는 부족하기 때문에 그 상품을 구입한 또 다른 고객들이 구매한 다른 상품들의 내역을 연결하는 것이다. 데이터 매쉬업의 대표적인 예로는 지도라는 콘텐츠와 GPS 데이터가 연결된 프로그램인 자동차 네비게이션이 있다. 코로나19 시절, 지도 위에 코로나 확진자가 다녀간 이동 경로의 데이터를 연결하고 또 그곳에서 확진자 발생 인원의 데이터까지 함께 연결한 코로나 확진자 이동경로 지도도 있다.

위에서 예시를 든 것처럼 데이터가 연결되고, 또한 빅데이터화 하면서 데이터가 갖는 가치는 더욱 커진다. 왜냐하면 이 가치는 아직 창출되지 않은 잠재적 가치이기 때문이다. 적합한 데이터 분석을 적용할 수 있다면, 어떤 새로운 정보나 서비스가 탄생할지 모른다. 컴퓨터 네트워크 기술이 지금의 모바일과 인터넷 세상을 창조하게 될지 아무도 정확히 예견할 수 없었다. 그러나 데이터의 가치는 적절한 분석을 못한다면, 그 가치의 가능성을 모르고 그냥 지나칠 수도 있다. 이 때문에 기존 우리에게 익숙한 데이터 분석 방법인 통계법으로는 부족하다. 통계법은 빅데이터를 분석하기에는 미흡하다. 애초에 빅데이터 분석을 전제로 개발된 분석방법이 아니기 때문이다. 데이터 기반 사회에서 빅데이터 분석에 대한 요구는 데이터 사이언스의 필요성을 잘 보여준다.

3. 데이터 사이언스의 정의와 역할

1) 정의

데이터 사이언스의 출현 배경에는 데이터 분석 기술과 방법에서의 발전이 있었다는 점을 간과할 수 없다. 과거에도 관찰과 측정한 데이터를 수집하고 분석하였지만, 지금처럼 커다란 규모의 데이터는 아니었다. 또한 분석 데이터의 속성을 계량화할 필요가 있었는데, 계량화가 불가능하거나 계량화 조건에 맞지 않는 데이터는 쓸모없는 데이터로 취급되거나 애초부터 배제되어 수집되지도 않았다. 하지만 지금은 데이터를 계량화하는 기법도, 분석의 조건을 만족시키지 않아도 분석할 수 있는 방안도 마련되어 있다. 실제로 많은 빅데이터들은 계량화가 어렵기도 하거니와 분석에 들어가기 전에 수고로운 절차를 거쳐야 하지만, 새롭게 고안된, 이른바 빅데이터 분석법에 의해 처리될 수 있다. 이를 위한 분석 알고리즘이나 소프트웨어가 개발되었음은 물론이다.

데이터 사이언스는 빅데이터를 분석한다. 하지만 분석 자체에만 초점을 두지는 않는다. 데이터 사이언스가 데이터 분석으로서만 존재 의미가 있다면 데이터 사이언스라는 용어보다는 '빅데이터 분석론' 혹은 '데이터 마이닝'과 같은 용어가 더 적절할 것이다. 데이터 사이언스는 데이터 분석을 넘어서는 의미가 있다.

데이터 사이언스는 신생 분야다. 비록 학습해야 할 주요 내용이 컴퓨터 사이언스, 통계학, 수학과 밀접하거나 유사하기는 해도 어느 특정 전공에서 데이터 사이언스를 독점할 수 없다. 때문에 데이터 사이언스의 정의도 전문가에 따라 조금씩 상이한데, 대개 그 전문가가 속한 전공에 영향을 받는다. 데이터 사이언스의 여러 정의로부터 전문가의 전공 관련 개념들을 제외하면, 공통적으로 '데이터', '분석', '문제해결'이 남는다. 전공을 불문하고 이 단어들이 데이터 사이언스의 핵심인 것이다. 이를 토대로 데이터 사이언스의 정의를 내리면 다음과 같다.

데이터 분석을 통한 문제해결 분야

그런데 이 정의는 핵심적인 개념으로 이루어진 것이지만 구체성이 떨어진다. 무엇을 위한 분야인지 파악하기 어렵다. 개념에 대한 조건이 필요한 것이다. 먼저 이 정의에서 '데이터'는 소규모의 데이터뿐만 아니라 대규모의 빅데이터를 말한다. 다음 '분석'에서 분석은 무엇보다 체계적인 절차와 과정에 따른 과학적 분석이어야 한다. 데이터 분석은 해석을 필요로 한다. 하지만 그 해석이 진부하지 않으려면 통찰력(insight)이 요구된다. 예리하게 사물을 꿰뚫어 보는 능력인 통찰은 분석 및 해석하고자 하는 결과와 현상을 예리하게 바라볼 수 있는 힘을 제공한다. 서로 연관성 없이 분리되어 있는 것처럼 보이지만 사실은 서로 역동적으로 연결되어 있는 경우가 많다. 통찰은 보이지 않는, 숨어있는 관계 파악을 위해 필요하다. 끝으로 '문제해결'에서 문제는 유형이나 성격에 따라 문제해결의 경로나 해결 방안이 상이하다. 데이비드 조나센(Jonassen, 2011)의 분류에 따르면, 서로 구분할 수 있는 상이한 문제의 유형이 11개나 된다.[4] 현실은 이러한 상이한 유형의 문제가 복잡하게 얽혀있으며, 겉으로 드러나기 전까지 잠재적으로 숨어있는 문제도 많다. '데이터 분석을 통한 문제해결 분야'라는 데이터 사이언스의 기본 정의에 개념 조건을 추가하면 다음과 같은 정의를 얻을 수 있다.

---

4) 11개의 문제유형에는 논리문제, 알고리즘, 일화형문제, 규칙사용문제, 의사결정, 결함해결, 진단해결, 전략적 수행, 사례분석, 설계, 딜레마가 있다.

데이터와 빅데이터의 과학적 분석을 통찰에 기반을 두고 해석하면서 다양한 유형의 문제 및 잠재적인 문제를 해결하는 분야

2) 역할

데이터 분석에도 아주 많은 종류가 있고, 문제에도 매우 다양한 유형이 있으므로 데이터 사이언스의 역할을 구체적으로 자세히 열거하면 헤아릴 수 없다. 여기서는 과거, 현재, 미래라는 시간성을 중심으로 알아본다.

첫째, 과거의 패턴을 발견할 수 있다. 측정하고 수집한 데이터는 과거의 흔적이며 기록이다. 데이터가 아주 많이 모이면 그동안 보이지 않았던 무언가를 발견할 가능성이 높다. 예를 들어, 조상들은 반복되는 계절의 패턴에 따라 농사를 지었고, 달 모양의 주기적 패턴 변화를 이해하여 달력을 만들었으며, 전염병에 따라 달리 나타나는 증상의 패턴을 찾아내어 이에 대비하는 방책을 달리 세웠다. 과거 데이터 안에서 존재하는 패턴을 분석하여 발견한 결과다.

둘째, 현재의 개인화 맞춤형 서비스를 가능케 한다. 수집된 데이터를 속성으로 나누면 그 속성으로 분류된 분석이 가능하다. 분류할 수 있는 여러 기본적 속성이 이미 존재한다. 인종, 국적, 성, 연령, 학력, 직업, 거주지, 소득 등 인구 통계학적 변인들이 그 예다. 여기에 성격, 스타일, 스트레스 수준 등의 각종 심리적 유형이 추가되기도 하고, 혈액형과 체질과 병력 등의 의학적 유형이 첨가되기도 하며, 정치의식 및 사회적 활동 성향이 덧붙여지기도 한다. 이처럼 속성을 활용한 분석결과는 집단을 특정하여 서비스를 제공할 수 있다.

셋째, 미래를 예측할 수 있다. 운명을 기도와 신탁에 맡겼다는 영웅의 전설 같은 이야기도 많고, 관상이나 궁합, 풍수지리를 믿고 따랐던 사례도 많다. 과학이 발전한 오늘날에도 점집과 타로집이 성황을 이루고, 신문에는 오늘의 운세가 띠별로 혹은 별자리별로 제시되며, 심지어 무속을 통해 미래를 바꾸려는 시도도 한다. 동·서양이나 시대를 가리지 않고, 과학적 근거와는 무관하게, 미래에 발생할 일에 관심이 높았다는 사실을 말해준다. 내일의 날씨 예보, 올해의 경제 성장 전망, 투자할 회사의 각종 지표 등 과거의 반복된 패턴의 발견은 미래의 예측으로 연결된다. 패턴의 반복이 앞으로 발생할 사건을 미리 알려주기 때문이다. 미래를 알면 미리 대비와 준비를 할 수 있다. 데이터의 분석 없이는 불가능한 일이다.

데이터 사이언스의 핵심 역할은 데이터를 분석하여 해석하고 문제를 해결하는 것에 기여하는 일이다. 현대는 데이터 기반 사회이기 때문에 상당한 양의 데이터가 지속적으로 쌓여간다. 무수히 많은 데이터 광산이 생겨나는 것이다. 공공데이터포털(www.data.go.kr) 같은 곳에 접속하면 각종 분야의 여러 다양한 데이터가 대중에게 공개되어 있다. 이제는 데이터가 없어서 분석을 못하는 것이 아니라 적절한 데이터 분석방법을 몰라서 못한다고 표현하는 것이 더 타당하다.

4. 데이터의 개념과 유형

1) 데이터와 빅데이터의 개념 및 성격

데이터는 영어로 data이면서 국어사전에 등재된 외래어다. datum의 복수 형태지만, data는 영어권에서 단수 형태로 쓰일 정도로 보편화되어 있는 단어이다. 사전적 의미로는 '자료'나 '재료'를 뜻하지만, 분석과 같이 사용될 때 '자료 분석', '재료 분석'이라는 표현보다 '데이터 분석'이 더 자주 사용되며, 명료한 의미 전달이 가능하다.

데이터의 협의의 의미이면서 기본적인 의미는 관찰, 측정, 평가, 조사 등을 통해서 수집해서 모아놓은 존재론적 객체를 말하며 숫자, 문자, 이미지 등의 형태를 갖는다. 데이터는 [그림 4-1]에서처럼 행과 열로 이루어진 표에 저장되는 것이 일반적이다. 데이터에는 또 하나의 중요한, 광의의 의미도 있다. 데이터가 과학적 탐구 과정에서 추리와 추론과 추정의 기반이 된다는 점이다. 데이터가 없으면 분석할 만한 것이 없으며, 분석이 없으면 해석할 정보도 없다. 데이터의 수집 · 관리 · 분석이 타당하다면, 도출한 분석 결과로부터 추리와 추론과 추정을 통해 신뢰할 수 있는 결과를 얻을 수 있다.

	A	B	C	D	E	F	G	H	I	J	K	L	M
1	학교급	학교이름	주소	소속 교육청	교장	교감	학급수	교사수	학생수	건물	졸업기수	졸업생수	설립년도
2	초	가나	서울시...	북부	김갑돌	이갑순	27	32	756	4	19	14,364	1995
3	초	다라	서울시...	서부	홍길동	변사또	45	51	1,350	8	25	33,740	1989
4	중	마마	부산시...	북부	성춘향	이몽룡	32	36	832	4	24	19,888	1993
5	중	사아	대구시...	남부	장길산	임꺽정	12	15	288	3	47	13,478	1970
6	고	자차	광주시...	동부	심청	박뺑덕	18	24	522	4	25	13,214	1992
7	고	카다	세종시...	남부	김춘추	김유신	25	31	710	5	32	23,125	1985

[그림 4-1] 데이터의 예시

'빅'데이터는 'big'이 '데이터' 앞에 붙어있다. 빅데이터에서 이 'big'에는 영어 알파벳 'V'로 시작하는 세 가지 의미가 있다. 간단히 '3V'라고 하는데, 빅데이터의 의미를 고려하거나, 빅데이터가 갖는 성격을 지칭할 때 자주 사용된다. 이 3V는 빅데이터 이해에 매우 중요하다.

첫째는 데이터의 규모와 양 측면에서 Volume이다. 개인이 생산하는 데이터의 양은 어마어마하다. 어느 누구도 생산되는 데이터의 양을 정확히 계산할 수 없다. 현대를 제타바이트(zeta byte) 시대라고 하는데, 이는 2의 70승이고 10진법으로 환산하면 약 10의 21승이다. 조만간 제타바이트를 넘어서 요타바이트(yotta byte) 시대로 넘어갈 것이라고 예측한다.[5] 둘째는 데이터의 형태와 형식 측면에서의 Variety다. 생성, 수집, 관리, 분석되는 빅데이터가 숫자만이 아니라 문자, 기호, 이미지도 포함된다. 예컨대, 신문 기사나 소셜 미디어에서 나누는 대화에는 문자뿐만 아니라 기호나 그림, 심지어 동영상 등도 들어 있다. 과거에는 이 모든 데이터를 분석할 수 없었지만, 지금은 분석할 수 있는 데이터다. 셋째는 속도 측면에서 Velocity다. 빅데이터가 생성되는 속도와 기록 · 저장 · 처리되는 속도가 아주 빨라졌다. 손톱만한 크기로 작아진 저장 장치의 발달, 대규모 데이터를 관리하고 처리할 수 있는 데이터베이스 및 컴퓨팅 기술의 발전은 데이터를 빠르고 효율적으로 이용할 수 있게 해주었다.

---

5) 크기는 킬로바이트(kilo byte), 메가바이트(mega byte), 기가바이트(giga byte), 테라바이트(tera byte), 페타바이트(peta byte), 엑사바이트(exa byte), 제타바이트(zetta byte), 요타바이트(yotta byte) 순이다. 디지털 데이터는 이진수로 표현되므로, 킬로바이트는 2의 10승, 메가바이트는 2의 20승, 기가바이트는 2의 30승이 된다. 이렇게 순서대로 밑수 2에 지수 10(킬로), 20(메가), 30(기가), 40(테라), 50(페타), 60(엑사), 70(제타), 80(요타)을 붙이면 된다. 이를 우리에게 익숙한 10진수로 환산해보면, 2의 10승의 킬로바이트는 1024, 약 1000이다. 1000은 10의 3승, 2의 20승인 메가바이트는 1024 × 1024, 약 10의 6승이 된다. 이런 방식으로 밑수 10에 지수가 3의 배수인 3(킬로), 6(메가), 9(기가), 12(테라), 15(페타), 18(엑사), 21(제타), 24(요타)를 붙인다. 요타바이트는 0이 24개가 붙는 10의 24승이다. 그런데 엄밀하게 계산하면, 10의 24승은 이진수 2의 80보다 실제로 더 작은 수다. 2의 10승을 우리에게 익숙한 십진법으로 환산할 때 1024를 약 1000, 즉 10의 3승으로 간주했기 때문이다.

빅데이터의 이 3개의 V에 더하여 가치를 뜻하는 Value, 진실성을 뜻하는 Veracity, 변동성을 뜻하는 Variability, 시각화를 뜻하는 Visualization 등을 넣기도 한다. 모든 V가 빅데이터가 갖고 있는 성격을 보여주고 있다.

2) 데이터의 유형

데이터를 바르게 분석하려면 다양한 데이터 유형을 알고 있어야 한다. 분석하려고 하는 데이터의 유형에 따라 데이터 분석기법이 달라지기 때문이다. 여기에서 언급되는 데이터 유형은 전통적 통계법뿐만 아니라 빅데이터 분석법(혹은 데이터 마이닝)을 위해서도 필수적으로 파악하고 있어야 한다(지원철, 2019).

(1) 속성 데이터와 관계 데이터

속성 데이터(attribute data)는 연구대상인 개인이나 개체가 갖고 있는 데이터를 말한다. 예로서는 나이, 성별, 학력, 거주지, 학업성취도, 소득, 만족도, 선호도, 성격, 혈액형 등이 있다. 연구자의 관심에 따라 수집된 속성 데이터가 변인(혹은 변수)으로 설정되고 분석된다. 속성 데이터는 여러 기준에 따라 다양한 유형이 존재한다.

속성 데이터가 개체 개체마다 속해 있다면, 관계 데이터(relation data)는 개인이나 개체가 짝지어져 서로 연결되어 있을 때를 표현한 데이터이다. 예를 들어, 철수와 영희가 서로 알 때 1, 모를 때 0으로 표현하거나, 서로 다른 개념 A와 개념 B가 서로 관련성이 있을 때 1, 관련성이 없을 때 0으로 표현한다면 이 숫자 1과 0이 관계 데이터가 된다. 전자는 사람과 사람 사이의 연결망이기 때문에 사회연결망 혹은 소셜 네트워크, 후자는 개념과 개념 사이의 연결망이기 때문에 의미연결망 혹은 키워드 네트워크라고 한다.

(2) 속성의 척도에 따른 유형

① 명목형 데이터(norminal data)

측정 대상을 분류하거나 구분하기 위한 것으로 수의 특성을 갖고 있지 않은 데이터를 말한다. 명명 데이터라고도 한다. 예를 들어, 성별인 남성을 1, 여성을 2로 부여하거나, 거주지 도시지역을 1, 농촌지역을 2, 어촌지역을 3, 산촌지역을 4로 부여하는 것이다. 이때 숫자들은 사칙연산과 같은 수의 특성을 갖지 않는다.

② 서열형 데이터(ordinal data)

측정 대상 사이의 단순한 순서나 서열 관계를 나타내는 데이터를 말한다. 서수형 데이터라고도 불리지만 크기의 정도를 정확히 알 수 없다. 예를 들어, 성적 등수인 1등, 2등, 3등, 4등…은 성적 순위를 알 수 있지만 각 순위 사이의 점수 및 간격의 크기 정보는 알 수 없다. 또 국어 1, 영어 2, 수학 3처럼 학생의 선호 과목 순위를 매긴 숫자는 그 학생이 선호하는 과목의 순위는 알려주지만 국어와 영어 사이, 영어와 수학 사이의 실제 선호도 및 간격의 크기는 알 수 없다.

③ 구간형 데이터(interval data)

각 서열(순위) 사이의 간격이 동일하며 서열 정보뿐만 아니라 수치적 정보를 갖고 있는 데이터를 말하며, 평균과 표준편차를 구할 수 있다. 하지만 절대 0점이 없어서 비율 정보는 정확히 알 수 없다. 예컨대, 온도 섭씨 0도는 온도가 없는 것이 아니라 물이 어는 온도나 얼음이 녹는 온도를 0도라고 약속한 것이다. 등간,

동간 데이터라고도 불린다. 인문사회과학의 많은 변인들이 이 데이터에 속한다. 예컨대, 과목별 학업성취도 점수, 만족도 점수, 태도 점수, 정치성향 점수 등이 있다. 아무것도 없는 절대 0점이 없기 때문에 태도 점수가 0점이라고 해서 태도가 전혀 없다는 의미를 갖는 것은 아니다.

④ 비율형 데이터(ratio data)

구간형 데이터의 정보에 절대 0점을 갖고 있어서 비율 정보까지 갖는 데이터를 말하며, 평균과 표준편차를 구할 수 있다. 특히 자연과학에서 많이 사용하는 물리량 측정량들이 여기에 속한다. 예를 들어, 무게, 길이, 속력, 금액, 나이 등이 있다. 아무것도 없는 절대 0점이 있어서 속력이 0이면 움직이지 않는다는 의미이다.

네 가지 데이터 중에서 명목형과 서수형 데이터를 범주형 데이터(categorical data)로, 구간형과 비율형 데이터를 수치형 데이터(numerical data)로 묶기도 한다. 또 범주형 데이터를 비메트릭(non-metric 혹은 non-numeral) 자료로, 수치형 데이터를 메트릭(metric 혹은 numeral) 자료라고 불리기도 한다.[6)]

---

6) 설문 조사에서 자주 발견할 수 있는 '전혀 아니다 1점, 아니다 2점, 보통이다 3점, 그렇다 4점, 매우 그렇다 5점'과 같은 Likert 척도는 구간형 데이터이긴 하지만 엄격히 말해 메트릭 자료는 아니다. 아니다와 보통이다 사이의 1점 차이와 보통이다와 그렇다 사이의 1점의 차이는 설문지에서 답변자로 하여금 그렇게 답하도록 만든 것이지 실제로 답변자가 동일한 정도의 크기로 생각하고 있는지는 알 수 없다. 단순한 서열 혹은 순위로 판단할 수도 있다. 하지만 많은 사회과학연구에서 이와 같은 Likert 척도로 얻어진 데이터를 수치형 데이터로 용인하고 있다.

(3) 속성 값의 개수에 따른 유형

① 이산형 데이터(discrete data)

속성 값의 개수가 유한한 데이터를 말한다. 이 중에서 두 개의 속성 값만을 가진 데이터를 이진형(binary) 데이터라고 한다. 속성의 척도 유형에 따른 데이터 중에서 범주형 데이터가 여기에 속한다. 평균의 의미가 전혀 없거나 있다고 해도 매우 제한적이다. 예를 들어, 성별은 속성이 남여 2개이며, 성적이나 소득수준을 상·중·하로 나누었다면 속성은 3개가 된다.

② 연속형 데이터(continuous data)

속성 값의 개수가 실수처럼 연속된 수를 지닌 데이터를 말하며 평균의 개념이 유효하다. 속성의 척도 유형에 따른 데이터 중에서 수치형 데이터가 여기에 속한다. 예를 들어, 거리는 0부터 무한대까지의 실수로 나타낼 수 있으며, 100점 만점의 영어, 국어 점수도 0부터 100까지 수많은 연속된 수로 나타낼 수 있다.

(4) 속성의 표현 내용에 따른 유형

① 인구통계학적 데이터(demographic data)

개인의 특성을 나타내거나 개인이 속한 항목을 조사한 데이터를 말한다. 대표적으로 인종, 성별, 국적, 직업군, 학력, 거주지역 등이 이에 속한다.

② 행태학적 데이터(behavioral data)

개인의 행위나 활동을 조사한 데이터를 말한다. 예를 들어, 구매량, 사용금액, 쇼핑 내역, 사용 시간, 방문 횟수, 위치 정보 등이 있다.

③ 심리학적 데이터(psychological data)

개인의 생각이나 가치관을 조사한 데이터를 말한다. 예를 들어, 만족도, 관심도, 선호도(좋아하는 색 · 영화 · 스타일 등)가 있다.

(5) 속성의 시간적 순서나 공간적 관계에 기반한 유형

속성에 따른 데이터를 지속적으로 수집하고 축적하여 데이터베이스로 만들어 분석에 활용할 수 있다. 특히 시간적 순서나 공간적 관계를 가지는 데이터가 그러하다. 또는 시간적 순서와 공간적 관계를 동시에 고려할 수도 있다. 매년 혹은 분기별로 일정한 시간적, 공간적 간격을 두고 조사하면 흐름과 패턴을 분석하는 데 용이하다. 그런데 순서 관계에 기반한 데이터는 개인이 여러 해 걸쳐서 수집, 관리하기 쉽지 않다. 때문에 이런 데이터는 정부나 기관이 조사하고 관리하는 경우가 일반적이다.

① 시계열 데이터(time series data)

시간에 따라 측정된 데이터를 말한다. 예컨대, 시간대별 기상 데이터(온도, 습도, 풍속, 미세먼지 농도 등), 태풍 발생 시 시간대별 데이터(경로, 기압, 풍속, 피해상황 등), 일별 증권 주가 데이터(주가지수, 종목별 상한가와 하한가, 거래량 등)가 이에 속한다.

② 공간 데이터(spatial data)

수집한 데이터를 국가, 지방, 지역 등과 같은 공간과 연결한 데이터를 말한다. 예컨대, 국가별 각종 예산 데이터, 대륙 혹은 대양별 기후나 환경 데이터, 지역별 각종 데이터(영유아 사망률, 전염병 발생률, 교통사고율 등)를 들 수 있다.

③ 패널 데이터(panel data)

여러 기간에 걸쳐 반복적으로 대상의 여러 현상과 속성을 관찰, 조사한 다차원 데이터를 말한다. 여러 기간에 걸쳐 수집한 데이터이기 때문에 시계열 데이터의 확장이라고 볼 수 있다. 정부나 기관이 발표하는 각종 조사 데이터(직업이동 경로 데이터, 교육종단 데이터, 고령화 연구 패널 데이터 등)가 대표적인 패널 데이터이다.

(6) 정형 데이터와 비정형 데이터

이 유형의 데이터 분류는 대개 데이터 마이닝을 언급할 때 나타난다. 이 유형의 데이터 분류의 기준은 데이터를 수집할 때의 데이터 형식(format)이다. 정형 데이터(structured data)는 형식이 일정하며 숫자 정보로 쉽게 변환이 가능한 데이터다. 수 정보를 가질 수 있어서 연산이 가능하다. 반면에 비정형 데이터(unstructured data)는 일정한 형식이 없는 데이터이며, 그 자체로는 연산이 불가능한 데이터이다. 때문에 본격적인 분석에 들어가기 전에 데이터 정제라는 사전 전처리를 공들여 해야 하는 수고로움이 수반된다. 예를 들어, 엑스(X, 구 트위터(Twitter)), 페이스북, 유튜브, 블로그 등의 각종 소셜 미디어에서 나타나는 음성, 텍스트, 영상과 같은 데이터가 여기에 속한다.

5. 데이터 분석법

1) 전통적 통계법[7)]

데이터 마이닝과 같은 빅데이터 분석법이 등장하기 전에는 선형모형(linear model)에 기반을 둔 전통적인 통계법을 주로 사용하여 데이터를 분석하였다. 선형모형이란 y = ax + b라는 함수식과 이 함수가 그리는 좌표평면을 생각하면 이해하기 쉽다. 이 식에서 x값의 변화에 따라 y값은 변화하게 되는데, 특히 이 y값의 변화의 크기는 x 앞에 붙어있는 기울기 a에 달려 있다. 그래서 만일 a가 0에 근접하면 ax는 0에 근접할 것이므로 y의 변화량도 미미할 것이고, 만일 a가 양수든 음수든 커지게 되면 ax가 커지게 되므로 y의 변화량도 커지게 된다. 통계에서 y는 x에 의해 영향을 받는 종속변인, x는 y에 영향을 주는 독립변인이라고 하고 기울기 a는 계수라고 불린다. a가 양수이면 정적관계를, 음수이면 부적관계를 나타낸다. 따라서 이 함수관계에서 통계 분석은 독립변인 x가 종속변인 y에 영향을 미치는지의 여부를 기울기인 계수 a의 크기로 결정할 수 있다.

전통적 통계법의 전형적인 분석 절차는 이러하다. 어떤 현상을 연구하기 위해서는 그 현상에서 관찰 · 측정 · 평가 · 조사하여 데이터를 수집하는 작업을 하는데, 대규모의 모집단(population) 전체의 데이터를 모두 수집할 수 없으므로 연구자는

7) 데이터 마이닝과 비교하여 역사적인 태동이 상대적으로 오래 되었고, 그동안 많은 학자들이 이용해 왔기 때문에 '전통적'이란 표현을 '통계법' 앞에 붙여 사용했다. '전통적'이란 단어에서 풍기는 오래되어서 낡았다거나 유행에 뒤진다거나 뭔가 단점이 있을 것 같은 부정적 의미로 사용하지는 않았다. 통계법은 데이터 마이닝에 비해 비교적 역사가 길다. 빅데이터 수집의 시작 시기를 1960년대까지 거슬러 올라갈 수 있지만 당시는 대규모 데이터를 분석할 수 있는 기법이 부족했고 데이터 처리와 저장을 위한 컴퓨팅 파워가 미약했다. 1980년대에 들어서야 새로운 빅데이터 분석기법이 등장하기 시작했고 컴퓨팅 파워의 발달이 진행되었지만, 인터넷과 소셜 미디어의 등장으로 인한 소셜 빅데이터의 폭발적 생성이 빅데이터 분석법으로서 데이터 마이닝의 본격적 활용을 이끌었다.

일정한 수의 표본(sample)을 추출하여 이 표본들의 데이터를 수집한다. 당연히 이 표본의 데이터가 모집단의 데이터를 충실히 반영하고 있을 것이라는 전제를 가지고 있다. 연구자는 자신의 관심에 따라 데이터를 독립변인이나 예측변인, 종속변인이나 매개변인 등으로 구분한다. 연구자는 표본을 추출하여 데이터를 수집하기 전부터 이미 이러한 변인들을 염두에 둔 상태이다. 연구자는 이렇게 수집한 데이터를 적절하게 분석함으로써 모집단 전체의 특성과 모집단에서 추출한 여러 표본들의 특성을 파악한다. 즉, 연구자가 관심을 둔 각 변인 사이의 관련성, 인과성, 효과성과 같은 분석결과를 도출하는 것이다. 이때 이 분석결과가 얼마나 정확한지를 가설검정을 통해 확인한다. 이 결과가 어느 정도의 유의도 수준에서 통계적으로 유의미한 결과인지를 제시하는 것이다. 끝으로 연구자는 이 결과가 어떤 의미를 갖는지 해석과 논의를 진행하며 시사점 등을 제시하면서 데이터 분석을 마친다.

가설검정은 추리통계(inference statistics) 또는 추측통계라는 선형모형이 갖고 있는 가장 커다란 장점이다. 왜냐하면 가설검정은 데이터 분석결과의 통계적 정확성을 판단할 근거가 되며, 정확성이 높은 결과일수록 신빙성 높은 결과라는 사실을 수학적으로 보증하기 때문이다. 이 가설검정은 수학의 중심극한정리에 의해 특정 사건이 일어날 확률값을 계산할 수 있게 되면서 가능해졌다. 즉, 가설검정은 확률 판단에 의한 수학적 추리(추측, 추정)인 것이다. 그러므로 전통적 통계법은 수학적 확률 판단을 사용해서 연구의 결과와 그 결과의 신빙성을 함께 제시할 수 있다.

물론 이 가설검정이라는 장점이 전통적 통계분석에서 단점이 되기도 한다. 모집단에서 추출한 표본의 구성이 너무 치우쳐 있어서 모집단을 충실히 반영하지 못할 수도 있다. 연구자가 의도적으로 특정 집단에서만 표본을 추출할 수도 있다. 다시 말해, 표본의 데이터 분포가 정규성, 독립성, 등분산성과 같은 추리통계의 기본 전제 조건을 충족하지 못하는 것이다. 이런 경우라면, 당연히 분석 결과나 가설검정 결과는 엉터리이며 신뢰하기 어렵다. 그래서 만일 전통적 통계법을 사용하고자 한다면 연구자는 표본을 신중하게 선발하고 데이터가 기본 전제 조건을 충족하도록 데이터 수집에도 신중을 기해야 한다(조규락, 김선연, 2022). 데이터 수집부터 엄밀하게 신경 써야 할 일이 많은 분석법인 것이다. 이런 단점에도 불구하고 선형모형에 근거한 가설검정을 통한 추리통계는 매우 견고한 데이터 분석방법이다.

전통적인 통계법에는 많은 종류가 있다. 수집된 데이터의 척도에 따라 수치형 데이터를 사용하는 모수 통계법과 범주형 데이터를 사용하는 비모수 통계법으로 나눌 수 있다. 앞서 데이터 유형에서 본 것처럼 수치형 데이터가 범주형 데이터보다 더 많은 정보를 갖추고 있기 때문에, 통계법은 주로 모수 통계법을 가리킨다. 그리고 모수 통계법을 분석하고자 하는 목적별로 나누면 다음과 같이 크게 세 갈래로 세분화할 수 있다. 첫째는 집단 간의 점수는 차이가 있는지를 파악하고자 하는 T-검정, 분산분석 등으로, 둘째는 변인들 사이의 관계나 인과관계를 파악하고자 하는 상관관계분석, 회귀분석 등으로, 셋째는 연구모형을 세우고 그 모형의 적합도를 파악하고자 하는 경로분석, 확인적 요인분석 등으로 나눌 수 있다. 특히 모형 적합도 분석은 구조방정식 모형(SEM, structural equation model)이라고도 한다. 이 밖에도 여러 기준에 의해 분류할 수 있는 여러 통계법이 있다. SPSS, SAS, AMOS, LISREL 등은 이런 전통 통계법의 데이터 분석을 위해 사용하는 컴퓨터 소프트웨어들이다.

2) 데이터 마이닝

빅데이터 분석법은 대개 데이터 마이닝(data mining)으로 불린다. 데이터 마이닝을 직역하면 '데이터 채굴하기'가 되지만, 데이터 광산 내에서 어떤 가치를 발견하거나 알아낸다는 뜻을 가진 비유적 표현이며 빅데이터를 분석할 때 사용하는 용어다. 따라서 데이터 마이닝을 한다는 것은 빅데이터를 분석한다는 의미와 거의 같다. 그리고 데이터 마이닝은 기계학습을 거치면서 인공지능의 바탕이 된다.

데이터 마이닝은 모집단에서 일정한 수의 표본을 추출하여 가설검정의 논리에 따라 추리하는 방식이 아니다. 또 연구자가 관리와 처리 가능한 변인의 수를 한정해 놓고서 데이터를 수집하여 분석하는 것이 아니다. 빅데이터 분석법의 이름에 걸맞게 대규모의 데이터를 사용하는 분석법이며, 굳이 연구자가 변인의 수를 한정하거나 고정시키지 않는 분석법이다. 따라서 표본의 개념이 중요하지 않기 때문에 전통적 통계법이 요구하는 여러 전제 조건(정규성, 독립성, 등분산성 등)을 만족할 필요가 없는 장점이 있다. 하지만 가설검정을 할 수 없기 때문에 분석결과의 엄밀성이나 신빙성 측면에는 취약한 단점이 존재한다. Orange 3, Weka, NetMiner, NodeXL, UCINET 등은 데이터 마이닝을 위해 종종 사용하는 컴퓨터 소프트웨어이지만, Python이나 R과 같은 컴퓨터 언어에 익숙하다면 굳이 컴퓨터 소프트웨어를 사용할 필요는 없다.

(1) 정형 데이터 마이닝

대표적인 정형 데이터 마이닝에는 군집 분석, 분류 분석, 연관 분석, 예측 분석 등이 대표적이다. 군집 분석(clustering analysis)과 분류 분석(classification analysis)은 유사하다. 군집 분석은 어떤 기준에 의해 비슷한 성격의 대상들끼리 그룹(cluster)으로 묶어주는 분석이며, 분류 분석은 어떤 기준에 의해 기존에 나뉘어져 있는 그룹(유형) 속으로 대상들을 넣는(classify) 것이다. 예를 들어, 군집 분석을 통해 자동차 구입 고객들의 구매 패턴 특성에 의거하여 고객을 몇 개의 그룹으로 묶을 수 있고 그 그룹의 명칭(예: 모험추구형, 안정추구형, 실용추구형)을 붙일 수 있다. 이처럼 군집 분석은 분석의 대상이 몇 개의 그룹(집단, 유형)으로 나눌 수 있는지를 알아보는 목적을 갖고 있다. 한편, 분류 분석을 예로 들면, 자동차 구매 패턴을 통해 개별 고객이 기존에 이미 나누어져 있는 그룹 중 어디에 속하는지를 알아보는 것이다. 분류 분석의 경우, 그룹이 이미 나뉘어져 있고 명칭이 있을 것이기 때문에 분석자의 명칭 부여가 필요 없다. 새로운 분류가 필요하지 않는다면, 분류가 확정되어 있는 경우에는 군집 분석보다는 분류 분석이 바람직하다. 군집이든 분류든 적절하게 대상을 나누거나 묶으면 군집된 혹은 분류된 유형에 특화된 맞춤형 전략을 세울 수 있다.

연관 분석(association analysis)은 자주 함께 발생하는 사건, 항목들을 찾아내는 분석법이다. 또 유사한 취향을 알아내거나 서로의 항목들 사이의 연관성을 파악하고자 할 때 사용한다. A 사건이 발생할 때마다 B 사건이 발생한다면 사건 A와 B는 연관이 있으며, A라는 상품이 팔릴 때 B라는 상품도 함께 팔리면 두 상품은 연관성이 높다. 흔히 장바구니 분석(market basket analysis)라고도 불린다. 예컨대, 사람들은 피자를 주문할 때 콜라도 함께 주문하는 경향이 있고, 치킨을 배달시킬 때 함께 맥주도 배달시키곤 한다. 피자와 콜라, 치킨과 맥주는 사실 완전히 다른 식품이지만 같은 장바구니에 함께 담기는 서로 연관성 있는 상품인 것이다. 따라서 피자집은 콜라를, 치킨집은 맥주를 함께 판매해야 수익이 더 크다. 또는 주문이 들어올 때 콜라나 맥주를 서비스로 제공하는 차별화 전략을 사용할 수도 있다. '팝콘 무비'라는 용어가 널리 알려져 있는 것처럼, 팝콘은 극장에서 영화를 관람하면서 먹어야 제맛이다. 영화관 앞에 팝콘을 판매하는 매점이 괜히 있는 것이 아니다.

예측 분석(prediction analysis)이란 미래의 양상을 예상하거나 어떤 값이 나타날지를 예상하는 분석이다. 예를 들어, 매년 월별 매출의 데이터를 갖고 있다면 올 8월의 매출을 예상할 수 있다. 8월에 가장 높은 매출을 올렸고, 그 기간이 특히 여름 휴가철이라면 매출 신장을 위해서 선제적으로 무엇을 할지를 결정할 수 있다. 만일 광고 효과에 대한 월별 데이터를 가지고 있다면 광고로 인한 판매량의 추이를 예측할 수 있고, 이에 따른 적절한 광고 전략을 수립할 수 있다. 날씨, 요일, 상품의 종류, 경쟁 상품 등의 다양한 요인들도 예측 분석의 고려 대상이다. 여러 요인들을 신중하게 고려한다면 예측의 정확도는 올라갈 것이다. 예측 분석은 분류 분석이나 연관 분석과도 관계가 깊다. 연관 분석을 하면 어떤 상품이 어떤 상품과 함께 더 잘 판매될지 예측이 가능하기 때문이다.

(2) 비정형 데이터 마이닝

대표적인 비정형 데이터 마이닝에는 텍스트 마이닝과 사회연결망 분석이 있다. 먼저 텍스트 마이닝(text mining)은 자연어로 표현된 문서나 텍스트를 분석하는 것을 말한다. 책, 잡지, 신문기사, 보고서, 보도자료, 학술논문, 연설문처럼 전통적인 종이 문서뿐만 아니라 이메일, 웹페이지, 블로그, 각종 댓글, 동영상 파일 등과 같은 전자적 형태 문서도 텍스트 마이닝의 분석 대상이다. 텍스트 마이닝은 이처럼 여러 형태의 텍스트로부터 패턴이나 관계를 추출함으로써 유용하거나 유의미한 정보를 획득하는 방법이다. 텍스트 마이닝은 빅데이터 분석방법의 하나로 지금 인기가 높지만, 그 역사는 1980년대로 거슬러 올라갈 정도로 짧지 않다. 하지만 대용량의 텍스트를 분석하기에는 당시의 컴퓨터 성능이 높지 않았을 뿐만 아니라 사용할 수 있는 분석 프로그램도 거의 없었다. 그렇다고 일일이 수작업으로 하기에는 너무 많은 시간과 노동이 요구되었다. 이럴 바에야 정성적 연구법을 활용하여 텍스트의 의미 내용을 분석하는 편이 더 바람직하다(조규락, 김승재, 2025).

텍스트 마이닝이 대표적인 비정형 데이터 마이닝이 된 이유는 크게 두 가지 측면에서 찾을 수 있다. 첫째는 우리가 이용하는 정보의 대부분이 텍스트를 기반으로 한다는 점이다. 말도 글로 나타낼 수 있는 텍스트인데, 현대는 인터넷과 소셜 미디어의 등장으로 인해 매일 수없이 많은 텍스트나 문서가 폭증한다. 폭증하는 다량의 텍스트를 모두 읽는 것은 불가능하고 훑어보는 것도 쉽지 않다. 하지만 텍스트 마이닝을 활용한다면, 텍스트나 문서를 어떤 기준에 의해 분류할 수 있고, 어떤 분야는 어떤 단어가 많이 사용되는지도 알 수 있고, 문서 내에서 단어 사이의 관련성이나 문서 내에 존재하는 주제를 빠르게 파악할 수도 있다.

사회연결망 분석(SNA, Social Network Analysis)은 개인과 개인, 개인과 집단, 집단과 집단 사이에 존재하는 관계망, 즉 네트워크를 분석한다. 전문적으로 말하면, 개인들이나 집단들 사이의 연결 관계를 점과 선으로 모델링을 해서 그것의 위상구조와 확산 및 진화과정을 계량적으로 분석하는 방법론이다(김용학, 2011). 핵심 사항은 네트워크가 서로의 관계를 더 중시하는 개념이기 때문에 개인이나 집단을 별개의 독립된 개체가 아니라 연결로 본다는 것이다. 가장 간단한 네트워크는 두 명의 행위자가 서로 연결되는 모습인데, 여기에 여러 행위자들(node 또는 vertex)을 추가하고 이들 사이의 관계를 나타내는 선들(link 또는 edge)을 추가하면 여러 node에 여러 link가 연결된 복잡한 네트워크가 형성된다.[8] 집단의 네트워크를 보면 누군가는 다른 사람보다 더 많은 연결선을 가지고 있거나, 네트워크 속에서 가운데 위치하거나, 사람들 사이를 연결해주는 모습들이 관찰되며, 또 누군가는 연결선이 아주 적거나 변두리에 위치한다. 이러한 네트워크 모습은 행위자들 사이에 존재하는 사회적 관계를 여실히 보여준다. 연결선을 많이 가지고 있는 행위자는 큰 영향력을 가진 사람일 가능성이 크며, 네트워크의 한 가운데에 위치

8) 행위자 네트워크 이론(ANT, Actor-Network Theory)은 행위자(actor)가 지역에 얽매이지 않고 시공간적으로 분산되어 네트워크를 이루고 있는 세상에 우리가 살고 있다고 말한다. 이때 행위자는 사람뿐만 아니라 동물이나 심지어 도구와 같은 무생물을 포함한다. 브루노 라투르(Bruno Latour)는 인간과 도구, 조직과 개인, 체제와 구성물처럼 구조와 층위에 기반을 둔 사회적 설명을 배척하고 모두가 동등한 행위자로서의 역할을 한다는 ANT를 주장함으로써 사회 현상 해석에 신선한 충격을 주었다(류재훈 외, 2016; 브루노 라투르 외, 홍성욱 편, 2010). SNA는 연결망을 이루는 행위자(사람, 개념 등)의 관계성에 초점을 두는 것이므로 해석을 할 때 ANT의 관점을 이해하여 활용할 필요가 있다. 왜냐하면 행위자인 인간도 네트워크 속의 한 요소로서 그 네트워크와 분리될 수 없는, 네트워크에 의존하여 네트워크 속 다른 행위자와 상호작용하는 존재이기 때문이다(박휴용, 2021).

한 행위자는 많은 정보가 그에게 집중되거나 그로부터 확산된다. 또한 누가 누구와 연락하고, 어떤 사람이 다른 사람들을 연결해주며, 그들은 몇 개의 다리를 거쳐 서로를 알게 되는지도 알 수 있다.

사회연결망 분석이 중요한 이유는 인간이 사회적 동물로서 사람들과 관계를 맺고 있다는 사실에 있다. 즉, 사람들은 가족관계, 친구관계, 직장 내 동료관계, 마을 내의 공동체 관계 등 여러 사회적 관계망을 형성하고 있으며, 이들의 사회적 행위는 맺고 있는 다른 사람들의 관계로부터 영향을 받는다는 것이다. 때문에 연결된 관계가 행동에도 영향을 미치므로 이 연결망을 연구하면 사람들의 행동을 분석할 수 있다. 더욱이 현대에는 소셜 미디어가 등장하면서 사람들이 사이버 공간에서 완전히 모르는 사람과도 관계 맺기가 수월해졌고 인간관계가 확장되었다. 클릭 한 번으로 친구도 되고 이웃도 되는 세상이다. 물론 이때의 친구나 이웃은 동창이나 동네 친구처럼 끈끈한 정으로 연결되어 있지는 않지만, 행동에는 영향을 미친다. 이러한 소셜 미디어는 온라인의 인맥 연결망과 메시지 정보가 결합된 구조를 지닌다는 특징을 갖고 있다. 다른 분야에서도 마찬가지지만, 교육을 놓고 보더라도 많은 교육용 콘텐츠가 소셜 미디어 상에서 교류된다. 많은 사람들이 학습하면서 서로에게 영향을 주고받으며 끊임없이 새로운 내용과 유용한 정보가 생성되는 것이다. 따라서 이를 이해하고 분석한다면 기존의 연구방법에서는 도출할 수 없는 새롭고도 유용한 정보를 획득할 수 있다.[9]

9) 앞서 데이터 기반 사회의 성격을 설명한 부분에서 언급한 '데이터 네트워크 사회'로 인해 이 연결 관계가 더욱 확장되고 중첩되며 점차로 복잡해지는 경향이 생기고 있다.

6. 교육 데이터

교육 데이터는 교육 맥락에서 수집할 수 있는 모든 데이터를 말한다. 무엇을 어떻게 측정·평가·조사하였는지에 따라 정형 데이터가 될 수도 있고, 비정형 데이터도 될 수 있고 이에 따른 데이터 분석이 가능하다. 수집한 데이터의 유형과 성격에 따라 앞서 설명한 전통적 통계법과 데이터 마이닝을 통해 분석할 수 있는 것이다. 교육 데이터 분석 결과는 수업 개선, 학생의 이해와 학습 지지도, 진로 지원 등 교육을 위한 구체적이며 실제적인 도움을 제공할 뿐만 아니라 교육학이나 학습과학 이론의 수립과 검증과 같은 학문적 발전에도 공헌을 한다.

교육 데이터는 크게 교육 활동으로 생성되는 데이터, 학생 관련 데이터, 교수-학습 과정의 데이터로 구분할 수 있다(하민수, 2024). 하지만, 교수-학습과정의 데이터는 교육 활동으로 생성되는 데이터와 유사하기 때문에 따로 구별할 필요는 없다고 판단된다. 대신에 저자는 학교와 교육청 관련 데이터를 추가하고자 한다.

1) 교육활동으로 생성되는 데이터

교육활동으로 생성되는 데이터로는 교사의 수업 중에 생성되는 데이터가 있는데, 교사(혹은 교수자) 활동 데이터라고 부를 수 있다. 대표적인 예로서는 텍스트, 이미지, 다이어그램, 공식, 표 등으로 제시되는 교사의 수업 자료가 있다. 이 수업 자료는 종이 유인물로 배부될 수도 있고, 디지털화된 문서로 전달될 수도 있으며, PPT의 형태로 스크린을 통해 제시될 수도 있다. 또한 칠판이나 디지털 기기를 통해서도 가능하다. 비록 실질적으로 수집해서 분석하기는 매우 어렵지만 교사의 언어적 설명도 교육 데이터에 속한다. 음성 녹음을 텍스트로 변환하는 기술 발전에 따라 교사의 언어적 설명도 데이터로 수집하여 분석할 길이 열렸다. 텍스트 마이닝을 이용하면 되는 것이다. 이를 통해 교사의 수업 방식이나 내용을 분석하는 데 활용된다.

또한 교육활동으로 생성되는 데이터에는 수업에서 이루어지는 다양한 평가활동을 통해 생성되는 데이터도 있는데, 학습 성과와 관련한 데이터를 일컫는다. 예로서는 교사가 수업 중에 학생에게 제공되는 객관식 문제와 서술식 문제, 그 문제에 대한 학생의 응답, 그 응답의 정답 비율과 오답 비율, 문제해결에 소요되는 시간, 학생이 작성한 응답에 대한 교사 피드백 내용 등이다. 학생의 성취도와 교수-학습의 효과를 분석하는 데 유용하며 수업 개선에 도움이 된다.

그리고 수업을 분석할 때 고려되는 여러 요소들도 교육활동으로 생성되는 데이터에 속한다. 교사의 발문 유형과 빈도, 교사의 설명 시간과 학생의 반응 시간, 교사의 질문의 종류나 유형, (눈맞춤, 억양, 목소리 크기와 스피드, 어조, 복장 등과 같은) 각종 비언어적 행동 요소들의 빈도와 정도(조규락, 2011), 동기유발 전략, (도입, 전개, 정리와 같은) 수업 단계의 순서와 시간 등을 데이터로 수집하고 분석할 수 있다. 교사 활동 데이터와 마찬가지로 수업 방식이나 내용을 분석하는 데 활용되며 교사의 수업 개선을 돕는다.

2) 학생 관련 데이터

학생 관련 데이터는 학생의 개인차를 나타내는 지표이며, 매우 다양하게 구성되어 있다. 먼저 학습에 영향을 미치는 인지적 수준의 정보를 제공하는 데이터가 있는데, 대표적인 예로서는 중간 및 기말고사의 총괄 시험 점수, 수행평가 점수, 교사의 관찰 평가 점수 등으로 이루어진 학업성취도 점수가 있으며 지능지수로 불리는 IQ가 있다. 또한 학습 진도율, 학습 사이트 접속률 및 로그인 시간, 학업(학습) 시간, 콘텐츠 수행도, 도서관 이용률, 디지털 기기 사용 습관과 접근성 등도 중요한 학생 관련 데이터에 속한다. 이는 학생의 학습활동 데이터로서 학생의 학습지도에 활용될 수 있다.

학생 관련 데이터에는 학생의 사회적 정보를 제공하는 데이터도 있다. 친구와의 교류 수준, 친한 친구의 수와 친밀도, 모둠 · 봉사 · 클럽(혹은 동아리) · 커뮤니티 활동의 정도와 참여도, 대회 및 역할 등이 여기에 포함된다. 이는 학생이 참여하는 학교 내외의 진로 활동 데이터로서 학생의 전반적인 성장과 발전 파악에 도움이 된다.

정서적 정보를 제공하는 데이터도 학습에 영향을 미치는 학생 관련 데이터다. 이 데이터에는 스트레스 수준, 학습에 대한 동기, 학업 만족도와 태도, 자신감 등이 포함된다. 또 학생의 가정 환경, 경제적 상황, 문화적 배경, 신체적 · 정신적 건강 상태, 체력과 같은 기타 학생 관련 정보도 있다. 이런 데이터는 분석을 통해 개별 학생에게 필요한 맞춤형 학습 지원에 활용할 수 있다.

3) 학교, 교육청, 교원단체 등과 관련한 데이터

앞에서 제시한 두 교육 데이터는 교육 실제와 밀접한 관련을 갖는 데이터다. 학생들의 학습에 직접적인 영향을 미치며, 이러한 데이터의 분석 결과는 수업의 개선, 학생 이해와 지도에 큰 도움이 된다. 하지만 교육 활동은 수업으로만 이루어지는 것이 아니다. 수업과 학습이라는 실제적 교육 활동을 위해서 설립한 학교라는 제도적이며 물리적인 조직과 교육청 및 교육위원회, 교육부과 같은 더 상위의 기관이 있으며, 교사들의 권익과 교육 연구와 교류를 목적으로 설립한 한국교원단체총연합회(약칭 교총)이나 전국교직원노동조합(약칭 전교조)과 같은 단체도 있다. 이러한 조직, 기관, 단체와 관련한 각종 현황 데이터들도 있고, 방송 보도 자료와 보고서 및 교육 정책과 같은 직접 생산하는 데이터들도 있다. 일일이 열거하기가 어려울 정도로 관련 데이터가 워낙 다양하다. 이러한 데이터의 분석 결과는 교육 정책 개발, 교육 및 교원 행정, 교육 재정 배분 등에 활용된다.

Chapter 05

에듀테크 기반 학습환경

Chapter 05

Chapter 05

에듀테크 기반 학습환경[1)]

신기술이 가져올 미래 사회의 변화와 이로 인해 사라지거나 생겨날 직업 세계의 변화를 가져올 제4차 산업혁명의 거센 물결은 에듀테크에 대한 사회적 인식과 분위기를 다시금 환기시켰다. AI, 블록체인, 빅데이터, 증강현실, 가상현실 등의 기술이 사회에 미치는 영향력이 막강하기 때문에 어느 누구도 이 영향력에서 예외일 수 없다. 그렇다면 학교에서부터 에듀테크를 통해 체계적으로 그 역량을 기르는 편이 더 낫다는 주장이 설득력이 있다. 또한 전 세계를 강타했던 코로나19 팬데믹으로 인하여 학교 교사, 학원 강사, 대학 교수를 포함하여 거의 모든 교육자는 비대면 교육을 수행하지 않을 수 없었다. 비대면 교육을 가능케 한 에듀테크의 역할이 컸다. 교사와 학생은 교실 수업처럼 실시간으로 얼굴을 보면서 상호작용을 할 수 있었으며, 교사는 수업 동영상을 직접 촬영하여 편집하고 각종 수업자료와 함께 온라인으로 제공하기도 하였다. 이제 에듀테크 활용을 이러저러한 이유로 못마땅하게 생각할 교육자는 있을지언정 수업에서 에듀테크 활용을 진정으로 두려워

1) 이 장의 대부분의 내용은 조규락(2024c)에서 주로 인용하였다. 이 과정에서 일부 내용을 수정 및 재기술하였으며, 필요에 따라 가필하였다.

할 교육자는 거의 없을 것이다. 기술 발달에 따라 새롭게 소개되는 에듀테크에 대한 거부감도 함께 희석되었다. 학부모도 자녀의 학습 결손을 우려하였지만 에듀테크 기반의 교육을 수용하고 있다. 학생은 에듀테크가 안내하는 더 실감나고 흥미로운 학습활동을 할 수 있게 되었다.

1. 에듀테크 도입의 역사적 이해

1) 교육에서의 기술 도입

에듀테크(Edu-Tech)는 교육(education)과 기술(technology)이 결합된 단어다. 글자 그대로 해석하면 '교육-기술'이며, 이에 대한 선언적 의미는 '기술을 응용·활용하여 교육을 하자'는 뜻이다. 기술의 응용 및 활용이 교육목표 달성에 도움을 줄 것이라는 가정을 하고 있음은 물론이다. 사실 오래 전부터 사회에 등장한 다양한 기술들은 교육 분야에 적용되어 왔다. 라디오, TV, 녹음기, Video Tape Recorder, Video Cassette Recorder, Over Head Projector, 실물화상기, 컴퓨터, CD-ROM 등 교육의 역사에서 기술의 도입은 자주 목격된다. 사회에서 널리 사용되는 기술일수록 그러하다. 당연한 일이다. 교육 현장도 사회에 한 부분이며 또한 기술의 도입을 통해 교수자의 수업과 학습자의 학습활동이 용이해지고 긍정적인 효과도 기대할 수 있기 때문이다. 시간이 흐르면서 과거의 몇몇 기술들은 새로운 기술에 의해 완전히 대체되기도 하고, 현재까지도 사용되고 있는 기술일지라도 구현 방식은 과거와는 완전히 다른 경우도 있다. 하지만 과거 그 기술이 개발되었을 당시에는 그것이 최첨단 기술이었고, 그것이 교육에 도입될 때는 신기술의 에듀테크였다.

신기술이라고 해서 기술 개발 초기부터 교육에 바로 도입되지 않는다. 기술 개발 초기에는 기술 자체의 가격도 비쌀 뿐만 아니라 사회 구성원의 다수가 기술의 존재도 알지 못하거나 기술이 무엇을 위해 개발되었는지, 어떻게 사용해야 하는지도 모르기도 한다. 일단 기술의 가격이 내려가야 하고 사회 구성원 다수가 사용해야 한다. 이때 즈음이 되면 그 기술의 중요성과 영향력이 크게 증가하면서 교육 분야에서의 도입도 급물살을 탄다. 사회의 다른 여러 분야에서 기술이 활발히 활용되고 있는데 교육 분야라고 해서 예외일 수 없다. 곧 기술을 교육에서, 구체적으로는 학교의 교과 수업에서 어떤 방식으로 활용해야 하는가 하는 논의도 대두된다. 이것도 당연한 일이다. 대개의 기술은 애초부터 교육용으로 개발된 것이 아니기 때문이다. 따라서 학교나 교과 수업이라는 맥락에서 어떻게 사용해야 하는지는 교육에 관심을 둔 관계자의 몫이다. 교육부는 기술 도입에 대한 교육적 당위성을 마련하여 정책을 입안하고, 교육청은 수업 활용 지침을 만들어 경진대회와 같은 행사도 개최하고, 학교는 교사에게 수업에서 활용하도록 독려하고, 기술 도입에 선도적인 교사는 다른 교사보다 먼저 수업 활용 사례를 발표하며, 교육학자는 기술 도입이 가져올 학업 성취도, 학생의 만족도 등에 효과적인지 또는 효율적인지를 확인해보는 연구를 수행하고 논문을 생산한다. 더 나아가 그런 기술이 기존 교육의 모습을 얼마나 변화시킬지를 예상하거나 앞으로 다가올 미래교육을 재단하기도 한다. 이렇게 기술 도입의 역사적 측면에서 보면 교육 분야는 에듀테크를 활용하지 않은 적이 없다. 지금까지 그래왔다. 기술이 처음부터 교육에 적용을 목적으로 개발되는 경우가 아니라면, 앞으로도 교육 분야에 기술 도입은 이러한 전철을 밟을 것으로 예상할 수 있다.

2) 에듀테크의 역사

우리나라에서 현재 시각의 에듀테크가 도입된 시기는 교단선진화 사업이란 이름으로 1980~1990년대 교육부가 시작한 교육정보화 사업으로 올라간다. 시청각교육이 도입되었던 때로 거슬러 올라가면 1970년부터라고 말할 수 있다. 교단선진화 사업 당시는 학교의 컴퓨터실에서 혹은 교실의 교사에게 배치된 데스크탑 컴퓨터를 활용하는 수업이나 그림, 사진, 동영상, 텍스트, 애니메이션 등의 다양한 정보 포맷으로 이루어진 멀티미디어를 활용하는 수업이 시도되었다. 이른바 컴퓨터 활용교육이다. 1990년 후반이 되면, 컴퓨터 네트워크의 하나인 인터넷이 사회에 큰 영향을 미치면서, 이를 교육에 활용하는 방안으로서 인터넷에 연결된 컴퓨터로 web 브라우저를 구동하여 수업에 활용하는 web 기반 학습 혹은 인터넷 활용교육이 부각되었다.

2000년대를 들어서면서부터 정보·통신기술이라 불리는 ICT(Information & Communication Technology)를 교육에 활용한다. ICT 교육은 ICT 자체의 사용 방법에 초점을 두고 기본적인 정보 활용력을 기르는 ICT 소양교육과 ICT 소양교육에서 획득한 정보 활용력을 바탕으로 학습 및 일상생활의 문제해결에 ICT를 응용·활용할 수 있는 역량을 기르는 ICT 활용교육으로 나누어 실행되었다. 이에 교육 현장에서는 워드 프로세서, PPT, 스프레드시트와 같은 몇몇 대표적인 컴퓨터 소프트웨어가 수업에서 활용되었고, 많은 교사가 ICT 교육에 동참할 수 있도록 교육청에서 ICT 수업경진 대회 등을 개최하기도 하였다.

2000년대는 교육에서 인터넷의 활용이 단순히 web을 사용하는 것을 넘어서 사이버가정학습이나 인터넷 강의(줄여서, 인강이라고 불림) 등을 거쳐 e-러닝으로 발전하는 시기였다. 당시 학교 현장에서 교사는 ICT, web, 사이버가정학습 등을 교과 수업을 위한 도구나 수업 방안으로 활용하였지만, e-러닝의 경우는 어떻게 사용하는가에 따라 교육 플랫폼으로 활용되기도 하였다. 교육 플랫폼으로 활용될 때는 e-러닝 자체가 그 안에 교육목표와 교육내용, 수업활동 및 평가 등이 명시적으로 포함되어 있어 그간 주로 교실에서 활용되는 ICT 교육, web 기반 학습, 사이버가정학습과는 달리 학사 운영까지도 가능한 '원격대학', '사이버대학'의 출현을 가져왔고, 아직도 운영되고 있다. 이때가 되면, 물리적 실체가 없는 사이버상이나 온라인 공간에서 교육이 이루어진다는 뜻으로 '사이버(cyber) 교육'이나 '온라인(on-line) 교육'이란 용어가 학교와 교실과 같은 물리적 공간에서 실행되는 '오프라인(off-line) 교육'과 대비되는 뜻으로 사람들의 입에서 회자된다.

'편재된', '도처에 널려 있는'이라는 뜻을 가진 유비쿼터스 기술에 기반한 유비쿼터스 러닝(ubiquitous learning: 이하 u-러닝)도 2000년 후반 시기에 등장한다. u-러닝은 우리가 일상생활에서 매일 사용하는 다양한 기기에 사물 인터넷 기술을 편재시키고 이를 통해 부지불식간에 교육내용을 전달하고자 하였다. 이처럼, u-러닝은 시간, 장소, 환경 등에 구애받지 않고, 이용자 눈에 보이지 않으며, 실제 공간이나 가상공간이 통합된 학습경험을 제시하는 학습 환경으로서 가능성을 제시하였다.

한편, 인터넷 세상에서는 소셜 미디어(social media)가 등장하면서 페이스북(Facebook), 블로그(Blog), 엑스(X, 구 트위터(Twitter)) 등의 사회연결망 서비스(SNS, Social Network Services)가 많은 사람들에게 애용되고 있었고, 이를 수업에 활용하려는 소셜 러닝(social learning)으로 구체화된다. 소셜 미디어나 SNS의 활용 혹은 소셜 러닝은 교과 수업에서 하나의 도구로 사용되기도 하지만 명시적인 교육목표나 내용도 찾기 힘든 무형식 교육으로서의 교육 환경으로 사용되는 경우도 있었다.

이와 동시에 모바일 테크놀로지가 발전하고 거의 모든 사람이 스마트폰과 태블릿과 같은 모바일 기기를 항상 휴대하고 사용하게 되면서 모바일 러닝(mobile learning: 이하 m-러닝)이 대두된다. 이제 버스나 기차 등의 대중교통을 타고 이동하는 자투리 시간에도 학습이 가능하게 되었다. 스마트폰이나 태블릿은 모바일 기기이면서 동시에 스마트 기기라고 할 수 있어서 스마트 교육 혹은 스마트 러닝(smart learning: 이하 s-러닝)이란 이름으로 주목을 받았다. 스마트한 기기를 활용해서 언제 어디서나 학습이 가능하고, 학습자에게 적절하면서 개별화된 맞춤형 서비스를 제공하자는 것이었다. 그리고 이제 소프트웨어 교육과 AI 교육의 시기로 접어들고 있다. 에듀테크도 이제 인공지능의 영향력에서 자유로울 수 없는 시기가 되었다. 인공지능 디지털 교과서(AIDT, Artificial Intelligence Digital Textbook)가 출현했고 사용을 눈앞에 두고 있다. 또 AI 교육이 무엇이고 이를 어떻게 수업에서 다루어야 하는지에 대한 각종 연구가 진행 중이다. 교육이 어떤 모습으로 변화할지에 대해 많은 이의 관심을 받고 있다.

이와 같은 우리나라 교육 분야에 도입된 에듀테크를 이미지로 표현한 것이 [그림 5-1]이다. 미흡하지만 각각의 에듀테크가 시기적으로 서로 중첩되어 보이도록 했다. 그리고 아래 부분, 두 개의 점선 박스에 들어 있는 내용은 위쪽의 에듀테크로 구현되는 교육 모습의 상대적 경향성이다. 반드시 그런 모습을 보인다는 절대적 경향이 아니다. 에듀테크가 시간상 발전해 갈수록 좌측 점선 박스에서 우측 점선 박스의 내용으로 교육 모습의 경향성이 변해간다.

중요한 사실은 하나의 에듀테크가 효용이 다해 막을 내리면 새로운 에듀테크가 등장하여 이전 에듀테크를 대체하는 방식으로 진행되는 것이 아니라는 점이다. 사회에서 기술의 등장과 발전이 언제나 그러했듯이, 지금까지 약 30~40년이라는 짧은 시간 속에서 에듀테크들의 등장과 활용은 시기적으로 순차적이지 않고 서로 중첩된다. 하나가 시효가 끝나기도 전에 새로운 것이 교육 현장에 도입되는 것이다. 시간과 공간의 제약을 극복하여 언제 어디서든 수업이나 학습이 가능한 에듀테크의 근본 기술 역시 중첩된다. 따라서 지금까지 언급한 과거의 에듀테크들이 더 이상 쓸모없는 구시대의 기술이 아니다.

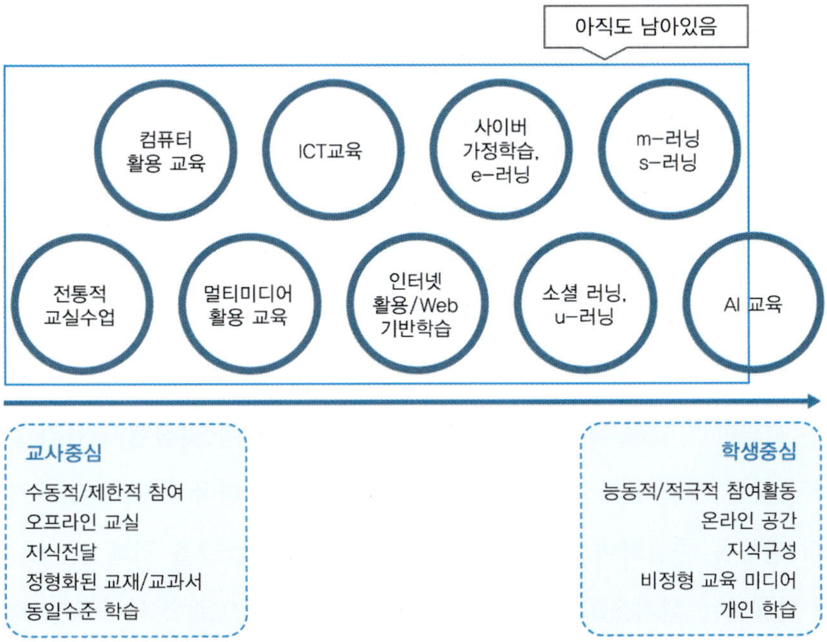

[그림 5-1] 우리나라 교육 분야에 도입된 에듀테크[2)]

2. 에듀테크의 이해

1) 에듀테크의 정의

앞서 에듀테크를 교육과 기술의 결합어라고 하면서, 교육에서 에듀테크를 활용하지 않은 적이 없다고 했다. 반은 맞고 반은 틀린 말이다. 에듀테크를 축자적으로 '교육-기술'로 번역한다면 맞는 말이다. 이는 에듀테크를 포괄적이며 일반적 의미

2) AI 교육에 대해서는 현재 한창 논의 중이기 때문에 사각형 박스 중간에 걸쳐 놓았다.

로 사용하는 경우다. 하지만 과거에는, 심지어 ICT를 교육에 수용해서 활용할 때에도, e-러닝이 유행할 때도 에듀테크라는 용어는 널리 사용되지 않았다는 점에서는 틀린 말이다. 에듀테크는 비교적 최근에 새롭게 등장한 신조어이기 때문이다.

사실 에듀테크는 기관이나 학자에 따라 다양하게 정의되고 있지만, 핵심적인 특성들은 '교육-기술'이란 이름에서 유추할 수 있듯이, 크게 두 개의 축으로 구분할 수 있다. 한 축은 ICT와 e-러닝을 포함하는 첨단 기술의 소프트웨어와 하드웨어와의 연결, 빅데이터의 활용, VR/AR 및 AI와의 융합 등의 기술적 특성이며, 다른 한 축은 이러한 기술적 특성을 이용하여 개인화된 학습과 맞춤형 교육과 같은 새로운 학습경험 제공이라는 교육적 특성이다. 교육부와 한국교육학술정보원(2023)은 여러 관점을 종합하여 에듀테크를 '인간의 성장과 발달을 위해 온 · 오프라인 교육에 활용하는 신기술과 그것을 적용하는 교육 방법'으로 정의하였다. 이 정의 안에는 에듀테크의 좁은 의미와 넓은 의미, 에듀테크의 활용 목적과 범위를 포괄하고 있다. 이를 시각화하여 나타낸 것이 [그림 5-2]이다.

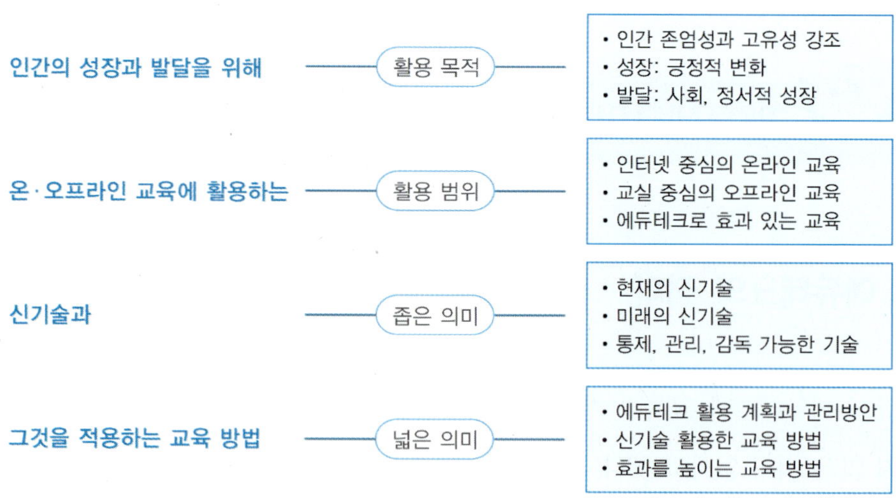

[그림 5-2] 에듀테크의 정의(출처: 교육부, 한국교육학술정보원, 2023a)

2) 에듀테크의 기술적 특성

에듀테크의 기술적 특성은 기존 교육에 도입된 여러 기술들의 유산을 물려받았다. 다양한 포맷의 정보를 빠르고 손쉽게 구하고 처리하며 저장 및 관리를 가능하게 해주는 정보 기술과 언제 어디에서든, 이동 중이든, 자투리 시간이든, 부지불식간이든 네트워크로 접속할 수 있으며, 다른 사람과의 상호작용과 의사소통을 가능하게 해주는 통신 기술이 그것이다. 이제 수천 년간 이어져 온 집합교육의 제약사항이었던 시간과 공간이라는 제약을 벗어낼 수 있게 되었다.

에듀테크라는 개념이 정립되기 전에 현재의 에듀테크와 가장 유사한 것이 있다면, 스마트폰, 태블릿, E-book 등의 스마트 기기를 활용하면서 e-러닝과 소셜 러닝을 접목한 s-러닝, 즉 스마트 러닝이다. s-러닝은 현재의 에듀테크 개념과 유사성을 지녔다. 둘 다 구축된 온라인 네트워크와 스마트 기기와 같은 하드웨어가 필수이다. 즉, 하드웨어로 구축된 네트워크가 없다면, 사용할 수 있는 스마트 기기가 없다면, s-러닝이나 에듀테크는 애초부터 성립할 수 없다. 하드웨어가 그 서비스의 핵심 기반이라는 뜻이다. 그래서 온라인 네트워크를 가능하게 하는 설비 투자와 스마트 기기의 구입 및 보급 등이 최우선적으로 고려해야 할 사항이었다.

하지만 에듀테크는 하드웨어적 고려 사항에 더하여 데이터와 소프트웨어가 매우 중요하다. 학습의 개인화, 맞춤형 교육이 가능하기 위해서는 개인 학습자의 분석, 학습자 사이의 의사소통, 정보공유와 관리가 요구되는데, 이는 소프트웨어와 이를 기반으로 하여 생성되는 데이터와 데이터 분석을 통해서 확보될 수 있기 때문이다. 이제 에듀테크의 핵심으로서 하드웨어 측면의 기술적 완성은 개발되는 소프트웨어와 각종 데이터가 중요한 역할을 한다.

3) 에듀테크가 함의하는 교육적 특성

에듀테크라는 기술적 특성으로 인하여 가능하게 된 교육적 특성을 교육부와 한국학술정보원(2023)은 여러 연구자들의 결과를 정리하여 초개인화, 초자동화, 초연결화, 초현실화, 데이터화, 융·복합화로 제시하였다.

〈표 5-1〉 에듀테크의 교육적 특성

특성	목적	의미
초개인화 hyper- personalization	개별화된 학습	• 실생활 패턴이나 취향 정보를 바탕으로 상황과 시간에 알맞은 서비스 제공 • 학습자의 온·오프라인의 교육활동 데이터를 기반으로 차별화, 개인화, 개별화 가능
초자동화 hyper- automation	질 높은 맞춤 학습	• 인공지능을 활용하여 자동화할 수 있는 모든 것을 자동화하여 업무의 효과성·효율성을 극대화 • 자동적으로 학습자의 학습이력과 교육활동 데이터를 수집하고 분석함으로써 학습자를 진단하고 처방하며 다음 학습내용을 추천
초연결화 hyper- connective	협력적 소통	• 인간과 인간을 넘어서 인간과 사물, 인간과 공간까지도 연결되는 교육 플랫폼 • 초연결화된 교육 플랫폼에서 학습자는 어디에서든, 어느 상황에서든 학습자 자신만의 학습 속도와 일정에 따라 학습이 가능
초현실화 hyper- reality	다양한 학습 경험	• 360도 영상, 4D 영상, 가상현실, 증강현실 등을 활용한 콘텐츠 활용함으로써 직접 체험하기 힘든 미시·거시세계, 역사 속 상황이나 위험 상황을 실제처럼 실감나게 경험 • 인간의 오감적 요소의 결합, 개념이나 원리를 시각화하여 학습자의 직접 조작 가능성 • 메타버스 활용, 시뮬레이션을 통한 현실감 향상과 게임적 요소의 도입으로 환상적 이야기와 도전적인 미션을 통해 학습 몰입을 지원
데이터화	처방적 학습 분석	• 다양한 기기와 소프트웨어를 통해 수집·저장된 학습 데이터를 분석하여 학습자에게 적합하게 처방된 교육 제공 • 학습 데이터 분석은 학습자의 학습 진도와 성과를 확인하고, 학습 스타일, 선호도, 강점 및 약점 등의 학습 패턴 파악 가능
융·복합화	새로운 가치 창출	• 하나의 플랫폼 위에서 다양한 서비스와 콘텐츠가 연동되면서 분야별 경계가 사라지고, 상이한 영역들이 융합하면서 새로운 가치의 창출 • 서로 다른 배경과 전문지식을 가진 사람들과의 협업, 새로운 전공과 간 학문적 접근법 등으로 다양한 분야에서 오는 통찰력의 개발 가능

출처: 교육부, 한국교육학술정보원(2023a).

3. 대표적인 에듀테크와 유형

이 절에서는 대표적인 에듀테크의 유형을 1) 메타버스, 2) 증강현실/가상현실/혼합현실, 3) 게임, 4) 소셜 미디어와 소셜 네트워크 서비스, 5) AI 등의 다섯 개로 나눈다. 이 중에서 AI는 이 책의 다른 장에서 독립적으로 다루므로 이 절에서 제외하기로 한다.

1) 메타버스

(1) 스노우 크래시와 레디 플레이어 원

1992년 닐 스티븐슨이 출간한 SF 공상과학소설 『스노우 크래시(Snow Crash)』의 간략한 줄거리는 이렇다. 한국인 어머니와 흑인 아버지 사이에서 태어난 주인공 '히로'는 현실에서 피자 배달부로 일하며 마피아에게 진 빚을 갚아야 하는 불행한 삶을 살고 있지만, 현실의 괴로움을 잊고자 가상 세계인 '메타버스'에 들어간다. 그곳은 사람들이 '아바타'라는 가상의 신체를 빌려 활동할 수 있는데, 히로는 현실에서는 달리 최고의 검객이자 해커로 활동한다. 히로는 메타버스 안에서 확산하는 신종 마약 스노우 크래시가 현실 세계의 사용자 뇌를 망가뜨린다는 사실을 알고 그 배후와 음모의 실체를 찾아 나선다.

세계적인 CEO와 개발자들에게 창조적 영감을 주었다고 평가받는 『스노우 크래시』의 서사는 2011년 어니스트 클라인의 소설 『레디 플레이어 원(Ready Player One)』과 2018년 동명의 소설을 바탕으로 제작된 스티븐 스필버그 감독의 영화와 여러 면에서 흡사하다. 『레디 플레이어 원』의 줄거리는 대략 이렇다. 빈민촌에 사는 주인공 '웨이드 와츠'에게 메타버스 세상 '오아시스'는 삶의 의미를 찾을 수 있는 유일한 곳이다. '파시벌'이란 아바타 이름으로 그는 현실에서 만나지 못했던 친구들과 함께 오아시스 창시자가 유언으로 남긴 이스터에그(easter egg)[3]를 찾아 모험을 시작한다. 이스터에그를 찾게 되면, 현실에서 거대한 부와 명예를 얻을 수 있는 오아시스를 소유할 수 있다. 이에 수많은 아바타가 이스터에그를 찾아 나서고 파시벌이 유리한 선두를 달리면서 강자가 되어 간다. 하지만 이스터에그를 차지하기 위해서라면 현실에서도 협박, 회유, 납치, 살인을 저지르는 대기업 IOI의 공격을 슬기롭게 헤쳐 나가야 한다.

[그림 5-3] 영화 레디 플레이어 원(출처: 구글 이미지)

3) 부활절 달걀이라는 의미인데, 이 말의 유래는 서양 기독교 문화에서 부활절에 미리 집 안이나 정원에 달걀을 숨겨두고 아이들에게 그 달걀을 찾도록 하는 풍습에서 유래했다고 한다. 컴퓨터 세상에서 이스터에그는 영화, 책, CD, DVD, 소프트웨어, 비디오 게임 등에 숨겨진 메시지나 기능이다(위키백과, https://ko.wikipedia.org/wiki).

『스노우 크래시』와 『레디 플레이어 원』 사이의 매우 유사한 부분을 정리하면, 주인공이 현실에서 불우한 환경에 처해 있다든지, 현실 도피를 위해서 메타버스로 접속한다든지, 메타버스 속 아바타는 매우 유능하다든지, 모험을 찾아 호기롭게 나선다든지, 그 모험 과정에서 부딪치는 역경을 극복해야 한다든지 등이다. 그러나 진짜로 주목할 만한 유사점은 서사적 이야기가 아니라 배경으로서 묘사되는 세상이다. 『스노우 크래시』가 메타버스를 최초로 의미화 해냈다면, 영화 『레디 플레이어 원』은 메타버스를 컴퓨터 그래픽 효과를 가미하여 실감나게 실사(實寫)로 구현하였다고 볼 수 있다. 소설을 읽거나 영화를 보면 메타버스에 입장하기 위해서는 헤드셋을 쓰고, 전용 장갑을 낀다. 일단 입장하면 아바타로서 활동할 수 있다. 정체를 밝히지 않으면 현실의 내가 누구인지 다른 사람들은 알지 못한다. 메타버스는 이처럼 철저하게 자신을 숨기며 새로운 삶을 살아갈 수 있는 곳이다.

메타버스는 초월의 meta(메타)와 우주의 universe(유니버스)가 만난 합성어이기 때문에 사전적인 의미로 해석하면 메타버스는 '초월우주'다. 유니버스는 우주 외에도 '세상', '세계'라는 의미도 있으므로 '초월적 세계', '초월적 세상'이라는 말로도 이해할 수 있다. 소설 『스노우 크래시』가 지금으로부터 30여 년 전인 1992년에 출간되었으므로, 메타버스 개념 역시 30년이 지난 케케묵은 오래된 것일지 모른다. 월드와이드웹, 사이버, ICT, e-러닝, 유비쿼터스, 소셜 미디어, 사물인터넷 등 1990년대 이후 등장하고 유행하던 단어보다 먼저니 말이다. 그러나 메타버스는 앞서 제시한 단어보다 훨씬 새롭게 느껴지며 진보한 개념으로 읽혀진다. 왜냐하면 메타버스가 구현하는 기술이 지금에 와서 이루어지고 있기 때문이다.

(2) 메타버스의 정의와 핵심 기술

영화『레디 플레이어 원』은 닐 스티븐슨의 메타버스 개념을 잘 표현했지만, 메타버스의 유일한 모습은 아니다. 기술에 대해 상이한 관점을 가진 사람이나 기업마다 각기 다른 모습의 메타버스를 상상한다. CEO 마크 저커버그는 메타버스에 충실하고자 회사 이름 '페이스북'을 '메타'로 변경하였다. 그가 보는 메타버스는 페이스북이나 인스타그램처럼 물리적 공간에 같이 있지 않은 다른 사람들과 함께 창조하고 탐험할 수 있는 가상공간의 집합체다.

반면에 구글에서는 구글 어스처럼 실제 현실 세계의 지역, 정보, 특징을 반영하는 모습의 메타버스를 구현한다. '포켓몬GO'라는 게임을 개발한 '나이앤틱(Niantic)'은 게임 유저의 현실 공간 위치와 모바일 기기 모니터를 대응하는 방식으로 메타버스를 구현한다. 또 게더타운(Gather Town)을 개발한 회사로 알려진 개더 프레젠스(Gather Presence)는 가상 오피스 겸 화상 회의 웹 플랫폼 형식으로의 메타버스를 구현한다. 이처럼 아직 합의된 하나의 메타버스는 없다. 따라서 메타버스를 구현할 수 있는 기술이 메타버스의 개념적 정의보다 더 중요하다. 사용하는 기술에 따라 메타버스의 모습이 달라지기 때문이다.

메타버스는 두 가지 핵심 기술이 중요하다. 하나는 증강기술이며 다른 하나는 시뮬레이션이다(ASF, 2006). 증강기술(augmentation)은 이미 실재하는 시스템 위에 추가적으로 능력과 기능을 덧붙이는 기술이다. 실제로 대표적으로 이 증강기술이 구현된 모습을 보면 실제의 물리적 환경 위에 가상적 정보를 겹치는 형태이다. 예를 들어, 사용자가 서울 광화문 광장에서 모바일 기기를 들고서 세종대왕 동상을 바라볼 때 모바일 화면에 세종대왕의 정보가 제시되는 것이다. 만일 사용자가 몸을 돌려 모바일 기기를 미국 대사관 건물에 맞추면 대사관 정보가 화면에 표시된다. 자동차 내비게이션도 지도 위에 실제의 위치가 실시간으로 표시되는 것이므로 증강기술의 한 예이다. 메타버스에서는 물리적 환경에 대한 우리의 감각과 인식에 더해 새로운 제어 시스템과 정보를 계층화시키는 기술로 구현되고 있다.

시뮬레이션(simulation)은 실제로 바로 실행해 보기 어렵거나 불가능한 것을 모의로 실험해 보는 기술이다. 예를 들어, 새로운 시공법이 이론적으로 등장했다고 해서 교량이나 건물 공사에 바로 적용할 수 없다. 10분의, 100분의, 1000분 1로 축소 모형을 만들거나 컴퓨터로 만든 모형을 바람, 토양, 하중 등을 고려해서 실험을 해보아야 한다. 비행 조종 자격증을 갓 취득한 초보 조종사에게 수백 명의 승객을 태운 수백 억짜리 비행기 조종을 바로 맡길 수는 없다. 악천후, 기체 결함 등의 상황에서 초보 조종사가 적절히 대처할 수 있는 능력이 있는지를 알아보거나 그런 상황에서 안전하게 조종할 수 있도록 역량을 키워주는 프로그램이 필요하다. 바이러스의 확산을 예측하는 모델을 개발했다고 해서 이를 증명하고자 실제 바이러스를 풀어놓을 수는 없다. 강력한 바이러스의 경우, 실험실 외부에서의 실제 실험은 너무도 위험하다. 메타버스는 사용자와 대상 간의 상호작용을 위한 장소 또는 공간으로서 시뮬레이션 된 세계를 제공하는 기술로 구현되고 있다.

(3) 메타버스의 유형

미국의 비영리 연구 기관인 가속연구재단(ASF, Acceleration Studies Foundation)에서는 메타버스의 유형을 네 가지로 나눈다. 이 구분은 앞서 설명한 2개의 핵심 기술, 즉 증강기술과 시뮬레이션 기술을 세로축으로 하고, 내적인 요소와 외적인 요소를 가로축으로 하는 2차원 평면으로 나타낼 수 있다. 이에 따라 메타버스의 유형은 [그림 5-4]처럼 세로축과 가로축을 사이에 둔 네 가지 형태로 표현할 수 있다(ASF, 2006).

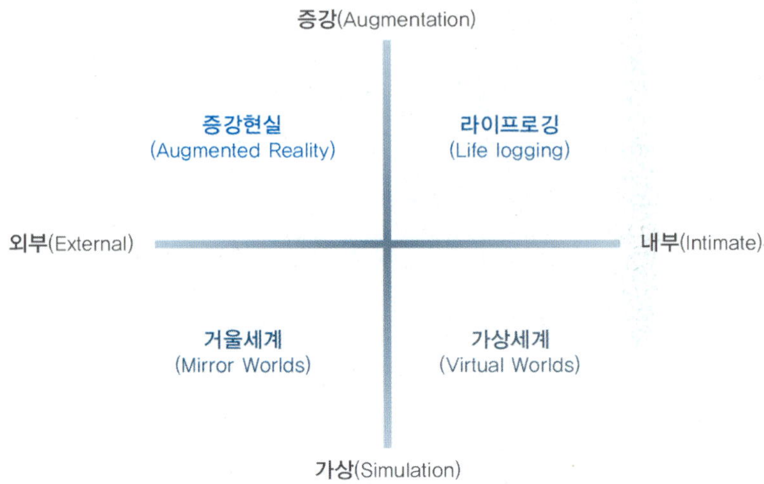

[그림 5-4] 메타버스의 4 유형(출처: ASF, 2006)

첫째, 증강현실(AR, augmented reality)은 이미 실재하는 현실 이미지나 배경에 추가적으로 부가 기능을 추가하는 기술이다. 현재 증강현실은 현실의 물리적 환경에 가상의 이미지를 중첩시키는 것으로 구현된다. 현실 공간에 존재하는 각종 대상물 위에 2D나 3D로 표현된 디지털 콘텐츠를 겹쳐 보이게 함으로써 현실 공간의 대상물을 눈으로 보면서 그 대상물의 정보를 볼 수 있게 한다. 자세한 것은 다음 절에서 설명한다.

둘째, 라이프로깅(life-logging)은 개인의 생활에 디지털 기술을 적용시킨 것이다. 블로그가 웹(web)과 그날그날의 일을 적은 기록이란 뜻을 가진 '일지(日誌)'란 뜻의 로그(log)의 합성어이며, 브이로그가 영상을 찍는 비디오(video)와 블로그(blog)의 합성어인 것처럼, 라이프로깅은 라이프(life)와 로그(log)의 합성어로서 '삶 + 일지', '삶을 적은 기록'이란 뜻을 지녔다. 따라서 개인의 일상생활과 관련한 정보를 기록 · 저장 · 관리 · 재현하는 기술이 라이프로깅이다. 라이프로깅 기술을 통하여 개인은 일상생활에서 발생하는 거의 모든 순간을 텍스트, 영상, 사운드 등으로 기록 · 저장 · 관리 · 재현하며 원하거나 필요할 때 타인과 공유할 수 있다. 여러 소셜 미디어 서비스(예: 인스타그램, 페이스북, 블로그 등)뿐만 아니라 스마트 워치와 카메라, 개인형 맞춤 피트니스 프로그램, 구글 등은 라이프로깅 기술을 서비스하고 있다.

셋째, 거울세계(mirror worlds)는 물리적인 현실 세계를 거울에 비추듯이 그대로 반영하고 정보적으로 확장한 세계를 말하는데, 이때 정보적 확장은 물리적 현실 세계와 관련한 여러 요소나 정보를 가상으로 더하여 보여주는 것이다. 예컨대, 구글 어스는 세계의 거리 모습을 위성사진으로 볼 수 있는 서비스인데, 위성 이미지, 지형, 건물정보 등의 데이터를 현실 세계의 공간에 반영하고 있다. 이와 유사한 서비스로서 네이버 지도, 카카오 맵, 내비게이션 프로그램, 에어비엔비 등이 현재 이용할 수 있다.

넷째, 가상세계(virtual worlds)는 실제 존재하는 것처럼 보이지만 존재하지 않는, 또는 실제와 유사하지만 실제와는 전혀 다른, 그래서 가상의 만들어진 세계다. 만들어진 세계이니만큼 물리적 공간에서 제약받는 여러 기능을 제한할 수도, 능가나 확장할 수 있기 때문에 창작에 제약이 없다는 점이 특징이다. 동물의 숲, 포트나이트 등 게임으로 분류되는 유희적 가상세계나 제페토, 세컨드라이프 등의 사회적 가상세계가 현재 구현되어 서비스되고 있다.

2) 증강현실, 가상현실, 혼합현실

증강현실(AR, Augmented Reality)은 앞서 메타버스의 한 유형으로 설명한 바와 같이 우리가 경험하는 현실 세계의 대상 위에 가상의 이미지와 정보를 중첩시키는 기술을 통해 구현됨으로써 현실 세계에 가상의 정보가 더해진 현실을 말한다. 현재 구현되어 있는 모습은 스마트폰이나 AR Glass와 같은 디지털 기기와 연동된 카메라를 통해서 보여지는 현실의 건물, 거리 위에 가상의 이미지와 정보를 겹쳐서 보여주는 것이다. 증강현실은 지리나 위치 정보를 송수신하는 GPS 장치, 자이로스코프 시스템, 그리고 스마트폰의 카메라를 기반으로 작동한다. 증강현실은 사용자가 현재 보고 있는 공간을 유지한다는 측면에서 만들어진 세계인 가상현실과는 차별점이 있다.

예를 들면, 2017년 출시하여 선풍적인 인기를 끌었던 포켓몬GO가 있었다. 현실 세계에 존재하는 거리의 위치 정보를 모바일 앱과 연동하여 스마트폰을 통해서만 보이는 포켓몬을 잡는 게임이었다. 제조, 의료, 유통, 자동차 분야와 같은 산업용 증강현실 프로그램도 개발되어 있어서, 예컨대 수술 집도하는 의사가 증강현실이 적용된 안경을 쓰면 피에 의해 가려진 수술 장기를 잘 보이게 해주거나 수술 장기의 이름이나 상태와 같은 정보를 볼 수 있다. 현재 널리 사용 중인 자동차 운전석에 적용된 HUD(Head-Up Display)는 자동차 앞 유리에서 보이는 실제 도로 장면에 주행 정보를 추가해서 보여준다. 또 직접 매장에서 옷을 입어보지 않아도 화면에서는 마치 입은 것처럼 보여주기도 한다. 교육용으로는 상용화된 AR 기반의 그림책, 전자 교과서 등이 있다. 증강현실에는 가상 데이터가 급증하면서 정보 과부하가 발생할 수 있다는 문제점도 있지만, 기술 발달에 따른 장점도 있다. 현실의 같은 공간에서 있는 동일한 대상일지라도 사용자에 따라 중첩되는 가상 정보가 서로 상이할 수도 있다는 것이다. 이렇게 되면 증강현실도 사용자의 개인차에 따른 개별화 혹은 맞춤형으로 발전할 것이다.

[그림 5-5] 포켓몬GO(출처: 구글 이미지)

가상현실(VR, Virtual Reality)은 우리가 경험하는 현실의 물리적인 공간이 아닌 컴퓨터 기술을 통해 구현된 만들어진 현실이다. 만들어진 것이기 때문에 현실을 완전히 다른 혹은 새로운 디지털 공간으로 대체할 수 있으며 개발자에 따라 천차만별의 디지털 공간이 창조될 수 있다. 창조된 디지털 공간에서의 현실은 실제 현실이 아니라 가상의 현실이기 때문에 현실에서 느낄 수 없는 다양한 경험이 가능하다. 예를 들어, 먼 다른 은하에 있는 외계인 사회를 방문하거나, 신라나 고려 시대로 여행하거나, 요정이나 도깨비 등이 등장하는 판타지 세계에서 마법사가 되거나, 블랙홀 내부로 빨려 들어가거나 또는 동물 세계에서 개나 고양이가 되어 보는 경험 등 현실에서는 불가능한 상상과 공상 세계에 존재하는 것과 같은 느낌과 경험 말이다.

가상현실에서 중요한 점은 가상세계로 들어가기 위해서는 사용자 주변의 실제 환경을 차단해야 한다는 점이다. 실제 환경이 제공하는 감각 정보를 사용자가 느낄 수 있다면 온전한 가상현실을 경험할 수 없기 때문이다. 이 때문에 실제 환경의 감각을 차단할 수 있게 해주는 머리에 쓰는 HMD(Head-Mounted Device) 또는 헤드셋이 가상현실의 기반이 되는 주된 기술이다. 현재 가상현실 기술은 게임이나 엔터테인먼트 분야에서 많이 발전했으며, 건축 분야와 교육 분야에서도 여러 프로그램과 서비스가 개발되어 있다. 특히 교육 분야에서는 시공간을 초월하는 실감나는 경험을 하도록 해주기 때문에 효과적이다.

혼합현실(MR, Mixed Reality)은 증강현실과 가상현실을 결합한 현실로 더 진보된 형태의 기술이며, 실제 세계와 가상 세계가 혼합된 새로운 세계를 말한다. 핵심은 실제 세계에서의 경험과 가상세계에서의 상호작용을 동시에 제공한다는 것에 있다. 예를 들어, 혼합현실 기술이 구현된 상태에서 사용자가 실제 경주의 첨성대 앞에서 신라 시대의 선덕여왕을 만나서 대화를 한다고 가정하자. 이때, 사용자가 현재 서 있는 경주 첨성대는 실제 세계이며, 사용자가 선덕여왕과 만나서 대화(상호작용)를 하는 것은 가상현실이다. 만일 이 장면 전체를 혼합현실이 아니라 전적인 가상현실로 만든다면, 사용자는 실제 첨성대 앞에 서 있을 필요가 없다. 선덕여왕뿐만 아니라 첨성대 앞 공간도 가상현실의 한 부분으로 창조할 수 있기 때문이다. 이처럼 혼합현실은 실제 현실을 인식 및 감각하면서 가상세계의 대상과 상호작용하는 것이다. 혼합현실 기술은 게임뿐만 아니라 교육, 의료, 건축 등의 분야에서도 사용된다. 예컨대, 건축 분야에서 가상으로 건물을 설계하고 실제 공간에서 확인할 수 있으며, 교육 분야에서라면 실제 세계와 가상세계가 서로 혼합된 경험을 제공하여 학습효과를 향상시킬 수 있다.

현실 세계에 가상의 요소가 중첩되는 증강현실, 현실 세계와는 상이한 가상 세계로 안내하는 가상현실, 현실 세계에서 가상현실과 상호작용이 가능한 혼합현실의 기술들을 적용한 프로그램이나 서비스는 모두 사용자로 하여금 몰입하도록 설계되었다. 확장현실(XR, eXtended Reality)은 이 세 가지 몰입형 기술을 모두 활용하여 확장된 세상을 창조하는 초실감형 기술이며, 현실에서 느끼는 감각을 시공간을 넘어 확장하려는 기술적 시도다. 현재 인간의 다섯 가지 감각자극의 상호작용을 기술을 통해서 구현하면서 현실감을 확장하려고 노력하고 있다.

3) 게임

(1) 게임, 게임학습 및 게이미피케이션

게임(game)은 동사 enjoy와 동사 play와 함께 풀이되는 단어다. 게임을 하는 이유는 '즐기다', '즐거워하다'의 의미를 가진 enjoy가 가정된다. 즐기기 위해, 또는 즐겁기 위해, 다른 말로 유희를 위해 게임을 하는 것이다. 또 play a role(역할을 수행하다), play the piano(피아노를 연주하다)와 같이 play a game(게임을 하다)라고 표현한다. 이는 play가 가진 게임의 행위적인 측면을 나타낸다. game을 명사 play의 뜻인 '놀이'와 동일한 의미로 해석할 때는 game을 놀이 또는 유희의 수단으로 본 것이다. 이렇게 보면 game과 놀이는 어떤 행위를 유희하는 것이며 동시에 유희를 위한 어떤 행위다. 게다가 이 행위는 유희 자체가 목적이기 때문에 능동적이며 자발적인 성격을 갖는다. 유희가 강력한 보상으로 작동하는 것이다. 게임 중독이 발생하는 원인이다. 게임 중독이란 유희에 너무 빠진 나머지 집착이 되어 스스로가 주체하기 힘든 정도가 한참 지난 상태인 것이다.

게임의 중요성과 긍정적 측면을 요한 하위징아(Johan Huizinga)처럼 잘 밝힌 학자도 없다. 세계적인 명저, 유희하는 인간의 뜻을 가진 『호모루덴스(Homo Ludens)』에서 그는 인간의 본질을 유희, 놀이의 관점에서 파악한다. 유희가 정신적 창조 활동으로서 학문과 예술과 문화의 기본이라는 것이다. 그에 따르면, 유희와 놀이는 특정 시간과 공간 내에서 벌어지는 자발적 행동 혹은 몰입 행위로서, 자유롭게 받아들여진 규칙을 따르되 그 규칙의 적용은 엄격하며, 놀이 그 자체에 목적이 있고 일상생활과는 다른 긴장, 즐거움, 의식을 수반한다(Huizinga, 1938).

게임은 현대에 와서 디지털, 즉 컴퓨터로 구현된다. 컴퓨터로 구현된 게임은 게임을 하는 이용자가 게임 속의 플레이어가 되어 규칙에 따라 설정된 가상의 임무를 완성해가면서 정량화할 수 있는 결과를 만들어 내거나, 플레이어가 게임 속의 규칙, 상호작용, 피드백에 따라 설정된 도전 과제에 참여하면서 반응을 도출하는 결과를 만들어내는 시스템이라 할 수 있다(Tekinbas & Zimmerman, 2003). 게임에 참여하는 사람은 플레이어로서 서로 경쟁하기도 하고 때로는 협력하기도 하면서 게임에서 제공하는 임무나 과제를 해결한다는 게임의 이 특성을 교육에 이용하려는 시도가 게임학습(game learning)이다. 학습자가 게임을 하는 과정에서 자연스럽게 학습하기를 기대하는 것이다. 게임을 하면서 완성해 나가는 임무나 해결해야 하는 도전 과제를 수업에서 학습자가 성취해야 하는 학습과제로 대체할 수 있다면 게임은 학습을 위한 훌륭한 수단이 된다.

비록 게임으로 구현하지 않아도 학습에 게임을 활용하는 방안을 생각해 볼 수 있다. 이와 관련하여 게이미피케이션(gamification)이란 단어가 자주 언급되고 있다. game과 ~fication(~식으로 만들다, 또는 접미사 ~화)를 합성한 단어로 '게임화'라는 용어보다 '게이미피케이션'으로 더욱 많이 쓰인다. 게임에서 볼 수 있는 재미(유희), 보상, 경쟁 등의 특성을 다른 분야에 적용한다는 의미를 지녔는데, 이처럼 게이미피케이션은 게임이 아닌 것에 게임적 요소를 활용하는 것을 말한다. 게이미피케이션의 주요 목표는 경쟁, 보상, 성취, 사회적 상호작용 등 사람들의 자연스러운 욕구를 활용하여 교육, 산업, 건강, 비즈니스, 마케팅 등과 같은 여러 분야에서 재미있고 즐거운 경험을 제공하는 것이다. 게이미피케이션이 적용되기 위한 주요

구성 요소로는 목표 및 목적, 규칙 및 메커니즘, 피드백 및 진행, 사회적 상호작용, 스토리텔링 및 테마 등이 있다.

(2) 게이미피케이션 교육과 게임기반학습

게이미피케이션 교육은 게이미피케이션이 교육에 접목되는 경우다. 마치 학습도 게임처럼 놀이로 할 수 있도록 만드는 것이다. 앞에서 게임을 설명할 때, 유희를 목적으로 한 게임은 능동적이며 자발적인 성격을 갖고 있다고 했는데, 그 이유는 유희, 재미, 놀이는 사람들의 원초적 본능에 가까워서 누구나 재미있는 활동에는 기꺼이 참여하기 때문이다. 따라서 교수-학습활동 속에서 재미를 느끼게 해주는 게임 요소가 가미되어 있다면, 누가 시키지 않아도 학습자의 참여는 이루어질 것이며 그런 교수-학습 환경은 학습자에게 매력적이 될 것이다. 이는 학습자가 학습활동에 참여시키는 동기유발에 도움을 준다. 따라서 게이미피케이션 교육을 잘 설계한다면 학습자의 동기 문제와 학습활동 참여 문제는 해결할 수 있다. 더욱이 학습자가 특정의 활동을 완수했을 때, 게임의 요소인 보상을 제공한다면 효과는 높아진다. 여기에 그 특정한 활동을 타 학습자나 타 학습자 팀과의 선의의 경쟁으로 만들면 효과는 더욱 커진다. 요컨대, 게임 자체가 갖고 있는 재미적 요소와 게임 참여에서 획득할 수 있는 보상과 경쟁은 게이미피케이션 교육을 효과적이며 매력적인 수업방안으로 만든다(조헌국, 2022). 이와 관련하여 1990년대에 엔터테인먼트 기법을 적용한 에듀테인먼트(edutainment)가 등장하였고, 2000년대에는 교육, 공공, 비즈니스 등 다양한 분야에서 게임이 적용되기 시작하였다. 요약하면 게이미피케이션 교육은 기존의 교수-학습 과정의 틀 안에서 게임적 요소를 추가하는 것이다. 게임적 요소는 교수-학습활동을 위한 학습자의 동기와 참여도 향상이나 수업목표 달성을 위한 요소일 뿐이다. 수업을 위한 도구나 방법적 측면에서의 게임인 것이다.

게이미피케이션은 수업이 먼저고 게임이 나중이다. 기존 수업의 과정에 게임적 요소를 첨가하기 때문이다. 반면에 게임기반학습(GBL, Game-Based Learning)은 게임이 먼저고 수업이 나중이다. 이는 GBL이 하나의 수업모형이며, 게이미피케이션 교육과는 달리 수업이 게임의 틀에 적용된다는 의미이지 수업이 덜 중요하다는 뜻은 아니다. GBL은 말 그대로 수업을 위해 게임과 게임의 원리를 사용한다. 즉, 게임이 갖고 있는 임무(미션), 보상, 경쟁과 협력 등 학습자가 게임 내의 플레이어가 되어 게임을 하면서 무엇인가를 학습하는 것이다. 이를 위해 학습내용이 학습자, 즉 플레이어가 수행하는 임무, 보상, 경쟁, 협력 등과 밀접히 연동되어야 하는데, 이 모든 것이 게임의 시나리오로 구성되어 있어야 한다. GBL에는 애초부터 학습을 목적으로 개발된 교육용 게임을 활용할 수도 있고, 교과의 내용을 가르치기 위해 학습자에게 인기 있는 게임을 이용할 수도 있다. 중요한 점은 게임이라는 것 자체가 오락과 재미 요소를 갖추고 있기 때문에 학습자들은 게임을 하고 싶어 한다는 사실이다. 따라서 GBL은 교수-학습활동에 학습자의 자발적이고 적극적인 참여를 기대할 수 있다. 또한 게임을 수행하는 과정은 어떤 임무를 완성하는 것이기 때문에 플레이어는 임무 완성을 위한 각종 전략을 수립하게 되는데, 이 과정은 타인과의 경쟁 및 협력 관계 구축하게 하면서 문제해결력, 의사결정력, 비판적 사고력을 향상시켜 준다. 게다가 게임 내의 임무가 작은 여러 소규모의 임무로 나뉘어져 있어서 하나의 작은 임무를 완성하면 레벨 업이 되면서 보상이 주어지는데, 이때 학습자는 성취감과 자신감도 생긴다.

4) 소셜 미디어와 소셜 네트워크 서비스

(1) 개념과 영향력

2010년부터 2011년까지 아프리카 국가 튀니지에서 일어난 혁명을 '재스민 혁명'이라고 부른다. 재스민은 튀니지의 국화이기 때문에 붙여진 별칭이다. 뒤이어 중동과 북아프리카에서도 혁명이 일어나 정부가 뒤바뀌는 결과가 도출되었고 이것도 재스민 혁명이라고 불린다. 소셜 미디어와 소셜 네트워크 서비스(SNS, social network services)가 이러한 재스민 혁명을 가능하게 했다는 것은 공공연한 사실이다. 독재 국가의 언론 탄압과 검열이 인터넷상에서 흐르는 정보까지 모두 통제할 수 없다는 사실을 여실히 보여준 이 사례는 소셜 미디어와 SNS가 미치는 영향력이 얼마나 강력한지를 잘 보여주었다. 텍스트, 이미지, 음악, 동영상 등 멀티미디어를 활용한 사회적 상호작용이 가능한 소셜 미디어는 그 활용의 기본적 주체가 개인이기 때문에 특히 그러하다. 그만큼 파급력도 상당하고 사람들이 널리 이용하는 것이다.

소셜 미디어란 멀티미디어와 쌍방향 테크놀로지를 통해 사회적 상호작용을 가능하게 하는 커뮤니케이션 행태이며 사용자가 생성한 콘텐츠를 서로 교환할 수 있도록 해주는 인터넷 응용 서비스 묶음(Kaplan & Haenlein, 2010; 노기영, 2012, 재인용)으로 정의된다. 그리고 SNS는 사용자들을 연결시켜 관계망을 형성하도록 만들어 주는 소셜 미디어의 구체적 형태라고 할 수 있다. 소셜 미디어와 SNS는 페이스북, 엑스(X, 구 트위터(Twitter)), 인스타그램, 유튜브, 카카오 스토리, 웹 블로그, 밴드, 링크드인, 플릭커, 스레드 등 서비스가 추구하는 목적에 따라 특징이 다양해지고, 스마트폰과 같은 모바일 테크놀로지로도 접속할 수 있게 되면서 특정 지역이나 국가만이 아니라 인터넷과 연결될 수 있다면 어디서나 접속되어 활용되고 있는 보편적 현상이다(조규락, 2022; 한상기, 2014). 특히 요즈음의 MZ 세대에게 SNS는 자신들의 일상생활에서 없어서는 안 될 필수적인 도구이다.

소셜 미디어와 SNS의 사용자가 크게 늘어나는 이유를 단순한 커뮤니케이션 행태의 변화로 설명하는 것만으로는 충분하지 않다. 커뮤니케이션을 훨씬 뛰어넘는 장점뿐만 아니라 장점에 필적하는 단점도 가지고 있기 때문이다. 대표적 장점으로 1) 오프라인의 지역적 한계를 벗어나 인터넷을 통해 타 지역과 다른 나라 사람과의 관계 형성이 쉽다는 점, 2) 정보의 바다라고 불리는 인터넷을 기반으로 하고 있어서 지식의 습득과 정보 수집의 기회가 넓다는 점, 3) 지식과 정보의 전달이 거의 실시간으로 가능하므로 여론 형성이 빠르다는 점을 꼽고 있다. 반면에 장점에 필적하는 대표적인 단점으로는 1) 자기 자신을 포함한 타인들의 정보가 의도치 않게 노출되어 기업의 상업적 마케팅, 사생활 노출, 보이스 피싱 등의 악용 사례가 출현하고 있다는 점, 2) 빠른 정보의 확산은 잘못된 소문이나 루머에도 해당되며, 누군가는 고의적으로 가짜뉴스를 생산한다는 점, 3) 잘못된 대화와 의사소통으로 오해가 확산하고 인간관계도 진지하지 않고 일시적이며 가벼운 관계가 될 수 있다는 점이 있다(소셜미디어 연구포럼, 2012; 이재현, 2012). 하지만 단점이 아무리 심각하더라도 소셜 미디어와 SNS는 이미 우리의 사회적, 문화적 삶에 깊숙이 들어와 영향을 미치고 있다. 사용자는 저마다의 목적을 갖고 사용하면서 단점으로 인한 피해보다는 장점으로 인한 이익을 추구하는 것이다. 그리고 소셜 미디어와 SNS는 PC뿐만 아니라 모바일 플랫폼에서도 이용이 가능해졌고, 누구나 손쉽게 소셜 미디어에 접속이 가능해졌다. 따라서 앞으로 그 영향력은 더 커질 것으로 예측할 수 있다.

교육에서도 예외는 아니다. 많은 학습자가 이미 소셜 미디어의 다양한 서비스를 활용하고 있고 그 안에서 다양한 활동을 하고 있기 때문이다. 이 활동에는 자기주도적으로 표현하고, 타인과 관계를 맺고, 대화를 하며, 정보를 검색하면서 또한 정보를 공유하는 등의 교육적 활동과 직접적으로 유사한 활동이 포함되어 있다(조규락, 2022). 소셜 미디어와 SNS에서의 이런 활동은 물론 학교교육이라는 공교육과 형식교육 내에서 발생하는 것은 아니지만, 학습자의 이런 활동을 교육 상황에서 적극적으로 활용할 필요가 있다. 소셜 미디어와 SNS를 교수-학습의 환경이나 도구로 이용하는 것이다. 예컨대, 학습에 필요한 자료와 정보를 검색하게 하거나, 상호작용을 위한 의사소통의 수단으로 삼을 수 있다.

(2) 소셜 러닝과 학습 경험

소셜 러닝(social learning)은 소셜 미디어나 SNS가 제공하는 기능을 통해 다른 학습자와의 지식 공유, 의견교환 등의 상호작용을 하면서 이루어지는 학습을 뜻한다(성진희, 전주성, 2012). 구체적으로는 앞서 설명한 다양한 종류의 소셜 미디어를 학습 플랫폼으로 하여 타인과의 관계가 학습으로 연결되는 것이다. 즉, 다른 사람과의 상호작용하는 관계를 통해서 지식을 함께 탐색하며, 공유하고, 생산해가는 학습자 중심의 교수-학습 패러다임으로서 사회적 상호작용에 기반을 두는 점이 핵심이다. 따라서 소셜 러닝은 기존의 교사 중심의 일방향적인 지식 전달이 아니라 학습자 간 또는 학습자와 교수자 간의 활발한 양방향의 의사소통이 필수적이며, 이 의사소통은 적극적이며 능동적이어야 한다.

소셜 러닝의 구체적인 모습을 묘사하면 다음과 같다. 학생들은 다양한 소셜 미디어 도구를 활용하여 제공받은 학습 콘텐츠를 함께 탐색 · 학습하며, 과제의 요구나 필요에 따라 수정 · 공유하면서 새롭게 생성하기도 한다. 이 과정에서 학생들은 학습 결과를 공유하고, 토론을 통해 확장하며, 협업을 통해 문서나 발표물을 공동으로 작성하는 등의 활동을 하면서 지식을 재구조화 한다. 학교 밖의 각종 전문가, 다른 학교의 학생들, 심지어 다른 나라 사람과의 교류도 이런 학습 과정에 포함된다. 소셜 미디어나 SNS 자체가 이미 인터넷 네트워크로 전 세계와 연결되어 있기 때문이다. 교사는 이런 전체 학습 과정을 조심스럽게 관찰하며, 학습자와 자유로운 분위기에서 대화하고, 학습자의 콘텐츠 이해도를 점검하며, 학습 결과에 대해 피드백을 준비한다.

소셜 미디어와 SNS 상에서 나타나는 학습경험을 근거이론에 따라 연구한 패러다임 모형은 소셜 러닝을 어떻게 설계할 수 있는지 단초를 제공한다(조규락, 2022). 근거이론은 어떤 현상의 '중심현상'과 '결과'를 '맥락적 조건', '중재적 조건', '인과적 조건', '작용/상호작용 전략'으로 나누어 각 관계를 도식화하고 묘사하는 연구방법으로 특정 현상을 이해하는 데 매우 도움을 준다(Strauss & Cobin, 2008). 중심현상은 소셜 미디어와 SNS에서 학습자들이 하는 학습경험인데, 학습자들은 '학습 정보와 조언의 획득'을 경험하며 '학습기록과 공유'를 경험하는 것이었다. 이러한 학습경험을 하는 데는 인과적 조건(학습정보, 연결과 확장, 편리한 정보 접근)과 맥락적 조건(의문점 해소, 휴식과 충전, 주변지인 참여)이 관여한다. 학습자들은 이런 학습경험을 긍정적 및 부정적인 중재적 조건에 따라 SNS의 다양한 기능 및 행위 규칙이라는 여러 작용/상호작용 전략을 활용하면서 패러다임 모형의 결과인 '새로운 분야를 경험'하며 '지식을 습득'하지만 때로는 '부정적인 경험'도 하는 것으로 나타났다. 결과는 중심현상인 학습경험이 학생들에게 남겨지는 인지적 흔적들로서 매우 중요하다. 학습경험으로 인하여 학습자들이 최종적으로 얻게 되는 것이기 때문이다. 따라서 소셜 미디어와 SNS 상에서 학습자들은 학습정보/조언의 획득 및 학습기록과 공유라는 학습경험을 하게 되고, 이 학습경험은 학습자들로 하여금 새로운 분야를 경험하고 지식을 습득하게 만드는 결과를 이끌어 내는 것이다(조규락, 2022). 소셜 러닝이 교수-학습의 한 형태라면, 학습자들은 소셜 미디어를 활용하면서 학습경험을 해야 하며 그 학습경험은 새로운 내용에 대한 지식 습득과 연결되어야 한다. 새로운 분야의 내용에 대한 지식 습득은 어떠한 형태의 교수-학습이든 기본 전제이기 때문이다.

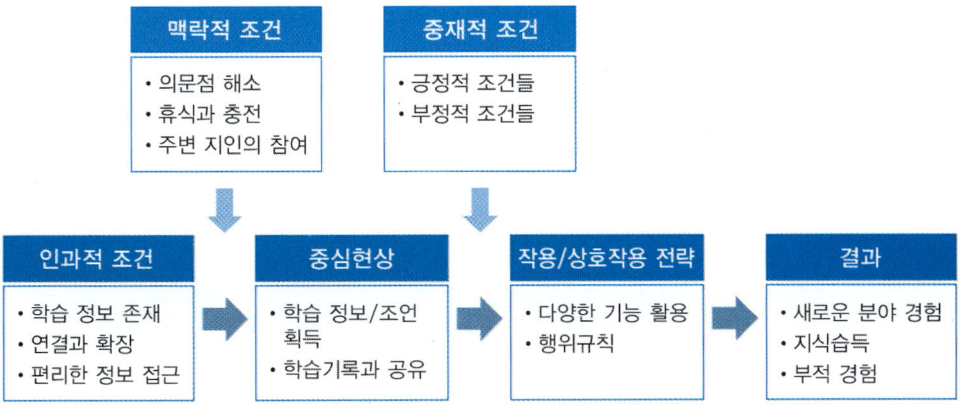

[그림 5-6] 소셜 미디어와 SNS 학습 경험에 대한 패러다임 모형(출처: 조규락, 2022)

4. 수업 활용을 위한 에듀테크 제품

앞 절의 내용이 기술적 관점에서 에듀테크의 유형을 포괄적으로 설명한 것이라면, 이 절은 이 기술을 토대로 하여 구현된 에듀테크 제품을 설명한 것이다. 현재 여러 기업에서 많은 에듀테크 제품을 개발·출시하고 유료나 부분 유료 또는 무료로 배포하고 있다. 이 제품들은 앞 절에서 설명한 기술의 반영 수준에 따라 유형을 분류할 수도 있지만, 대개는 여러 기술을 복합적으로 제품에 구현함으로써 기술에 따른 유형 분류는 쉽지 않다.

어떤 제품들은 애초부터 에듀테크로서의 정체성을 지닌 채 교육 현장에서 활용될 것을 목적으로 개발된 것이다. 하지만 어떤 제품들은 교육 현장을 위해 개발되지는 않았지만 교수자가 교육용으로 활용하면서 에듀테크 제품으로 인식되는 것도 있다. 변용을 통해 원래 개발된 용도와는 다르게 이용되는 사례라고 할 수 있다. 〈표 5-2〉는 한국교육학술정보원(2023)이 이러한 에듀테크 제품을 유형별로 구분한 것이다.

〈표 5-2〉 수업 활용을 위한 에듀테크 유형 분류

<table>
<tr><th>대분류</th><th>중분류</th><th>소분류</th><th>제품 예시</th></tr>
<tr><td rowspan="5">학습 콘텐츠
(학습 내용을 제공)</td><td rowspan="2">교수학습 지원자료</td><td>수업지원</td><td>디지털 교과서, 똑똑! 수학탐험대, Vrew 등</td></tr>
<tr><td>학습지원</td><td>띵커벨, AI펭톡, 칸아카데미, Seesaw Class 등</td></tr>
<tr><td rowspan="3">자기주도 학습</td><td>실감형 콘텐츠</td><td>구글 스트리트뷰, 구글 어스, 실감형 콘텐츠 등</td></tr>
<tr><td>SW 교육</td><td>라이트봇, 스크래치, 엔트리, 이솦, 파이썬 등</td></tr>
<tr><td>AI 교육</td><td>구글두들 바흐, TensorFlow, 티처블머신 등</td></tr>
<tr><td rowspan="3">소통
(매개체를 활용하여 의사전달)</td><td>영상 활용</td><td>화상수업</td><td>네이버웨일온, e학습터, ZOOM, MS팀즈 등</td></tr>
<tr><td rowspan="2">텍스트 활용</td><td>마인드맵</td><td>MindMeister, XMind, OKMINDAP</td></tr>
<tr><td>실시간 협업</td><td>구글 잼보드, NearPod, 멘티미터, 패들렛 등</td></tr>
<tr><td rowspan="2">창작
(수업자료의 제작)</td><td>자료</td><td>저작도구</td><td>미리캔버스, 구글 프레젠테이션, PPT, 프레지 등</td></tr>
<tr><td>영상</td><td>영상제작</td><td>유튜브 스튜디오, 키네마스터, 플립그리드 등</td></tr>
<tr><td rowspan="5">관리
(학교생활, 교우관계, 학급일정, 과제 등을 관리)</td><td rowspan="3">학급운영</td><td>과제관리</td><td>구글 클래스룸</td></tr>
<tr><td>일정관리</td><td>Notion, 원노트</td></tr>
<tr><td>구성원관리</td><td>클래스팅, 위두랑</td></tr>
<tr><td rowspan="2">평가</td><td>교사 피드백</td><td>Socrative, 카훗, QuizN, 구글 설문지 등</td></tr>
<tr><td>AI 피드백</td><td>클래스팅 AI, 노리AI 스쿨수학, 매쓰플랫 등</td></tr>
</table>

출처: 한국교육학술정보원(2023).

한국교육학술정보원(2022)은 초·중등교사를 대상으로 에듀테크 활용 경험과 수요에 대한 설문조사를 실시하면서 수업 중 많이 활용해 본 경험이 있는 에듀테크 제품을 파악한 적이 있다. 이때 〈표 5-2〉와 유사하면서도 다른 점이 있는 에듀테크 제품 유형의 분류를 사용하였다(〈표 5-3〉). 〈표 5-2〉 분류에서는 하나의 제품은 어느 하나의 분류 속에만 속하는 것을 볼 수 있지만, <표 5-3> 분류에서는 하나의 제품이 여러 분류 속에 중복되어 속하는 것을 볼 수 있다. 여기서도 에듀테크 제품의 사용자인 교사는 원래의 분류와는 다르게 변용하여 사용하는 것을 알 수 있다. 또한 한국교육학술정보원이 제시하고 있는 에듀테크 제품 분류의 기준이 절대적이지 않음도 알 수 있다.

<표 5-3> 교사들이 활용 경험이 있는 에듀테크 제품

구분		상위 5개 제품명
교과수업(방과후, 돌봄교실 포함)	원격 수업 도구	Zoom, 구글, YOUTUBE, 구글 Meet, 카카오톡
	수업자료(콘텐츠 등) 제작/공유	e학습터, 디지털교과서, 인디스쿨, 아이스크림, EBS 강의
	콘텐츠 제작 도구	미리캔버스, MS OFFICE, 파워포인트, ᄒᆞᆫ글, 구글 Docs
	과제 제시 및 평가 피드백 도구	클래스카드, 구글 클래스룸, 패들렛, AI 펭톡, 클래스팅
	협업 도구	띵커벨, 패들렛, 구글 Docs, 구글 클래스룸, 구글
	학습 이력 관리	네이버 웨일, e학습터, 구글 클래스룸, 칸아카데미, 리로스쿨
학생 지원	학습관리(생활계획, 학습계획 관리)	e학습터, 구글 클래스룸, 클래스팅, 위두랑, MS팀즈
	학습도구(마인드맵, 온라인 노트)	MindMeister, 패들렛, 마인드맵, 멘티미터, EdrawMind
	진로/상담	마플, 카카오톡, 구글 클래스룸, 리로스쿨, 커리어넷
학교/학급 관리	학생 안전 관리(건강, 환경)	키즈콜, 자가진단앱, 구글 클래스룸, 하이클래스, 네이버 밴드
	학부모 상담 관리	클래스팅, 에듀넷, 네이버 밴드, 아이엠스쿨, 하이클래스
	교무 행정 업무(학급 관리, 생활기록부 작성, 네이버 밴드 등)	네이버밴드, 클래스팅, 클래스123, 카카오톡, 하이클래스

출처: 한국교육학술정보원(2022).

Chapter 06

교육도구 및 교육 플랫폼으로서 AI·디지털

Chapter 06

Chapter 06

교육도구 및 교육 플랫폼으로서 AI·디지털

종이, 망치, 수레, 나침반, 자동차, 현미경, 라디오, 자동차, 전화, 카드 등 헤아릴 수 없는 수많은 도구는 특정한 작업이나 활동을 수행할 때 사용하는 유형, 무형의 보조체다. 지금까지 인류는 여러 영역에서 많은 도구를 만들어 사용해 왔다. 교육 분야에서도 예외는 아니어서 교육을 위한 많은 교육용 도구가 있다. 분필, 칠판, OHP, 실물화상기 등의 아날로그 도구를 포함하여, 현대에 들어서는 컴퓨터, 각종 소프트웨어, 인터넷 등 기술 발달에 의한 디지털 도구까지 각종 기자재를 망라한다. 최근에는 AI까지 등장하면서 기술을 응용한 교육 도구 선택의 폭이 훨씬 넓어졌다. 그런데 최근의 특징은 첨단 기술이 교육 도구로 활용되는 것을 넘어 교육 플랫폼으로 진화하고 있다는 사실이다. 플랫폼은 현대 사회의 핵심 인프라로서 경제와 사회를 포함해서 교육에서도 중요한 역할을 한다. 교육에서 플랫폼은 수업 활동을 수행할 때 교사와 학생이 선택해서 사용할 수 있는 기기가 아니라, 수업 활동을 위해서 없어서는 안 되는, 다시 말해 수업 활동 자체가 실현되는 바탕이다.

1. 교육용 도구와 플랫폼

교육용 도구는 전통적으로 교사와 학생의 교수-학습활동을 도와주고 보조해주는 역할을 했다. 수업 내용을 어떤 매체를 통해 전달할 것인가, 학습활동에 어떤 프로그램을 활용토록 안내할 것인가 등 교사가 가르치는 수업 내용을 효과적이며 매력적으로 만들어 교사를 도우며, 학생이 수행하는 학습활동의 과제 정보를 찾아 저장 · 기록하고 분석과 관리를 쉽게 해줌으로써 학생을 도왔다. 이처럼 교육용 도구는 수업에서 고려해야 할 하나의 요소였다. 이때의 핵심은 교육용 도구가 교육이라는 과정에서 교사와 학생이 자신들의 수업과 학습을 위해 취사선택할 수 있는 부차적인 요소라는 것이다. 즉, 필요에 따라 사용해도 되고 사용하지 않아도 된다. 교수-학습이 먼저 결정되고 교육용 도구는 이를 위해 추후 선택된다는 측면에서 이는 소극적 의미에서의 교육용 도구 사용법이다.

얼마 전부터 교육용 도구 사용이 이전과는 다른 모습으로 전개된다. 교수-학습활동이 교육용 도구 기반 위에서 전개되어 교육용 도구가 없으면 교육 자체가 가능하지 않은 양상인 것이다. 이러할 때 교육용 도구는 교사와 학생의 교육활동을 단순히 도와주는 보조의 역할이 아니며, 취사선택할 수 있거나 고려해야 할 부차적 요소가 아니다. 외려 교육활동의 방향을 정하는 핵심적 요소로서 교육내용과 학습과제가 그 도구의 특성과 성격에 맞추어진다. 애초부터 교육용 도구를 염두에 두고 교수-학습내용과 활동이 결정되는 것이다. 교육용 도구가 먼저 결정되고 교수-학습이 이에 따라 조정되어야 한다는 측면에서 이는 적극적 의미에서의 교육용 도구 사용법이거나 다른 표현으로 교육 시스템으로서의 사용이다.

끊임없이 진보해 온 디지털 기술 발달은 교육계에서 교육용 도구 사용에 커다란 변화를 가져왔다. 예컨대, e-러닝이나 사이버학습에서는 교사와 학생이 특정 시간에 반드시 특정 공간에 동시에 함께 있을 필요가 없다. 인터넷에 연결된 컴퓨터 앞에서 접속만 하면 되었다. 컴퓨터에서 접속만 하면 되니까 수백, 수천 명이 수강하는 강좌도 개설되었다. 이에 교육활동이 이전과는 달리 소규모 인원의 동시성이 아니라 많은 수의 학생이 비동시적으로 참여할 수 있는 방향으로 달라졌다.

또 사이버대학, 디지털대학, 원격대학이란 이름의 새로운 고등교육기관이 등장했는데, 운동장과 같은 시설이 꼭 필요한 것은 아니었고, 학생이 와서 수강할만한 강의실도 많이 마련할 필요가 없었다. 입학부터 과목 수강, 졸업까지 학사 처리가 온라인에서 가능했기 때문이다. 전통적 의미에서 캠퍼스라 불리기조차 어렵지만, 대학교 건물에 학생이 몸소 등교하지 않아도 되었다. 일반 오프라인 대학에서도 단독 혹은 타 대학과 연계하여 여러 인터넷 강의를 개설하면서 학점을 공유하였다. 컴퓨터와 인터넷 기능이 통합된 스마트폰이 보급되어 모바일 시대가 열렸을 때는 버스, 지하철을 타고 짧게 이동하는 동안에도 학습할 수 있도록 했다. 이에 따라 교육활동이 이런 디지털 기술에서 작동할 수 있도록 설계되기 시작했다.

코로나19 팬데믹 시절의 교육 모습을 회상해보면, 초 · 중 · 고와 대학생을 포함한 모든 학생들과 교사들이 학교에 등교하지 않은 상태에서 교육활동에 참여했다. 공교육에서는 인터넷에 연결된 e학습터라는 이름의 시스템을 이용하였고, 대학교에서는 자체적인 시스템을 이용하였다. 이때 디지털 시대에서 자란 젊은 교사는 덜 힘들었겠지만, 나이 지긋한 교사는 서툰 솜씨로 힘들게 강의 동영상을 촬영해서 시스템에 올려놓거나, 시스템이 지원하는 실시간 화상수업을 이용해야 했다. 필요하면 ZOOM이나 구글 Meet와 같은 민간 온라인 실시간 화상수업 시스템도 사용해야만 했다. 이에 내용 자체도 중요하지만 동영상 촬영에 꼭 필요한 장면의 선정과 동영상의 퀄리티 역시 중요했고, 화상수업을 위한 사용법과 기술의 습득, 기술적 문제점 발생 시 빠르고 원활한 해결 방안이 강조되었다. 그렇지 않으면 교육활동이 중단되기 때문이다.

최근에는 AI가 교육 분야 전면에 등장했다. 현재 공교육에서 AI 교육의 주목할 점은 거의 개발되어 조만간 정식으로 도입될 인공지능 디지털 교과서(AIDT, Artificial Intelligent Digital Textbook)이다. AIDT는 서책형 교과서의 모습을 가진 것이 아니며, 일반적 의미의 소프트웨어도 아니며, 패드나 노트북에 탑재해서 e-북이나 전자책처럼 사용하는 방식도 아니다. AIDT는 e-러닝이나 실시간/비실시간 온라인 학습 시스템처럼 인터넷에 연결되어 학생들이 자기가 위치하는 공간에서 언제든 접속할 수 있는 시스템이다. 교과서를 표방하므로 여러 교과목으로 구분되어 있고, 교과목에 따른 교육내용도 들어있지만, 그 안에서 학습은 학생 저마다 개별적인 맞춤 방식이 가능토록 되어있다. 또한 학생의 모든 학습활동이 데이터로 기록 · 분석되어 대시보드에서 시각화 이미지로 제시되고, 그 데이터 분석결과를 통해 학생에게 필요한 조언과 지도가 이루어질 수 있도록 설계되었다. 이에 기존 서책형 교과서와는 완전히 다른 방식으로 사용되리라는 예상이 충분히 가능하다.

앞에서 언급한 e-러닝 시스템, 화상수업 시스템, AIDT의 공통점은 이들이 교육용 시스템으로서 교육용 도구의 소극적 역할이 아니라 적극적인 역할을 수행하고 있다는 사실이다. 수업에서 사용해도 되고 안 되고 하는 선택 사항이 아니라 반드시 사용해야 하는 것이다. 이는 교육활동을 도와줄 한 부분적 혹은 부차적 요소로서의 역할이 아니라 그 교육활동이 전개될 무대가 되는 필수적인 요소로서의 역할이다. 연극에서 무대가 연극 공연이 이루어지는 바탕인 것처럼, 교육용 시스템은 교육 활동이 이루어지는 바탕인 것이다. 다른 분야에서는 이미 도구의 시스템적 사용을 지칭하는 개념이 있다. 플랫폼이다. 최근 디지털 교육 플랫폼, 화상수업 플랫폼, AI 교육 플랫폼 등 교육 분야에서도 플랫폼이란 용어가 종종 사용된다.

2. 플랫폼의 의미

플랫폼(platform)의 사전적 의미는 기차나 지하철을 타고 내리기 위해 마련한 평평한 장소다. 한자로는 오르고 내리는 장소라는 뜻을 지닌, 요즘은 좀처럼 듣기 힘든 '승강장(昇降場)'이다. 이외에도 플랫폼은 무대와 강단, 도약대와 준비대, 로켓이나 미사일 발사대와 구조물과 같은 유형의 실제 사물이나 장소를 지칭하기도 하지만 의사표현 공간, 유통 공간, 중개 공간처럼 무형의 장소를 뜻하기도 한다.

컴퓨터, 디지털, AI 등의 분야에서는 플랫폼을 틀, 토대, 골격, 기본 구조라는 의미로 사용된다. 쉽게 말해 특정 장치가 구현되는 유 · 무형의 '기반장치' 또는 '기반기술'이다. 플랫폼의 핵심은 이 '기반'에 있다. 여러 파생 제품이나 파생 서비스가 이 '기반' 위에서 탄생하는 것이다. 우리가 매일 사용하는 TV, 라디오 등 모든 디지털 전자제품은 전기 기술 기반 위에 만들어진다. 엔진을 사용하는 내연기관 자동차, 오토바이, 비행기는 석유 산업의 기반하에 만들어지나, 전기를 사용한 모터가 엔진을 대체하면 자동차는 전기 기술 기반 위에서 만들어지는 것이다. 삼성과 같은 전자 제품 및 반도체 제조 기업이 자동차 산업에 뛰어드는 것은 자동차가 더 이상 석유 산업 기반이 아니라 전기 · 전자 · 디지털 기반이 되었기 때문이다. 또 데스크탑과 노트북 컴퓨터의 많은 어플리케이션(앱, 어플)은 MS의 윈도우 OS나 Apple의 매킨토시 OS를 기반으로, 스마트폰의 많은 어플리케이션은 Google의 안드로이드 OS나 Apple의 iOS를 기반으로 개발된다. 페이스북, 인스타그램, 블로그, 유튜브 등의 소셜 미디어는 모두 인터넷 기반 위에서 작동한다. 플랫폼이라는 기반 산업, 기반 장치, 기반 기술이 없다면 이러한 파생 제품, 파생 서비스는 세상에 탄생할 수 없었거나, 지금과는 크게 다른 모습으로 탄생했을 것이다.

플랫폼은 상대적이다. 인터넷 기술은 여러 소셜 미디어가 작동할 수 있게 해주는 플랫폼이다. 인터넷 연결망을 사용하지 않고서는 어떤 소셜 미디어도 '소셜'(즉, 사회적) 기능을 할 수 없기 때문이다. 그 소셜 기능이 인터넷으로 구현된다는 뜻이다. 또한 개별 소셜 미디어 역시 특정한 서비스를 구현하는 플랫폼이 된다. 예를 들어, 유튜브는 동영상 유통과 공유의 플랫폼 역할을, 인스타그램은 사진과 짧은 텍스트를 이용한 기록과 공유의 플랫폼 역할을 한다. 유튜브나 인스타그램이 제공하거가 한정하는 기술과 범위 내에서 사람들은 그 기능을 이용하고, 관련한 다른 서비스가 나타난다. 또 구글 맵은 단순히 길 찾기, 내비게이션과 같은 지도로서의 역할만이 아니라 숙박, 관광지, 음식점, 교통과 렌트카 등의 각종 여행 정보 서비스가 구현되는 플랫폼이다. 많은 기업이 구글 맵 기반으로 실현 가능한 서비스를 개발하고 이용자에게 제공하는 것이다. 카카오톡도 대화와 메신저 기능으로 출발했지만, 그 기반 위에서 쇼핑, 선물, 은행 등의 다양한 업무를 할 수 있는 플랫폼이 되었다.

성공한 플랫폼에는 수많은 사람들이 몰린다. 기차라는 대량의 수송법이 성공을 거두자 많은 승객들이 기차역 플랫폼에 와서 기차를 타고 내린다. 연극이나 공연 및 강연이 성공을 거두자 많은 연기자와 아티스트 또는 강사 등이 무대 위에 오르내리며 그 무대 아래는 관객 및 학생이 운집한다. 전자상거래가 성공하자 아주 많고 다양한 판매자 혹은 공급자와 수요자가 상품을 거래하기 위해 온라인 쇼핑몰에 접속한다. 많은 대중들이 플랫폼 기반 위에서 개발된 제품과 서비스를 사용하는 것이다. 그렇기 때문에 많은 기업이 새로운 플랫폼을 만들어 널리 보급시키려 하거나 특정 플랫폼을 빠르게 선점하려고 한다.

최근 들어, 대규모 언어모델에 기반을 둔 대화형 AI가 선풍적인 인기를 끌고 있다. 이에 챗봇과 같이 이 대화형 AI에 기반을 둔 제품과 서비스가 출시된다. AI가 플랫폼으로 작동하는 것이다. 앞으로 어떤 제품이나 서비스가 AI 플랫폼을 활용하여 우리의 삶과 주위 환경을 변화시킬지 주목해 볼 필요가 있다.

3. 플랫폼의 역할과 효과

1) 연결성과 사회적 변화

플랫폼은 관련 당사자들을 연결하는 역할을 한다. 예를 들어, 전자상거래 플랫폼은 판매자와 소비자를 연결하고, 소셜 미디어 플랫폼은 사회적 관계를 원하는 사람들 간의 소통을 돕는다. 또 숙박 공유 플랫폼은 숙박을 제공하는 사람과 여행자를 직접 연결하며, 재택근무를 위한 원격 근무 플랫폼은 직장 동료와의 의사소통을 가능케 해준다. 이러한 연결성은 사회적 변화를 가져오게 마련이다. 사람들의 생활 방식과 일하는 방식을 변화시키는 것이다. 이로 인해 새로운 상호작용의 기회가 창출되며 사회적 관계 형성이 다변화되고 협업의 양상이 분화된다.

2) 네트워크 효과

플랫폼은 사용자가 많아질수록 플랫폼의 가치가 증가한다. 많은 사람이 사용하게 되면, 마치 박리다매(薄利多賣)처럼 적은 이윤으로 많이 팔아서 수익을 크게 창출하는 규모의 경제를 이룰 수 있기 때문이다. 예컨대, 유튜브 동영상을 시청하는 사람이 늘어나면 유튜브 동영상 제작자도 늘어나고 더 많은 사람이 접속하여 유튜브 동영상을 시청한다. 온라인 쇼핑몰이 사람들 사이에 화제가 되면, 많은 판매자가 온라인 쇼핑몰에 입점하려 하고 온라인 쇼핑몰에서 쇼핑하려는 소비자도 덩달아 늘어난다. 이처럼 플랫폼이 선순환 구조를 만들면 늘어난 사용자로 인한 네트워크 효과가 커지게 된다.

3) 혁신의 도입과 확산

플랫폼은 새로운 아이디어 창출을 허락한다. 기존의 제품과 서비스가 새로이 접목되거나 아예 새롭게 태어나는 것이다. 이 과정에서 어떤 제품과 서비스는 성공하기도 하고 실패하기도 한다. 하지만 이 과정은 새로운 아이디어가 창출되어 정착하기까지의 일종의 실험과 검증의 과정으로 이해할 수 있으며 혁신의 도입과 확산을 일으킨다.

4) 통찰력 제공

플랫폼은 어떤 의미에서 사용자의 각종 데이터를 수집하는 장치라고 할 수 있다. 예컨대, 전자상거래 플랫폼 안에서 무언가를 구매하기 위해 접속하고, 검색하고, 결재하는 모든 과정의 사용자 활동이 컴퓨터를 이용한 전자적 형태로 이루어지기 때문에 이를 기록하고 저장하는 일이 용이하기 때문이다. 즉, 성공한 플랫폼은 엄청난 수의 대규모 데이터를 축적하는 것이 가능하다. 이 빅데이터를 분석함으로써 사용자의 각종 행동 패턴을 파악할 수 있다. 예컨대, 사용자의 요구를 파악하여 이를 기반으로 맞춤형 서비스와 개별화된 콘텐츠를 제공하는 것이다. 이 책 4장 데이터 사이언스의 이해에서 기술한 것처럼 데이터 분석은 통찰을 가져온다.

5) 편리성 향상

현 시대의 플랫폼은 인터넷을 사용함으로써 시간과 장소에 구애받지 않는다. 인터넷 접속이 가능한 적절한 기기를 갖추었다면 여러 다양한 서비스를 시공간의 제약에서 벗어나 활용할 수 있게 되었다. 일하기 위해서, 송금을 위해서, 증명서 발급을 위해서, 쇼핑을 위해서, 예매를 위해서 물리적으로 그 장소에 직접 출동할 필요가 없다. 본인이 있는 곳에서 본인이 원하는 시간에 원하는 서비스를 받을 수 있게 되었다. 일상적 삶의 편리함이 향상된 것이다.

4. 플랫폼의 종류[1)]

1) 하드웨어 플랫폼

여기서 말하는 하드웨어 플랫폼은 컴퓨터 시스템의 하드웨어 구성 요소를 말하는 것이 아니라 하드웨어 제품 개발을 가능하게 하는 기술이나 프로세스를 말한다. 동일한 품질의 제품을 만들어 판매하려 한다면 공장 근로자 각자의 기준에 따라 생산하면 안 된다. 또한 동일한 품질의 제품이 대량으로 생산되기 위해서도 공장 근로자 각자의 기준에 따라 생산되면 안 된다. 따라야 할 정해진 기준, 기술, 절차와 프로세스에 맞춘 생산이 꼭 필요하다.

1) '5) AI 플랫폼'을 제외한 내용은 정종기(2021)에서 주로 인용하였다.

2) 소프트웨어 플랫폼

컴퓨터 분야에서 소프트웨어는 본체와 같은 물리적 실체인 하드웨어와 대비되어 물리적 실체가 없는 응용 프로그램인 어플리케이션이다. 과거에는 동일한 소프트웨어일지라도 컴퓨터의 종류가 다르면 소프트웨어를 다르게 개발해야 했다. 예컨대, MS사의 PC 컴퓨터에서 구동되는 소프트웨어는 Apple사의 Mac 컴퓨터에서 구동되지 못했다. 그 이유는 CPU(중앙처리장치)의 실행 환경이 컴퓨터의 종류마다 달랐기 때문이다. 이제는 소프트웨어의 개발이 모두 각 컴퓨터가 갖고 있는 하드웨어, 즉 컴퓨터의 종류에 따라 다르게 채용하고 있는 CPU에 따라 이루어지지는 않는다. 많은 소프트웨어가 브라우저(browser)나 Java와 같은 소프트웨어 환경 상에서 개발된다. 이때 이 소프트웨어 환경은 소프트웨어 플랫폼이 되며, 다양한 어플리케이션을 개발할 수 있도록 여러 기능을 제공해준다.

3) 콘텐츠 플랫폼

콘텐츠는 다양한 정보를 전달하기 위해, 혹은 미적 혹은 감성적 즐거움을 위해 제작된 결과물이다. 콘텐츠의 유형에는 텍스트 콘텐츠, 동영상 콘텐츠, 이미지 콘텐츠, 오디오 콘텐츠 등 전달하는 정보의 형태에 따른 콘텐츠도 있고, 교육 및 학습 콘텐츠, 마케팅 콘텐츠, 뉴스 콘텐츠, 오락 콘텐츠, 음악 및 미술 콘텐츠 등 생산 목적에 따른 콘텐츠도 있다. 콘텐츠 플랫폼은 이러한 다양한 형태와 여러 목적에 따른 콘텐츠를 생성하고 관리하며 배포할 수 있도록 지원한다. 우리가 많이 사용하고 있는 각종 소셜 미디어 환경은 이런 콘텐츠를 생산하는 플랫폼의 역할을 톡톡히 한다. 예컨대, 블로그는 텍스트 콘텐츠에, 유튜브는 동영상 콘텐츠에,

인스타그램과 밴드는 사진 콘텐츠에 특화되어 있다.

4) 서비스 플랫폼

서비스 플랫폼은 다양한 서비스와 기능을 제공하거나 돕는 시스템으로 사용자는 이 플랫폼상에서 원하는 특정 목표를 빠르고 편리하게 이룰 수 있다. 차량을 공유하는 우버, 숙소를 공유하는 에어비앤비처럼 자원을 공유하여 경제적 가치를 창출하는 공유 경제 플랫폼, 넷플릭스, 티빙과 같은 OTT, 멜론과 같은 음악 스트리밍처럼 정기적으로 구독료를 지불하고 일정한 서비스를 이용하는 구독 서비스 플랫폼, 결제 서비스 PayPal이나 모바일 금융의 토스 등과 같은 금융과 거래 서비스를 제공하는 금융 서비스 플랫폼, 여기어때, 아고다, Booking.com, 스카이스캐너, 클룩 등과 같은 여행 계획의 숙박과 교통 예약을 돕는 예약 플랫폼 등이 대표적이다. 또한 각종 온라인 강의, MOOC, 각종 언어 학습 앱 등은 사용자에게 다양한 학습 기회와 자원을 제공하는 교육 및 학습 플랫폼이다. 이처럼 서비스 플랫폼은 목적에 따라 매우 다양하게 개발되어 있으며, 많은 사용자가 이용 중이다.

5) AI 플랫폼

최근 들어 관심의 초점이 되고 있는 AI 플랫폼은 자연어 처리, 음성인식, 컴퓨터 비전, 감정인식 등과 같은 AI의 주요 기술을 바탕으로 하는 클라우드 기반의 시스템이다. 대규모 데이터 처리를 통해 사용자의 다양한 요구에 대해 빠른 응답을 해주는데, 예를 들면, 문서를 번역해주거나 요약해주고, 컴퓨터 언어 코드를 작성해주고, 그림을 완성해주기도 한다. 특징적인 면은 범용성을 띤 AI 플랫폼이 되어 간다는 점이다. 과거의 AI는 특정 목적을 위해 작동하는 전용성을 특징으로 했다. 인간 체스 챔피언을 꺾은 IMB사의 딥블루는 체스만을 위한 AI였고, 인간 바둑 챔피언을 꺾은 DeepMind사의 알파고는 바둑만을 위한 AI였던 것이다. 하지만 딥러닝 기술의 발달과 함께 범용 AI가 속속 등장하고 있다. 이제 Google, Amazon, MS, Meta, Apple 등의 거대 글로벌 기업은 AI 플랫폼을 통한 각종 서비스를 제공하고 있다.

5. 교육현장의 AI·디지털 교육 플랫폼

1) 학습관리시스템

학습관리시스템(LMS, Learning Management System)은 온라인 학습환경에서 학습자의 학습을 지원하고 관리하는 시스템이다. 온라인 학습환경에서 이루어지는 모든 학습이 LMS가 제공하는 기능을 기반으로 이루어진다는 측면에서 LMS는 교육 플랫폼이다. 현재처럼 온라인 학습환경이 일반화되기 전인 초기에는 LMS가 갖추고 있는 기능에 따라 온라인 학습환경이 많이 달랐다. 현재는 기술 발전으로 개발된 LMS의 기능적 차이는 크지 않다. LMS의 구체적이며 핵심적인 역할은 교육과정의 개설, 다양한 학습 콘텐츠의 제공(동영상 강의, 텍스트 자료, 퀴즈, 과제 등), 학습 과정의 추적과 평가를 통한 학습 이력 관리, 출결 관리다. 또한 학생과 교사 간의 상호작용을 위한 게시판, 채팅, e-메일 등의 기능도 제공하여 학습에 관한 질문과 피드백이나 협동 학습(모둠별 프로젝트와 토론 등)을 지원한다. 대표적인 LMS로 우리나라 17개 시 · 도 교육청이 함께 협력하여 구축하고 한국교육학술정보원이 운영하는 공공 학습관리시스템인 e학습터가 있다([그림 6-1]).

[그림 6-1] **e학습터의 강좌 개설 예시**(출처: 구글 이미지)

2) 실시간 온라인 학습시스템

실시간 온라인 학습시스템은 교사와 학생이 온라인 상에서 실시간으로 상호작용하면서 수업을 할 수 있는 플랫폼이다. 실시간 상호작용은 화면으로 서로의 얼굴을 보면서, 목소리를 들으면서, 텍스트 메시지를 보면서 이루어진다. 얼굴과 목소리는 컴퓨터에 장착된 카메라와 마이크를 통해서, 텍스트 메시지는 채팅창에서 키보드 타이핑을 통해서 가능하다. 온라인 환경이므로 교사와 학생이 동일한 공간에 함께 있을 필요는 없지만 실시간이므로 동일한 시간대에는 접속해야 한다. 또한 물리적 공간에서의 만남이 아니라서 비대면 환경이지만 화상에서의 만남이므로 대면 환경이라고도 할 수 있다. 실시간에 교사와 학생이 함께 있으므로 교사와 학생 간의, 학생들 간의 질문, 토론, 피드백 등이 지연되지 않고 즉각적이며, 수업하는 장면이나 모습을 캡쳐 및 녹화할 수도 있다.

일반적으로 실시간 온라인 학습시스템은 LMS에 포함된 기능이기 때문에 LMS가 제공하는 다양한 기능을 활용할 수 있다. 전국 시 · 도 교육청이 사용하는 LMS인 e학습터에 탑재된 화상수업 시스템이 대표적이다. LMS에서 강좌를 개설할 때, 화상수업 방식으로 결정하고 접속해야 할 시간을 선택하면 된다. LMS에서 서비스되는 실시간 온라인 학습시스템을 사용하지 않고 인터넷에서 직접 운영할 수도 있다. Zoom과 구글 Meet와 같은 민간 화상시스템을 이용하는 것이다. 원래 Zoom과 구글 Meet는 교육용 목적이 아니라 화상 회의와 그룹 통화와 같은 실시간 온라인 커뮤니케이션 플랫폼으로 개발된 것이지만 컴퓨터나 모바일에서 프로그램 설치가 간편하고, 웹 브라우저에서도 실행되며, 고품질의 영상과 음성으로 유튜브에서 방송할 수 있는 등 여러 편리한 기능은 교육용 활용을 가능하게 하였다([그림 6-2]). 특히 코로나 사태 때 대면수업의 대안으로 큰 인기를 얻었다. 왜냐하면, 실시간으로 얼굴을 보고 목소리를 들으면서 발표와 질의응답을 할 수 있고, 소회의실을 만들어 모둠별 토의를 운영할 수 있으며, 텍스트 메시지를 주고받을 수 있는 등 물리적 공간이 아니라는 점을 제외하면 대면 교실 공간에서와 매우 유사한 수업활동이 가능하였기 때문이다.

하지만 교사의 입장에서 웹기반 수업이나 e-러닝 및 동영상 강의는 수업 콘텐츠를 만들고, 동영상을 촬영해서 업로드해야 하는 수고를 미리미리 해야 하는 수고를 감수해야 했다. 다년간의 교실 수업을 통해 익숙한 수업 내용을 교실에서 말로써 설명하면 되었던 것을 웹이나 e-러닝 환경에 맞게 수정하거나 동영상을 촬영해야 하는 번거로움이 있었던 것이다.

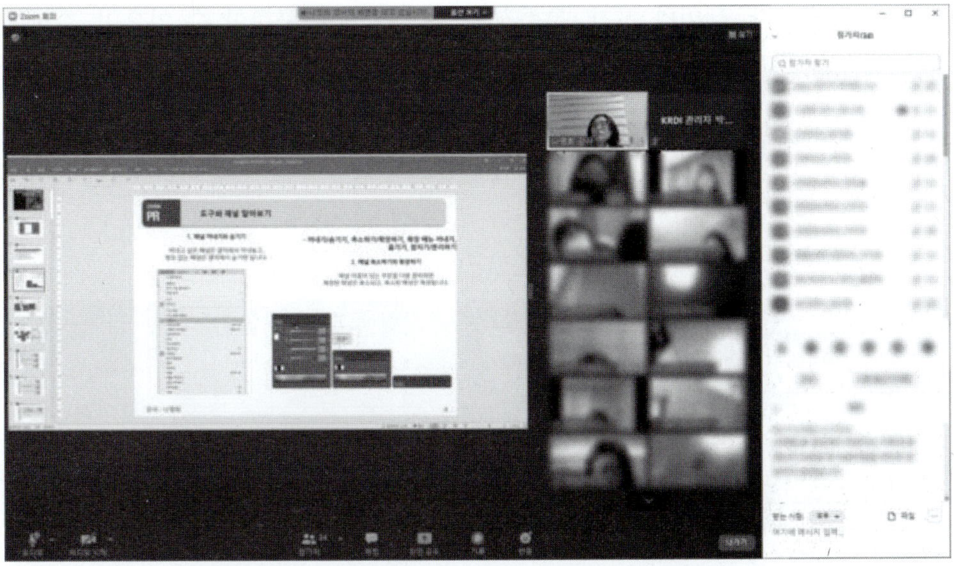

[그림 6-2] 실시간 온라인 학습시스템 ZOOM 예시(출처: 구글 이미지)

3) 메타버스 학습 플랫폼[2)]

메타버스(metaverse)는 3차원의 디지털 가상현실을 구현한 것이다. 사용자들은 메타버스 내에 구현된 가상 세계를 자신과 동기화된 아바타를 통해 자유롭게 돌아다니면서 만나는 타인의 아바타들과 자유롭게 상호작용하며 다양한 활동을 하면서 현실과 유사한 체험을 할 수 있다. 사용자는 자신이 원할 때는 카메라와 마이크를 써서 얼굴을 보면서 소통할 수도 있다. 게다가 벽이나 바닥을 디자인하면서 공간을 만들고, 그 안에 가구나 물건 등의 다양한 오브젝트를 배치하면서 자신만

---

2) 메타버스에 관한 구체적인 내용은 이 책 '5장 에듀테크 기반 학습환경'에서 설명한 메타버스 내용을 참고 바란다.

의 가상공간을 꾸밀 수도 있다. 이처럼 메타버스가 교육용 플랫폼으로 역할을 하는 이유는 수업활동 모두를 메타버스 내에서 구현할 수 있기 때문이다. 현실의 학교와 교실 공간, 세미나 공간, 운동장 등을 가상으로 구축할 수 있으며, 학생이 실제 학교에 등교하고 교실에서 수업하는 것처럼 이 구축된 가상교실, 가상공간으로 등교해서 수업에 참여할 수 있다. 대표적인 예로 게더타운(Gathertown), 제페토(Zepeto) 등이 있다([그림 6-3]).

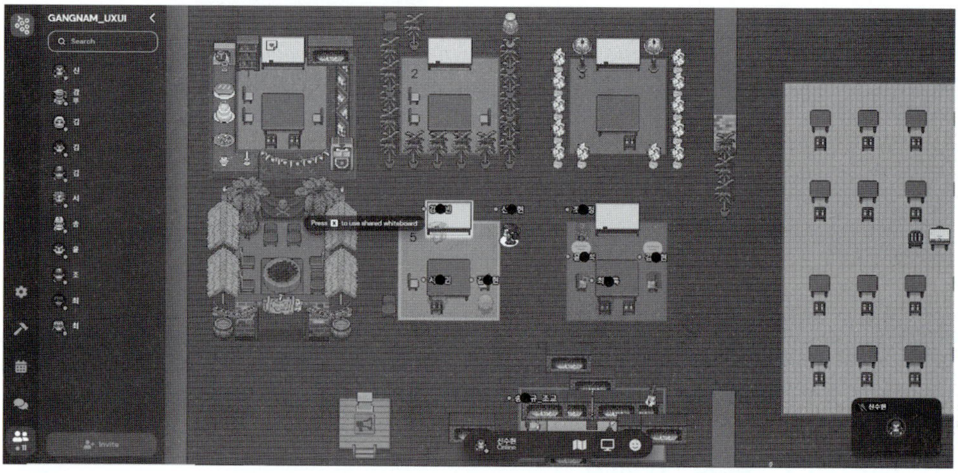

[그림 6-3] 메타버스 게더타운 예시(출처: 구글 이미지)

4) AIDT 플랫폼[3)]

인공지능 디지털 교과서인 AIDT는 비록 명칭이 '교과서'라고는 하지만 이 책 7장에서 제시된 [그림 7-4] AIDT 서비스 구성도에서 볼 수 있는 것처럼 이 안에서 수업 활동 모두가 이루어질 수 있다. AIDT는 과목별 콘텐츠, 멀티미디어 자료,

3) AIDT에 관한 구체적인 내용은 이 책 '7장 AI 디지털교과서'를 내용을 참고바란다.

평가문항, 보충 · 심화 학습, 즉각적 피드백 등 수업에 필요한 것을 모두 갖추었고, AI 보조교사, AI 튜터 등의 역할을 할 수 있으므로 플랫폼 역할을 한다. 더욱이 이런 것들이 저장된 학생들의 다양한 학습 데이터를 분석한 결과가 반영되어 제시되는 것이기 때문에 좋은 효과도 기대된다. 장차 학교에서 배우는 모든 교과를 다 AIDT로 구축한다면 AIDT 자체로 LMS나 온라인 학습 시스템 역할을 할 수도 있다.

5) 기타 교육용 플랫폼

AI 기술을 기반으로 대화형 자동화 시스템으로 개발된, 사용자에게 텍스트 또는 음성을 통해 정보를 제공하거나 특정 수업을 수행하는 AI 챗봇도 교육용 플랫폼으로 기능할 수 있다. 이외에도 AI를 활용한 교육용 AI 플랫폼 중에서도 전 세계 많은 관심있는 교사들이 사용하고 있는 대표적인 플랫폼이 현재 여럿 개발되어 있다. 학습자가 이미지, 텍스트, 숫자, 소리 등을 입력하고 기계학습을 통해 AI를 체험할 수 있도록 개발한 IBM의 ML4Kids, 웹 브라우저에서 이미지, 소리 등을 훈련시켜 학습모델을 만들 수 있도록 개발한 구글의 티처블머신(Teachable Machine)([그림 6-4]), 초등학교에서 종종 실습하는 블록형 프로그래밍 언어인 스크래치(Scratch)와 연동하여 머신러닝을 훈련시키고 코딩을 통해 개발하며 AI를 학습할 수 있도록 개발한 MIT 미디어 랩의 코그니메이트(Cognimates) 등이다. 이러한 교육용 AI 플랫폼을 수업에서 어떤 방식으로 활용해야 하는지는 아직 확고하게 정립되어 있지는 않다. 지속적인 연구와 실습이 필요한 사안이다.

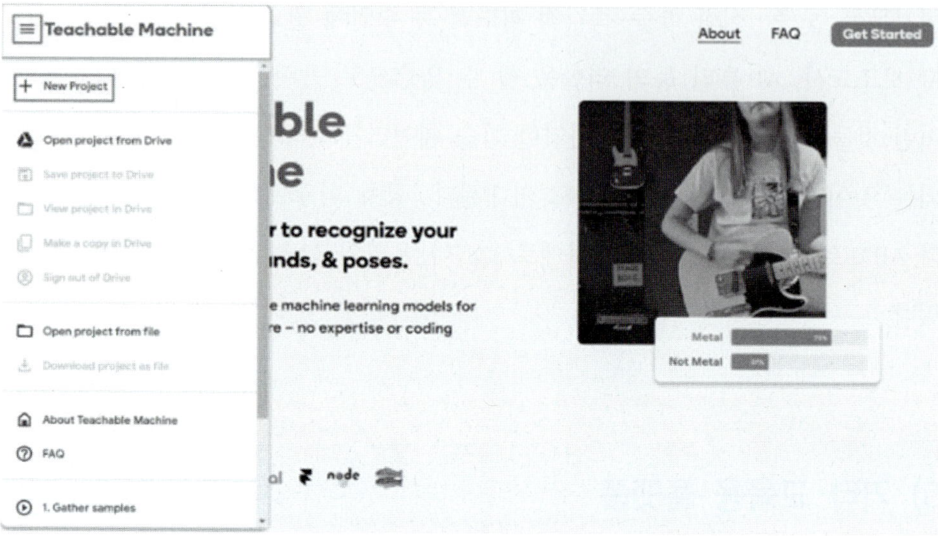

[그림 6-4] 구글 티처블머신 예시(출처: 구글 이미지)

Chapter 07

AI 디지털 교과서

Chapter 07

Chapter 07

AI 디지털 교과서

디지털 변혁과 디지털 기술 시대를 반영하는 신 개념의 교과서, '인공지능 디지털 교과서'가 조만간 도입된다. 그것의 영어 표기는 Artificial Intelligence Digital Textbook이며, 앞 글자만을 따서 AIDT라고 줄여 말하곤 한다. 그런데 AIDT가 무엇을 뜻하는지에 대한 이견이 종종 발생한다. AID까지는 Artificial Intelligence Digital로서 이에 모두 동의하지만 T에 해당하는 단어를 두고 이견이 나오는 것이다. Technology의 T라면, AIDT는 '인공지능 디지털 기술(테크놀로지)', Transformation의 T라면 AIDT는 '인공지능 디지털 변혁'을 뜻한다. 따라서 여러 문헌에서 문맥과 맥락에 따라 T의 뜻을 다르게 사용할 가능성이 있으므로 주의할 필요가 있다.

한편으로 Digital Technology와 Digital Transformation는 진즉부터 통용되고 있던 용어였지만, Digital Textbook의 T로 사용하는 경우는 다른 T에 비해 비교적 최근이다. 개념적으로는 이미 존재했을지라도, 실제로 구체화되고 조만간 사용되는 모습은 처음이기 때문이다. 또 Digital Transformation 안에 Digital Technology가 포함되고, Digital Technology 안에 Digital Textbook이 포함되기에 Digital Textbook이 가장 협소한 의미를 갖고 있다고 볼 수 있다. 즉, Digital Textbook이란 용어가 포섭하는 개념의 범위는 좁다.

1. AIDT의 개념과 주목할 점

AIDT의 개념은 "학생 개인의 능력과 수준에 맞는 다양한 맞춤형 학습 기회를 지원하고자 인공지능을 포함한 지능정보기술을 활용하여 다양한 학습자료 및 학습지원 기능을 탑재한 소프트웨어"(교육부, 한국교육학술정보원, 2023b, p.12)를 뜻하며, 다음과 같은 세 가지 특성을 지닌다고 한다.

- AI에 의한 학습 진단과 분석(Learning Analysis)
- 개인별 학습 수준과 속도를 반영한 맞춤형 학습(Adaptive Learning)
- 학생의 관점에서 설계된 학습 코스웨어(Human-Centered Design)

이러한 AIDT의 개념에서 무엇보다 AIDT가 '소프트웨어'라는 점에 주목할 필요가 있다. 전통적 교과서는 예나 지금이나 종이 서책이었고, AIDT가 나오기 전에 한동안 관심을 끌었던 디지털 교과서는 태블릿(혹은 패드)에 구현하여 전통적 종이 서책처럼 가방에 넣어 들고 다니는 성격을 지녔다. 따라서 콘텐츠를 디지털로 구현한 형태였지만 서책형 교과서에 더 가까웠다. 콘텐츠 내용의 업데이트는 기존 콘텐츠의 내용을 중심으로 새로운 콘텐츠를 추가되는 방식으로 이루어졌다. 물론 여러 교과목의 교과서와 참고서를 하나의 기기에 담을 수 있어서 가지고 다니기 용이한 면도 있었고, 인터넷에 연결되어 실시간으로 학습 진도와 성취도를 확인할 수 있으며, 즉각적인 피드백 제공도 가능해서 잘 사용한다면 꽤 편리한 교과서였다. 하지만 종이 서책처럼 태블릿을 소지하고 있어야 한다는 점에서는 하드웨어의 모습을 갖는다. 이 때문에 태블릿의 구입, 사용법, 고장과 분실에 의한 유지 및 보수에 들어가는 비용 등의 이슈가 탑재되어야 할 교육내용 콘텐츠 못지않게 중요했다. 그런데 AIDT는 소프트웨어를 표방하고 있어서 기존 태블릿 중심의 디지털 교과서에서 발생하는 하드웨어 이슈나 문제와 거의 무관하다. 어떤 디지털 기기도 인터넷과 연결되고 특정의 기능을 수행할 수 있다면 AIDT의 역할을 할 수 있다. 콘텐츠 제공 및 학습 환경이 하드웨어가 아니라 클라우드 환경(SaaS, Software as a Service)에 기반을 둔 웹 서비스이기 때문이다. 즉, 하드웨어 기기가 없어도 인터넷을 통해 접속한다면 학습을 할 수 있는 것이다. 따라서 AIDT는 인터넷 접속으로 콘텐츠에 접근 가능하며 학습이 가능한 디지털 교과서다.

또한 AIDT가 데이터를 기반으로 하는 점에 주목할 필요가 있다. 기존 태블릿을 기반으로 하는 디지털 교과서를 비롯하여 e-러닝이나 ICT 교육에처럼 디지털 및 인터넷 기술이 교육에 적용될 때에는 언제나 이런 기술이 개인별 맞춤형 학습을 구현한다는 희망을 피력해 왔다. 그러나 맞춤형 학습 구현을 쉽게 실현할 수 없었다. AIDT는 학생이 AIDT를 사용하는 동안 생성되는 데이터를 분석 · 활용함으로써 이를 실현코자 한다. 데이터 사이언스에 따르면, 데이터는 과거의 패턴을 발견하며 미래를 예측할 수 있으며, 현재의 개별화된 서비스를 가능하게 해주는 정보를 갖고 있다고 한다.[1)]

교육 당사자 중에서 학부모를 지원하는 모습에도 주목할 필요가 있다. 기존의 모든 테크놀로지의 교육 적용에서 수업을 담당하는 교사와 학습하는 학생이 강조되는 것은 너무 당연하다. 하지만 AIDT처럼 학부모를 전면에 내세운 적은 없었다. 이 역시 앞에서 언급한 AIDT가 데이터를 기반으로 한다는 점에서 학부모에게도

1) 이 책의 '4장 데이터 사이언의 이해'를 참고바란다.

혜택이 주어진다. 즉, 자녀의 객관적이며 다양한 데이터를 기반으로 자녀가 학습에서 겪는 어려움, 자녀의 강점과 약점, 적성이나 진로 등을 파악할 수 있으며, 이를 통해 자녀에 대한 깊은 이해를 하고 정서적 지지와 격려를 보낼 수 있는 것이다.

이처럼 AI Digital Textbook으로의 전환은 현 시대의 디지털 테크놀로지 기술 변화와 발전을 반영한다. 주지하다시피 기존의 교육은 1명 혹은 소수의 교사가 다수의 다양한 학생을 대상으로 행해지는 대량 학습 체제였다. 때문에 다수의 다양한 학생들의 관심사와 적성과 소질을 소수의 교사가 고려할 수 없었으며, 더욱이 학생들의 객관적 정보를 드러내주는 데이터도 없었다. 이런 상황에서 개별 맞춤형 수업지도는 실현되기 어려운 과제였다. 그러나 AIDT가 구현한 AI 보조교사를 통해 교사에게 조력을, AI 튜터를 통해 학생에게 조력을 제공할 수 있다. 이로써 교사는 데이터를 기반으로 하는 지도와 조언, 적성발굴과 진로 상담이 가능해지고, 학생은 자신의 역량과 속도에 맞는 맞춤형 학습이 가능해졌다. 학부모 역시 AIDT가 제공하는 자녀의 데이터를 바탕을 둔 체계적인 자녀교육이 가능해졌다.

2. AIDT 개발의 원칙과 방향성

AIDT는 기존의 태블릿 중심의 디지털 교과서를 뛰어넘는 새로운 시도다. 교육의 본질을 훼손하지 않은 채 AI와 디지털 기술을 교육 분야에 어떻게 접목해야 하는가에 대한 도전적인 과제이기도 하다. 이 때문에 AIDT 개발에 지침이 되는 기준이 필요하다. 우리나라 AIDT의 개발의 3가지 원칙과 3가지 방향성은 다음과 갈다(교육부, 한국교육학술정보원, 2023b).

1) 개발의 3가지 원칙

(1) 인간 존엄성을 위한 교육

교육 당국과 전문기관, 개발에 참여하는 민간 등은 AI 기술이 개인과 사회에 미치는 영향을 이해하고, 아이들의 삶을 위한 교육을 기획한다.

- 교육 관계자는 신기술에 공존하는 위험과 기회를 바르게 인식하고, AI와 구별되는 인간다움과 기본 권리를 강조한 교육을 설계해야 함
- 신기술을 안전하고 책임감 있게 사용하도록 교육 당사자가 AIDT를 주도적으로 활용 · 제어하게 해야 함

(2) 평등한 학습 기회 보장

아이들이 언어, 장애, 지역, 계측 등 사회 · 문화 · 경제적 배경과 관계없이 신기술에 접근하고, 맞춤 교육 기회를 갖도록 설계한다.

- 교육의 기회균등을 위하여 모든 아이가 AIDT에 접근할 수 있도록 모든 조치를 취해야 함
- 학생의 개별적인 맞춤 교육을 제공하여 모든 학생이 학습에 성공할 수 있도록 지원해야 함

(3) 교사의 전문성 존중

모든 아이는 신기술로 측정할 수 있는 범위 이상의 능력이 있음을 전제로, 교사가 이를 관찰하고 지지할 수 있도록 AI는 교사의의 수업 준비, 평가 기록 등의 활동을 지원한다.

- 학생의 고유한 능력을 발견함에 있어, 기술에만 과의존하지 않도록 유의해야 함
- AIDT는 교수자 고유의 전문성이 효과적으로 발휘될 수 있도록 교수자를 보조하고 지원해야 함

2) 개발의 3가지 방향성

(1) 2022 개정 교육과정에 근거

학습분석 결과에 따라 보충학습(느린 학습자)과 심화학습(빠른 학습자)을 제공할 수 있도록 개발하며, 벤자민 블룸(Benjamin Bloom)의 인지적 영역의 신교육목표 분류학을 적용한다. 인지적 영역의 신교육목표 분류학은 기억하기(remember), 이해하기(understand), 적용하기(apply), 분석하기(analyze), 평가하기(evaluate), 창안하기(create)로 위계화되어 있다([그림 7-1]).

- 느린 학습자에게는 학생의 학습 수준에 맞는 기본 개념 중심 콘텐츠를 추천하고, 필요한 경우 학습 결손을 해소할 수 있는 학습 자료를 제공함(학습분석 결과 등을 교사에게 제공하여 기초 학력 보장 지원)

- 해당 교육과정의 기본 학습 내용을 충분히 소화한 학생에게는 토론, 논술 과제 등 심화학습 콘텐츠를 제공함

블룸의 초기의 인지적 영역의 교육목표 분류학은 1956년에 발표된 지식(knowledge), 이해(comprehension), 적용(application), 분석(analysis), 종합(synthesis), 평가(evaluation)로 구성된 것이었다. 하지만 시간이 흐르며 과거에 비해 교육 환경이 많이 변화했고, 학습에 대한 이해 역시 매우 깊어짐에 따라 초기의 교육목표 분류가 현대의 교육 이론과 실제에 적절하지 않게 되었다. 이에 2001년 새롭게 조정한 것이 신교육목표 분류학이다.

인지적 영역의 신교육목표 분류학은 초기와 비교해서 크게 세 가지 면이 달라졌다. 첫째는 각 단계의 명칭이 명사에서 동사의 형태로 변경된 것인데, 이는 학습을 정적인 상태가 아니라 역동적인 과정으로 이해해야 함을 뜻한다. 둘째는 각 단계의 위계 구조를 재배열한 점이다. 초기에는 '평가'가 가장 높은 인지적 수준이었는데, 신교육목표 분류학에서는 '종합'에 해당하는 '창안하다(create)'를 '평가'의 위치와 바꾸어 '창안하다'를 가장 높은 인지적 수준으로 올려놓은 것이다. 이는 현대 교육에서 창의성이 중요함을 뜻한다. 셋째는 [그림 7-1]에는 드러나지 않지만, 지식 차원과 인지 과정 차원이라는 이차원 구조를 도입했다는 점이다. 하나의 차원(x축)은 학생이 학습해야 할 지식 차원으로 사실적 지식, 개념적 지식, 절차적 지식, 메타인지적 지식이며, 다른 차원(y축)은 이 각각의 지식을 인지하는 과정 차원으로 [그림 7-1]에서 나타난 6단계 목표다. 이로써 학생이 알아야 할 지식(x축)과 그 지식을 알아갈 때 어떻게 사고(인지)해야 하는가(y축)를 동시에 고려한 것이다(강현석 외, 2024).

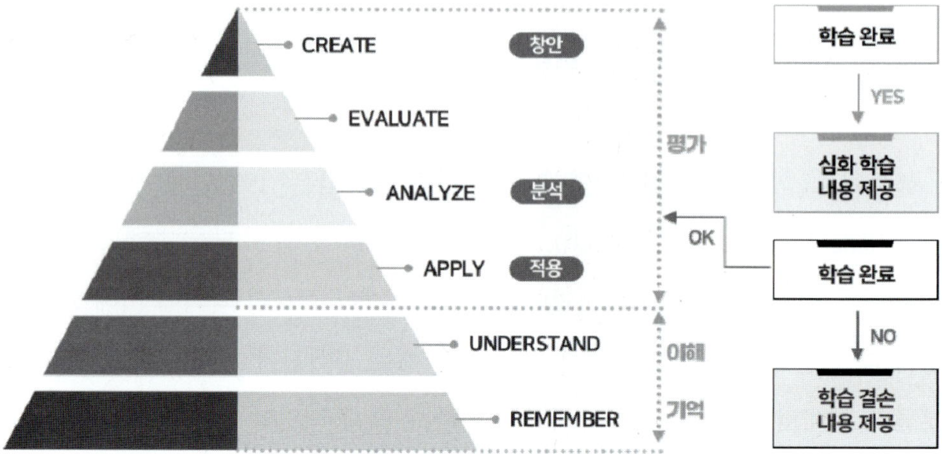

[그림 7-1] **블룸의 신교육목표 분류**(출처: 교육부, 한국교육학술정보원, 2023b)

(2) 모두를 위한 맞춤형 학습 실현

맞춤형 학습을 실현하기 위한 맞춤형 콘텐츠는 학생의 흥미, 수준, 학습 상황 등을 분석함으로써 학생의 현 수준에서 수행해 나갈 수 있도록 지원하는 콘텐츠를 의미한다. 예컨대, 분모가 상이한 분수의 덧셈과 뺄셈 계산을 어려워하는 학생에게 세부 보충학습활동을 유도하거나, 말하기를 좋아하는 학생의 영어 학습을 위해 음성인식 기반의 대화 시뮬레이션 콘텐츠를 제공하는 것이다. [그림 7-2]는 맞춤형 학습이 이루어지는 흐름도를 보여준다.

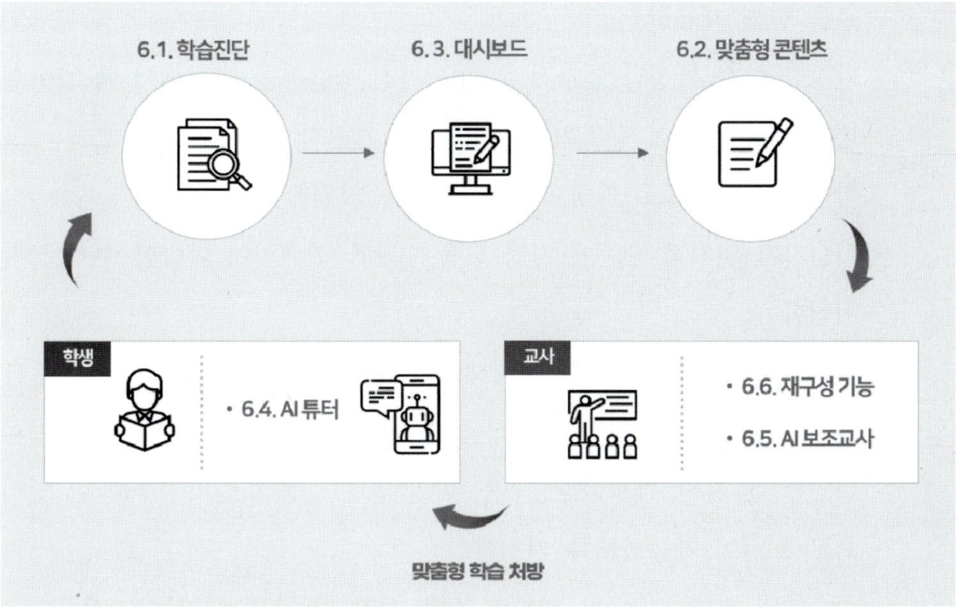

[그림 7-2] AI 기반 맞춤형 학습 지원 흐름도(출처: 교육부, 한국교육학술정보원, 2023b)

이를 위해 모든 사용자가 쉽고 편리하게 사용할 수 있도록 UI/UX를 설계하며, AIDT를 활용하는 다양한 특성과 요구를 가진 사용자(학생, 교사, 학부모)를 고려해서 이들이 학습 환경에서 낙오되거나 소외되지 않도록 보편적 학습 설계(UDL, Universal Design for Learning)를 적용한다. 보편적 학습 설계는 모든 학생이 각자의 배경, 학습 스타일, 능력에 상관없이 학습에 참여할 수 있도록 교육의 과정과 방법을 설계한다. 학습 과정에서 불필요한 장애를 제거해주는 것이다(한국교육학술정보원, 2008). 따라서 모든 학생이 학습의 주체가 되어 스스로 학습할 수 있도록 도와주는 유연한 학습 환경을 개발하는 통합적인 수업설계 방식이다.

- 주요 학습 내용에 대해 다양한 매체(음성, 멀티미디어 등)을 활용하여 제시함
- 다양한 특성을 가진 학습자를 고려하여 이전 학년의 쉬운 수준 학습자

료를 함께 제공함

- 다양한 학습 특성과 인지적 수준을 가진 학습자를 고려해서 텍스트 설명과 함께 시각적 구조화 자료를 함께 제공함
- 학습자를 대상으로 다국어 번역 기능을 지원함
- 학습자가 인지적 수준에 따라 도움 수준을 선택하여 학습할 수 있도록 지원함
- 학습활동 및 과제 등에서 문제해결을 유도할 수 있는 힌트, 코멘트, 학습 에이전트 등의 다양한 방식을 제공함
- 다양한 펜 지원, 메모, 음성녹음, 파일 업로드 등 학습자가 다양한 방식으로 표현이 가능하도록 지원함
- 학습자의 자기 점검 및 평가와 같은 성찰 활동 지원 기능을 제공함
- 학습자 간의 협력 활동을 제공할 때에는 협력 방법에 대한 구체적인 설명과 다양한 수준의 지원을 제공함

(3) 교육 시스템의 지속적인 개선을 기반 제공

학생, 교사, 학부모, 정책 입안자 등 교육주체가 학습에 대한 데이터 기반의 의사결정을 내릴 수 있도록 사용자, 학교, 국가 차원의 학습분석을 실시한다. 학습분석(learning analytics)이란 교육에 데이터 분석을 접목한 것으로 특히 학생들의 학습활동과 내용 관련된 데이터를 수집·분석함으로써 어떤 요인이나 환경이 학습에 영향을 미치는지를, 학습은 어떻게 개선할 수 있는지를 파악하고자 하는 것이다.

- 학생, 교사, 학부모가 데이터를 기반으로 학생의 학습 과정에 대해 더 깊이 이해할 수 있도록 지원함

- 국가적 차원에서 데이터 기반의 교육 의사결정을 가능하게 하는 플랫폼의 기능을 충족함으로써 전체적인 교육의 질 향상에 기여함

3. AIDT의 핵심 서비스

AIDT가 내포하는 중의적 의미를 살펴볼 필요가 있다. AIDT는 Artificial Intelligence Digital Textbook이란 뜻을 포함하여, 맞춤 학습을 뜻하는 Adaptive Learning, 흥미와 몰입을 뜻하는 Interesting & Immersion, 다양성과 데이터 기반의 뜻을 지닌 Diversity & Data-Driven, 첨단 기술을 적용한다는 High Technology를 의미하기도 한다. 각 글자의 앞 알파벳을 이어붙이면 AIDT가 된다. 이때의 AIDT는 인공지능 디지털 교과서 AIDT의 추진 방향과 일치한다. 즉, AIDT가 학생들에게 AIDT(A: 맞춤 학습, I: 흥미와 몰입, D: 다양성과 데이터기반, T: 첨단기술) 학습 경험을 제공하리라는 것이다(교육부, 한국교육학술정보원, 2023b).

AIDT의 추진 방향이 학생, 교사, 학부모라는 교육의 주요 당사자와 직결되는 AIDT의 핵심 서비스가 된다. AIDT를 통해 "학생은 최적화된 맞춤학습 콘텐츠로 배우고, 교사는 데이터 기반으로 수업을 디자인하며, 학부모는 자녀의 학습활동 정보를 풍부하게 제공받을 수 있는 교육 환경으로 변화"(교육부, 한국교육학술정보원, 2023b, p. 12)가 발생한다는 것이다. 따라서 학생은 자신의 역량과 속도에 맞게 학습하고, 교사는 데이터를 기반으로 지도하면서 적성의 발굴과 진로 상담을 하며, 학부모는 학생의 객관적 정보를 바탕으로 자녀교육을 실시할 수 있게 된다. [그림 7-3]은 학생, 교사, 학부모라는 교육의 주요 당사자에 대한 AIDT의 핵심 서비스를 잘 보여주고 있다.

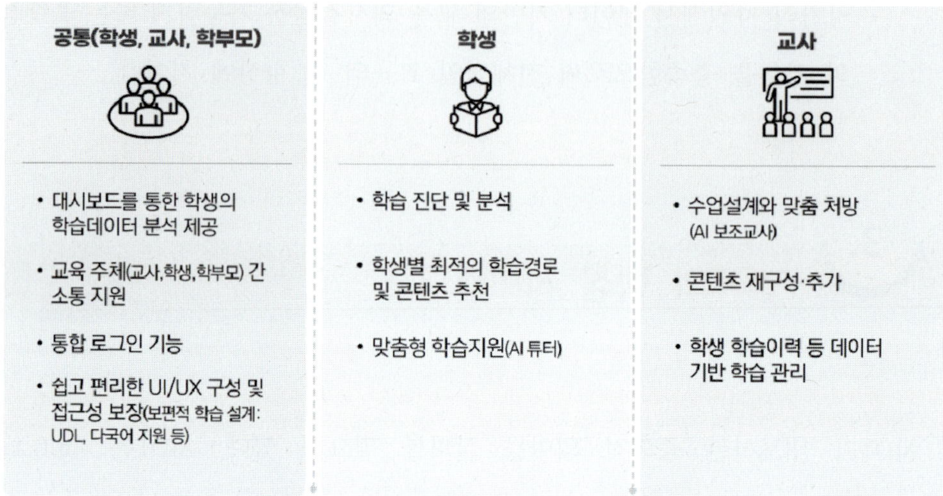

[그림 7-3] AIDT의 핵심 서비스(출처: 교육부, 한국교육학술정보원, 2023b)

4. AIDT의 교과와 서비스 구성 및 기능

AIDT에 대한 이론적이며 관념적인 개념은 존재해 왔지만 구체적인 모습으로 실현된 것은 처음이다. 우리나라에서 AIDT의 구체적으로 구현된 실체는 공공이 제공하는 'AIDT 포털'과 민간이 제공하는 '교과별 AIDT'로 이원화 된 서비스로 구축되었다([그림 7-4] 참고). 수학, 영어, 정보, 국어(특수교육) 교과가 2025년부터 도입되며, 현장 적용 3년 동안 서책형 교과서와 병행 운영하고, 교육 현장의 의견을 종합 · 고려하여 2028년까지 국어, 사회, 과학, 기술 · 가정 등의 교과로 단계적 확대를 계획하고 있다.

물론 이런 이원화 서비스가 AIDT의 유일한 모습도, 표준화 모델도 아니다. 서책형 교과서와는 달리 AIDT는 그것이 구현될 때 특정한 틀이나 확립되어 있는 모델이 없다. 우리나라는 교육부와 한국교육학술정보원의 주관 아래 여러 연구결과를 토대로 현재와 같은 모습의 AIDT를 설계하고 실체화한 것이다. 현재의 모습과 많이 다른 AIDT가 생겨날 수도 있었다는 뜻이다. 디지털 및 AI 기술과 데이터 사이언스의 발전에 따라 미래의 AIDT는 현재의 AIDT와는 사뭇 다른 모습을 갖게 될 수도 있다.

[그림 7-4] AIDT 서비스 구성도(출처: 교육부, 한국교육학술정보원, 2023b)

1) 공공: AIDT 포털 서비스

공공의 AIDT 포털 서비스는 디지털교과서 인증, 디지털교과서 책장, 통합 대시보드 서비스를 제공하며 학습데이터 허브를 통해 국가수준 데이터 분석을 수행한다.

(1) 디지털교과서 인증(통합 인증)

하나의 아이디로 AIDT 포털과 여러 민간 개발사의 AIDT에 접근하여 이용할 수 있도록 하는 교육디지털 원패스 개념이다. 교육디지털 원패스는 사용자의 모바일이나 PC에서 모두 사용할 수 있고, AIDT에 접근하는 것뿐만 아니라 나이스(NEIS), 공공교육 사이트, 민간교육 사이트 등의 연계 기관의 로그인도 가능하게 하는 통합 인증 체계다. 이러한 통합 인증 체계는 하나의 아이디와 인증 절차를 사용함으로써 어떤 개발사가 개발했는지와 상관없이 AIDT에 접속할 수 있으며, 안전하면서도 효율적인 인증 및 학습을 가능하게 한다. 통합 인증 체계와의 연계를 통해 민간 개발사는 나이스의 사용자 정보를 제공받고 학습자 맞춤형 서비스를 제공할 수 있다. 제공받는 정보에는 사용자 식별 정보, 소속 정보(학교급, 학교, 학년, 반, 번호)와 부가 정보(학급 구성원, 시간표, 교과서 채택정보 등)가 있다. 이처럼 통합 인증 체계와 나이스와 연계를 통해 AIDT는 사용자별 맞춤형 서비스를 제공할 수 있다([그림 7-5]).

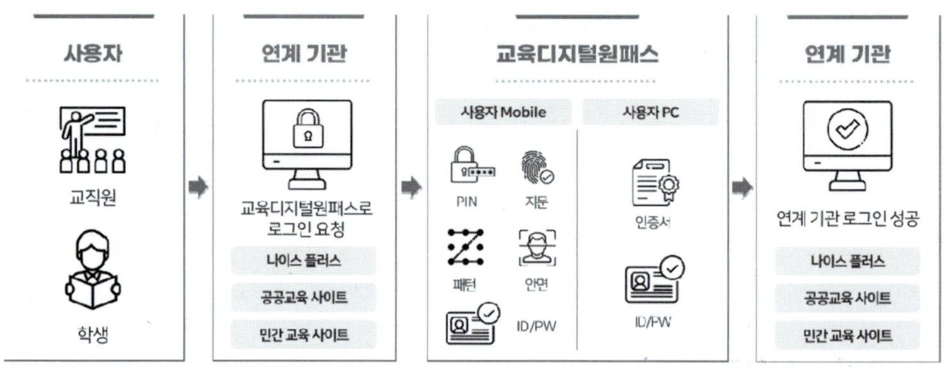

[그림 7-5] **교육디지털 원패스**(출처: 교육부, 한국교육학술정보원, 2023b)

(2) 디지털교과서 책장

AIDT 채택 정보를 기반으로 민간 개발사가 개발한 교과별 AIDT를 시간표 조회, 교과서 조회, 활용 가이드와 연계하여 제공한다.

(3) 통합 대시보드

학생, 교사 등을 대상으로 통합 대시보드를 제공하는데, 이를 통해 학생의 교과별 학습활동 데이터 분석 결과를 그래프, 차트, 표 등의 시각화 자료를 제공하게 된다. 제공되는 학습활동 데이터는 개인별 학습시간, 콘텐츠 수행 정도, 학습 현황, 학습성취 수준 등이다. 이런 학습 데이터를 기반으로 학생의 맞춤형 학습을 가능케 하고 자기주도학습을 지원할 수 있게 된다. 한편, 민간 개발사가 제공하는 교과별 학습분석 대시보드는 각 개발사별 AI 맞춤형 학습 지원 기능의 특성을 살려 해당 교과에 특화된 세부적인 학습분석 정보를 제공한다([그림 7-6, 7-7]).

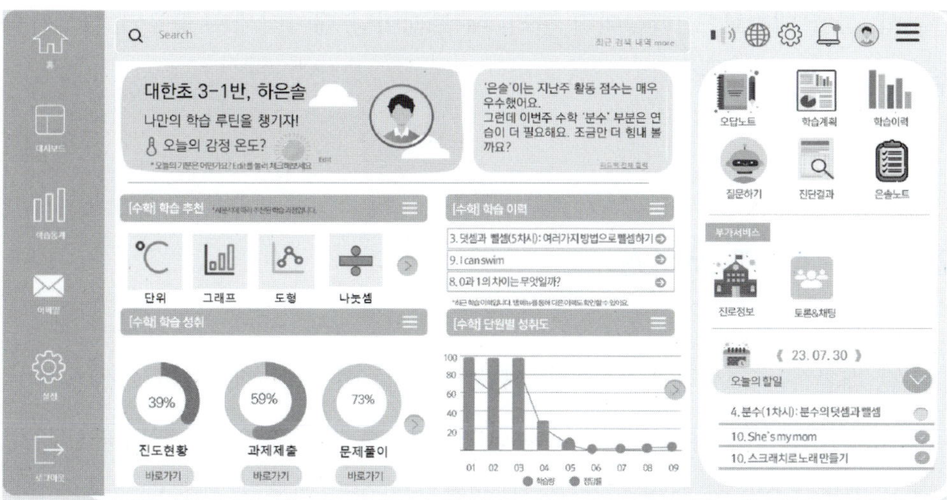

[그림 7-6] 학생용 대시보드(출처: 교육부, 한국교육학술정보원, 2023b)

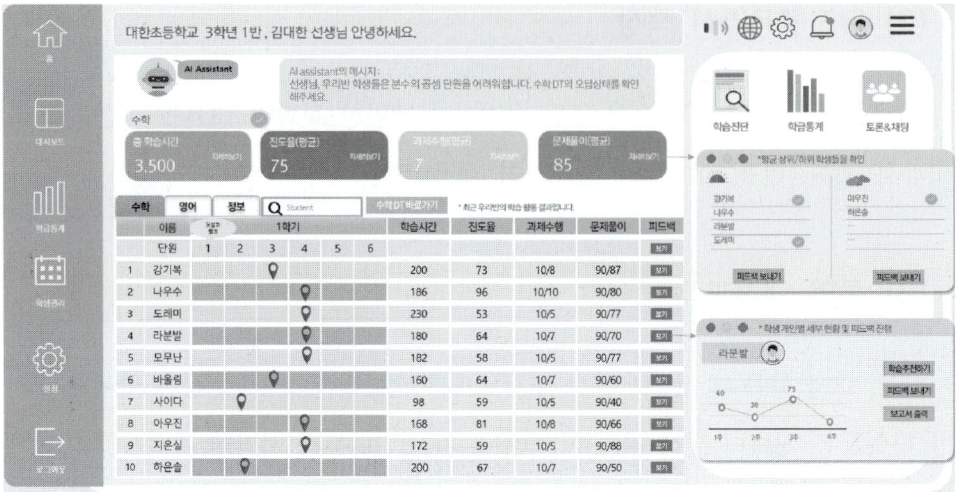

[그림 7-7] **교사용 대시보드**(출처: 교육부, 한국교육학술정보원, 2023b)

(4) 학습데이터 허브

공공은 학습데이터 허브를 운영하면서 AIDT 활용 학습 과정에서 발생하는 학습데이터를 수집, 관리한다. 이때 생성되는 학습데이터를 기반으로 국가 단위의 학습분석, 통합 대시보드, 학습이력 관리, AI 트레이닝 데이터세트 공유가 이루어질 수 있다.

2) 민간: AIDT 서비스

민간 개발사는 고유한 AIDT 개발 역량을 발휘하여 학생 개개인의 특성에 맞는 디지털교과서를 개발하고 제공하도록 한다. AIDT를 개발하는 회사는 교과서 발행 자격을 갖추고 있어야 하며 학생, 교사, 학부모를 위한 맞춤형 서비스를 제공한다.

(1) 공통 서비스

공통 서비스는 학생, 교사, 학부모 모두에게 제공되는 서비스로 다음과 같은 기능을 가진 서비스로 구성된다.

① 포털의 인증 정보를 바탕으로 사용자 데이터를 수집하고, AI 기반 서비스를 통해 AI 튜터, AI 보조교사, 대시보드 등의 맞춤형 서비스를 제공한다.

② 교육주체(학생, 교사, 학부모) 간 소통을 강화할 수 있는 방안을 제공한다.

- AIDT를 통해 수집·저장된 학습 이력 데이터를 분석하고 시각화하여 대시보드로 제공함
- 각 교육주체 간의 대시보드 노출 요소를 달리하여 사용자별 자기주도학습, 수업설계 및 학생지도 보조, 자녀의 학습현황 파악 등을 제공함

③ 편의성 높은 사용자 인터페이스(UI)와 사용자 경험(UX)를 제공하여 접근성을 보장한다.

- 웹 접근성 등의 표준 가이드라인을 준수하여 사용자의 편리한 서비스 활용 환경을 조성함
- 보편적 학습설계(UDL)를 통해 사회적 배경, 국적 등과 관계없이 평등한 교육 환경 보장함
- 학습 효과를 극대화하기 위해 중요한 상호작용의 차원을 고려하여 교과서 설계함

(2) 학생 서비스

학생 서비스는 학생에게 제공되는 서비스로 수학, 정보, 영어라는 과목별 AIDT와 연동되어 이루어지며, 다음과 같은 기능을 가진 서비스로 구성된다.

① AI 등 첨단 기술을 활용하여 개별 학습 진단과 분석을 제공한다.

- AI 기술 활용하여 개별 학생의 강점과 약점, 학습 태도, 이해도 등을 다각도로 진단하여 분석결과를 제공함
- 학습자 수준 진단을 기반으로 학습이력 및 결과 분석을 수행하고 개인별 학습 결과를 제공함

② 학생별 최적의 학습경로와 콘텐츠를 추천한다.

- 학생들의 학습 이해도와 특성 분석을 기반으로 개인의 능력, 목표에 맞춘 맞춤형 학습경로 제시함(학습목표를 설정하여 현재 수준을 진단하고 적절한 학습 콘텐츠를 추천하고 경로를 제시)
- 학생들의 학습패턴(관심사, 선호도 등) 및 수준 등을 종합적으로 분석하여 학습자에 적합한 콘텐츠를 추천함(학습패턴 분석 후 관심이 있거나 선호하는 주제를 식별하여 적절한 학습 콘텐츠 제시)

③ AI 튜터 등의 기능을 제공하여 학생 맞춤형 학습을 지원한다([그림 7-8]).

- AI 튜터는 AI를 이용해 학생의 학습상태를 분석하고 부족한 부분의 원인을 찾아 이를 개선할 수 있는 전략을 조언해 주는 서비스임
- 학생의 개념 이해도를 높이고 적시 학습을 지원하기 위한 목적을 갖고 있음(문항 풀이 중심의 처방이 아닌 개념의 이해를 도울 수 있는 설명 등을 제시)
- 학습데이터 수집 · 분석을 통한 맞춤형 서비스 제공함
- AI 튜터의 주요 기능으로는 학습패턴 및 활동 분석으로 추가 학습자료 제공, 질의 응답, 학습 전략 제안, 학습 진도 모니터링, 피드백 및 성취 평가, 오답노트 제공 등이 있음
- 챗봇형, 음성인식형 등 다양한 형태로 구현할 수 있음

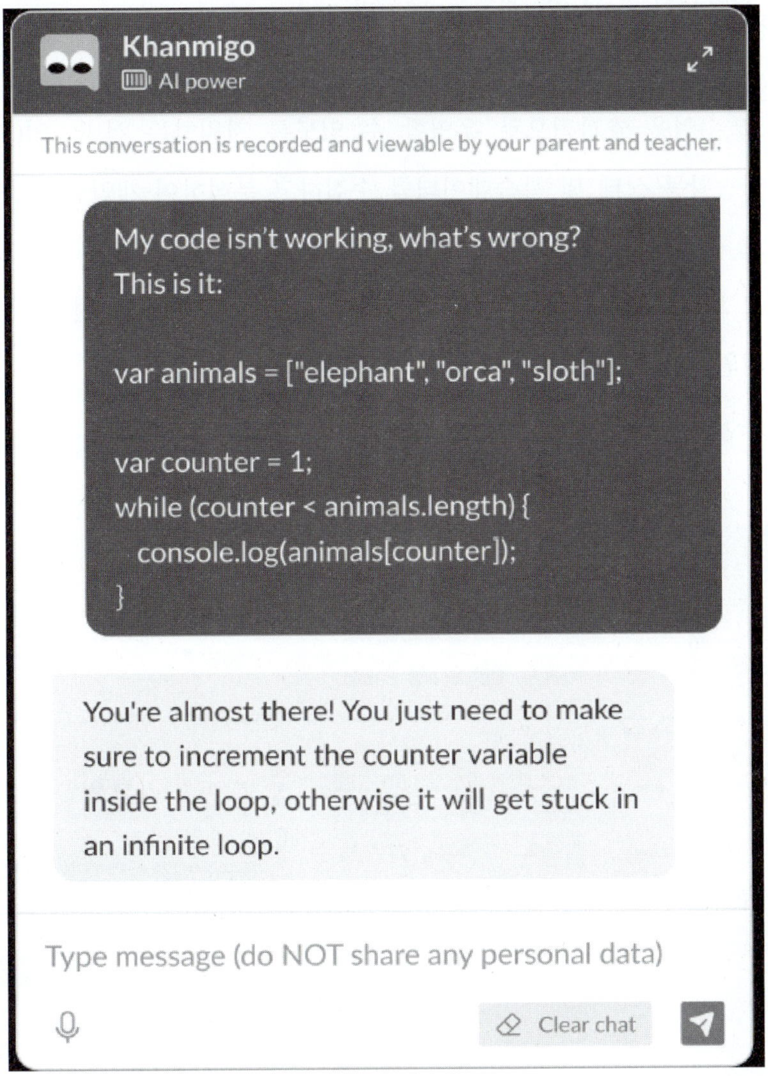

[그림 7-8] 학생의 질의응답 및 힌트를 제공하는 AI 튜터의 활용예시

(출처: 교육부 · 한국교육학술정보원, 2023b)

(3) 교사 서비스

교사 서비스는 학생의 학습을 도와주는 다음과 같은 기능을 제공한다.

① AI 보조교사[2] 기능을 제공한다([그림 7-9]).

- AI 보조교사는 교사가 AIDT를 활용하여 학생별 맞춤형 학습을 설계하고 수업을 효과적으로 운영할 수 있도록 지원하는 서비스임(학습자의 학습활동 상태 및 학습데이터를 수집하고 분석하여 개인별 맞춤형 서비스 구성)
- AI 보조교사의 주요 기능으로는 수업설계 지원, 피드백 설계 지원, 평가 지원, 학생 모니터링 지원 등이 있음
- 챗봇형, 음성인식형 등 다양한 형태로 구현할 수 있음

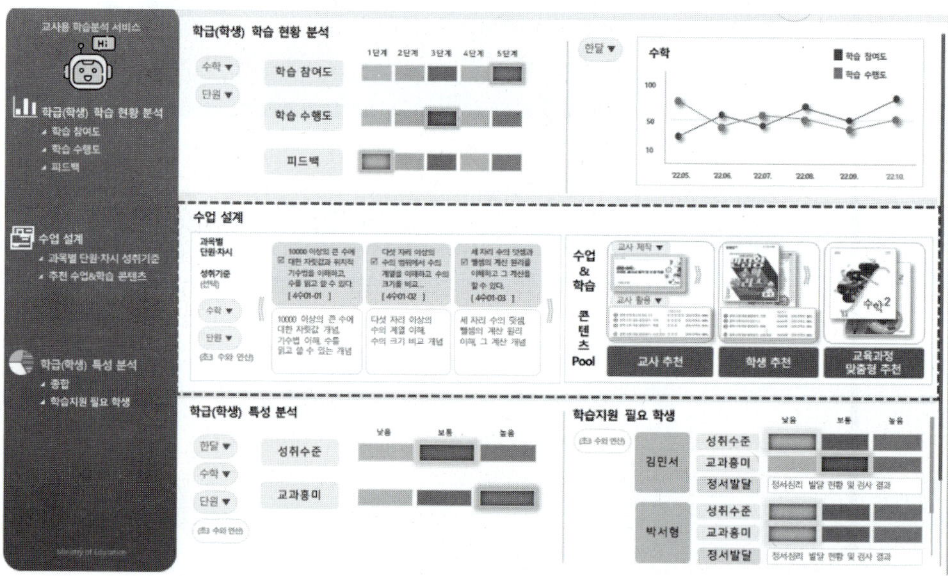

[그림 7-9] 수업설계를 지원하는 AI 보조교사 활용예시

(출처: 교육부, 한국교육학술정보원, 2023)

2) AI 튜터는 학생을 위한 지능형 보조 튜터로서 학생이 학습 과정에서 요청할 때 즉각적으로 필요한 지원을 제공하는 역할을 하는 반면에, AI 보조교사는 교사를 위한 지능형 보조 조교로서 교사의 수업설계 및 운영을 지원하는 역할을 한다.

② 수업 진행을 위해 다음과 같은 콘텐츠 재구성 및 추가 기능을 제공한다.

- 교과별 수업 진행을 위해 AIDT 서비스에서 제공되는 학습 콘텐츠를 수업별로 재구성하고 추가할 수 있음
- 학생의 학습 경로를 재조정해 수업을 설계하고 학생들의 학습을 관리할 수 있는 기능을 할 수 있음
- 대시보드 항목이나 화면 구성을 교사가 조정할 수 있으며, 수업 시간 중 학생의 콘텐츠 활용을 관리할 수 있음

③ 학생의 학습이력 등 데이터를 기반으로 하는 학습 관리 방안을 제공한다.

- 학생의 학생 상황 및 학업 정서 등 교사를 위한 학습 관리 기능 제공함
- 학생별 학습데이터를 체계적으로 누적하고 관리할 수 있는 방안 제공함

(4) 학부모 서비스

자녀의 개별 학습 진단과 분석결과를 살펴볼 수 있는 대시보드 기능을 제공한다([그림 7-10]).

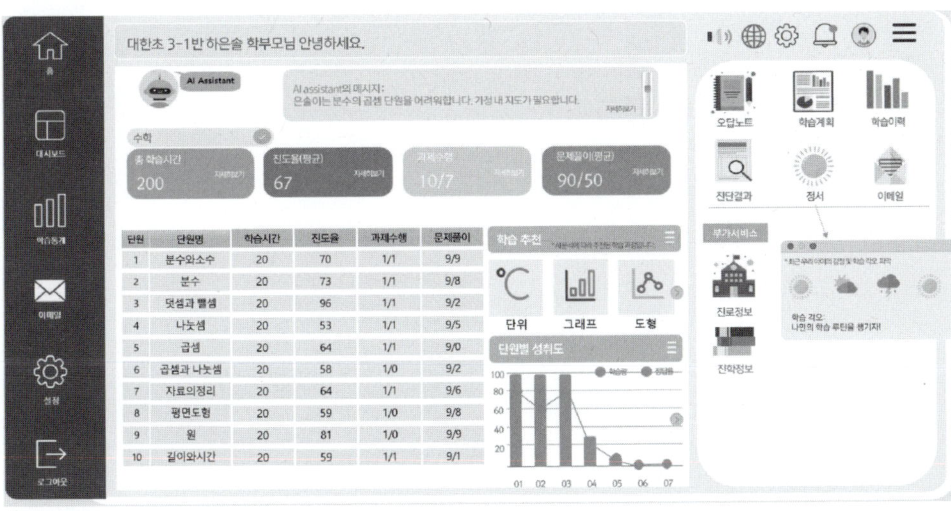

[그림 7-10] 학부모용 대시보드(출처: 교육부, 한국교육학술정보원, 2023)

Chapter 08

생성형 AI와 교육

Chapter
08

1. 생성형 AI ChatGPT가 가져온 놀람과 주목해야 할 이유
2. 생성형 AI의 개념과 특징
3. 생성형 AI의 작동 원리 및 주요 기술
   1) 작동 원리
   2) 주요 기술
      (1) 대규모 언어모델
      (2) 신경망과 생성적 적대 신경망
      (3) 유니모달과 멀티모달
      (4) 프롬프트 기반 생성
4. 프롬프트와 프롬프트 엔지니어링
   1) 개념과 중요성
   2) 프롬프트 작성의 기본 원칙
   3) 효과적인 프롬프트 작성법
5. 생성형 AI 유형
   1) 텍스트 생성형 AI
   2) 이미지 생성형 AI
   3) 오디오 생성형 AI
   4) 동영상 생성형 AI
6. 생성형 AI의 활용할 때 발생할 수 있는 문제점
   1) 편향성
   2) 저작권 침해
   3) 불명확한 콘텐츠 책임 소재
   4) 개인정보 유출, 허위 정보와 조작 및 범죄 악용 가능성
   5) 윤리적 문제
7. 생성형 AI의 교육적 활용
   1) 교사 입장에서 생성형 AI가 교육에 미치는 긍정적 영향
   2) 학생 입장에서 생성형 AI가 교육에 미치는 긍정적 영향

Chapter 08

생성형 AI와 교육

ChatGPT가 불러일으킨 생성형 AI 열풍은 교육 분야에서도 뜨거운 논란을 일으켰다. 학생의 관점에서의 대표적 논란은 다음과 같다. 생성형 AI를 이용하여 리포트, 이미지, 동영상 등을 만들어 과제로 제출했을 때, 그것은 표절일까 아닐까? AI로 생성한 콘텐츠를 어디까지 참고하고 또 어떤 방식으로 표현해야 할까? 교사의 관점에서의 대표적 논란은 다음과 같다. 생성형 AI에게 요청하면 되는데, 굳이 힘들게 가르칠 필요가 있을까? 학생들이 AI를 사용하지 않고서도 또는 AI의 도움 없이 수행할 수 있는 과제는 무엇일까? 학생들이 수업 중에 AI를 사용하도록 허용해야 할까? 허용한다면 어느 수준에서 얼마큼일까? 이런 논란은 교육 분야뿐만 아니라 여러 영역에서도 동시다발적으로 발생하고 있으며, 논란의 끝은 아직 보이지 않는다. 논란의 결과가 무엇이든, 생성형 AI의 활용이 더욱 커질 것이라는 점은 확실하다. 한 번도 사용하지 않은 사람은 있을지언정 한 번밖에 사용하지 않은 사람은 없을 정도로 생성형 AI는 여러모로 편리하고 유용하다. 그리고 이미 널리 사용 중이며 익숙해진 기술이 되어가고 있다. 이제 생성형 AI가 없었던 과거로의 회귀는 불가능하다. 그렇다면 생성형 AI는 사용을 막는다고 막을 수 있는 것도,

피한다고 피할 수 있는 있는 것도 아니다. 따라서 긍정 · 부정적 측면을 숙고하여 생성형 AI의 활용할 방안을 마련하는 것이 현명하다.

1. 생성형 AI ChatGPT가 가져온 놀람과 주목해야 할 이유[1)]

2022년 11월, 혜성같이 등장한 ChatGPT는 우리의 이목을 끌기에 충분했고 실제로 많은 사람들을 놀라게 했다. ChatGPT는 미국 OpenAI가 개발한 인공지능 챗봇 서비스로서 Generative Pre-trained Transformer, 우리말로 번역하면 '사전 훈련된 생성형 트랜스포머'라는 다소 생소한 이름을 가졌다. 하지만 이름이 말해주듯이, GPT는 각종 저서와 학술논문, 위키피디아 등의 주로 텍스트 데이터를 훈련 · 학습하여(pre-trained) 콘텐츠를 생성하는(generative) 인공지능의 언어 모델이다(Time, 2023.4.13.). 이 언어 모델의 핵심은 인간이 어떤 텍스트를 발화하면, 다음에 이어서 나올 텍스트가 무엇인지를 예측하는 것에 있다. 네이버나 구글의 검색창에서 어떤 글자를 입력하면 그 글자로 시작되는 관련 단어가 나온다거나, 스마트폰에서 카카오톡이나 메신저를 타이핑할 때 단어를 자동 완성시켜주는 기능은 이런 언어 모델과 관련이 깊다. 이는 충분한 데이터를 확보하여 기계학습이나 딥러닝으로 분석할 수 있다면, 해당 단어나 텍스트 뒤에 따라 나올 단어와 텍스트를 확률적으로 계산할 수 있다는 뜻이다.

ChatGPT의 이전 모델이라고 할 수 있는 GPT-3는 45 테라바이트 정도의 거대한

1) 이 절의 내용은 조규락(2024c)에서 인용하였다. 이 과정에서 약간의 수정과 가필을 했다.

디지털 빅데이터 정보와 1,750억 개의 파라미터(매개변수)가 결합하여 단어 사이의 연결을 식별하고 어떤 단어가 다음에 나올지를 예측하는 방법을 사용하였다. 그리고 ChatGPT는 이 GPT-3를 다시 훈련시켜 더 정교화해서 만든 모델이다. 이때 훈련의 방식은 인간이 피드백을 주면서 답변을 유도하는 강화학습으로 이루어졌다고 한다(Knox & Stone, 2011). 이처럼 ChatGPT는 인간의 언어를 닮아가며, 이 과정에서 답변을 추론하는 생성형 AI인 것이다. 그리고 GPT 모델이 계속 업그레이드 될수록 더욱 인간의 언어와 구별이 어려워질 것이고, 추론의 정확성도 '그럴듯한' 답변에서 점차로 '정확한' 답변으로 진화할 것이다. 이는 2016년 인간 바둑기사를 이긴 AI 바둑 프로그램 알파고(AlphaGo)와 거의 유사한 방식이다. 알파고도 기존의 인간 바둑기사가 두었던 엄청난 양의 바둑 기보를 훈련하고 강화훈련을 더하여, 마치 인간 바둑기사가 바둑을 두는 것처럼 바둑을 두었기 때문이다. 그 이후로 인간 바둑기사는 AI에게 바둑을 배우는 시대가 도래한 것이다(조규락, 2020). 마찬가지로 이제 인간이 ChatGPT와 같은 AI에게 배우는 시대가 도래한 것으로 해석할 수 있다.

ChatGPT에 주목하는 이유는 크게 세 가지다. 첫째는 ChatGPT가 내어놓는 텍스트가 인간의 대화 수준에 근접하여 인간의 자연어를 AI가 능숙하게 사용할 수 있게 되었다는 사실이다. 인간의 자연어는 언어의 자의성, 관습성 때문에 언어 구사와 활용이 예측하기 힘든 것으로 간주되어 왔다. 이 때문에 인간의 자연어와 이를 구사하여 대화하는 일은 인간 고유의 능력으로 인정해 왔는데, 자연어는 이제 더 이상 인간의 전유물이 아니게 된다.

둘째는 ChatGPT의 인터페이스가 대화(dialogue)라는 점이다. 은유로서의 대화가 아니라 실제로 말을 주고받을 수 있는 대화다. 마치 인간과 대화하듯이 ChatGPT에게 질문하면 ChatGPT가 대화의 형식을 빌려 답변하는 것이다. 더욱이 세션이 완전히 끝나지 않으면, 즉 질문과 답변이 연속적으로 지속되면, 앞에서 한 질문과 답변은 계속해서 유효하다. 사용자는 답변을 보면서 심층적인 질문을 계속해서 제기할 수 있고 ChatGPT 역시 기존 답 내용을 기반으로 해서 답변을 정교화한다. 이점은 바로 인간의 대화 방식과 원리적으로는 똑같다. 그래서 대개 컴퓨터가 무언가 답을 제시하면 출력(output)이라고 표현하는데, ChatGPT의 답변을 '출력'한다고 표현하기에는 뭔가 자연스럽지 못하고 어색하다. 마치 인간 전문가에게 질문하고 답변을 받는 듯 인간처럼 자연스러운 대화를 하는 것 같은 느낌을 받기 때문이다.

주목하는 셋째 이유는 AI 언어 모델에 대입할 수 있는 파라미터의 수를 증가시키면 인간의 자연어에 보다 가까워진다는 사실이다. 주목받지 못했던 첫 모델인 GPT-1은 파라미터 수가 1억 1,700만 개, 두 번째 모델인 GPT-2는 파라미터 수가 15억 개, 세 번째 모델인 GPT-3는 파라미터 수가 1,750억 개로 지속적으로 증가하여 왔고, 그 파라미터 수에 비례하여 자연어에 가까워지고 있다. 이 증가한 파라미터 수와 더불어 강화학습을 통해 훈련시키면 AI 언어 모델은 더욱 자연어와 근접하게 된다. OpenAI사에 따르면, 현재 GPT-3.5인 ChatGPT 다음 모델인 GPT-4는 파라미터 수가 인간 뇌의 시냅스에 맞먹는 100조 개 정도가 될 것이라고 한다(한경 용어사전). 어쩌면 GPT-4의 출력 내용이 인간과 전혀 구별할 수 없거나 오히려 인간을 훨씬 능가하는 언어 구사능력을 가질 수 있을지 모른다. 물론 튜링 테스트 통과는 식은 죽 먹기일 것이다.

ChatGPT는 우리에게 생성형 AI가 무엇인지, 기존의 AI와 어떻게 다른지, 앞으로 우리 삶에 어떤 영향을 미칠 수 있는지에 대해 여러 전망을 내놓았다. 생성형 AI 등장과 이에 따른 전망에 모두가 놀랐지만, 반응은 조금씩 달랐다. 어떤 이는 AI가 인간을 능가하게 될 시기가 다가옴에 우려했지만, 어떤 이는 엄청난 능력을 가진 AI의 탄생에 환호했다. 우려와 환호가 공존하는 생성형 AI의 탄생은 앞으로 어떤 방향으로 우리 삶을 변화시킬 것인지 사뭇 궁금해진다.

2. 생성형 AI의 개념과 특징

생성형 AI(Generative AI)가 무엇인지를 이해하는 기본은 '생성(generative)'의 뜻을 아는 것이다. 생성이란 뭔가를 '만들어' 내는 것이다. 그러면 '무엇'을 만들어 내는 것일까? 그건 책이나 블로그, TV 또는 라디오 방송이나 유튜브 등에서 흔히 접할 수 있는 텍스트, 이미지, 오디오, 동영상 등의 콘텐츠다. 이를 생성형 AI에 대입하면, '텍스트, 이미지, 오디오, 동영상 등의 콘텐츠를 만들어 내는 AI'가 된다. 더 줄여서 '콘텐츠 생산 AI', '콘텐츠 산출 AI'다. 글을 써주고, 그림을 그려주고, 음악을 작곡해주고, 영화나 애니메이션을 제작해주는 AI인 것이다.

기존 AI가 데이터를 학습하여 새로운 데이터를 분류하거나 예측하는 수준의 기술이었다면, 생성형 AI는 이를 넘어 새로운 콘텐츠를 생산할 수 있는 수준의 기술이며, 인간 지능을 훨씬 더 근접하게 모방한 기술이다. 왜냐하면 콘텐츠 생산이야말로 인간 지능의 정점이라 할 수 있는 창의성을 발휘하는 일인데, AI가 인간의 콘텐츠와 구분되지 않을 정도의, 경우에 따라서는 인간의 수준을 상회하는 콘텐츠를 생산함으로써 인간의 창의성마저도 거의 모방하는 수준에 도달했기 때문이다.

기존의 AI와 차별되는 특징으로는 생성형 AI가 머신러닝 모델에 의해 지원되며 매우 많은 양의 데이터 학습이 필요하다는 점, 인간의 언어와 프로그래밍 언어, 예술, 수학, 화학, 생물학 등 인간 활동의 거의 전 영역에 걸친 복잡한 주제를 학습하도록 할 수 있다는 점, 하나의 특정한 목적을 위해 개발한 전용성 AI가 아닌 범용성 AI라는 점에서 찾을 수 있다. 사실상, 생성형 AI는 많은 양의 데이터를 학습하고, 그 데이터를 바탕으로 새로운 콘텐츠를 만들어내는 기술이라고도 할 수 있다. 어떤 데이터를 사용하느냐는 생성형 AI가 만들어내는 콘텐츠 품질과 직결되기 때문에 믿을 수 있는 고품질 데이터를 사용하는 것이 아주 중요하다. 앞으로 오픈 소스 기반의 모델을 통해 다양한 생성형 AI가 개발될 것으로 기대된다.

3. 생성형 AI의 작동 원리 및 주요 기술

1) 작동 원리

생성형 AI의 작동은 ① 데이터 수집 → ② 모델 학습 → ③ 훈련 → ④ 생성이라는 4단계로 나뉜다. 또는 ① 데이터 학습 → ② 패턴 분석 → ③ 생성이라는 3단계로 설명하기도 한다. 이때는 데이터 수집이 단계에 빠져 있으며 훈련의 결과로 얻어지는 패턴 분석을 단계 속에 넣은 차이점만 있을 뿐 3단계나 4단계나 작동에는 큰 차이점이 없다. 여기서는 4단계 작동을 설명한다.

첫째 단계는 생성형 AI 모델의 기본이 되는 학습 데이터를 대규모로 수집하는 일이다. 학습 데이터는 텍스트, 이미지, 음악 등 다양한 형태를 가질 수 있다. 예컨대, 텍스트를 생성하는 AI 구축을 위해서라면 각종 책, 신문과 잡지의 기사, 블로그 내용 등 다양한 텍스트 기반의 데이터를 수집하는 것이다. 또 이미지 생성의 AI를 구축한다면, 책이나 잡지의 사진과 이미지뿐만 아니라 웹 사이트에서 볼 수 있는 다양한 이미지가 학습 데이터로서 수집된다.

둘째는 모델 학습 단계인데, 생성형 AI가 앞 단계에서 수집한 대규모 학습 데이터를 학습하면서 데이터의 패턴과 규칙을 찾아내는 것이다. 예컨대, 텍스트 생성형 AI가 수집한 책이나 신문·잡지의 기사, 블로그 내용 안에서 문장의 구조, 문맥과 문법 등을 학습하는 것이다. 이를 기반으로 새로운 데이터를 생성할 수 있는 능력을 갖춘다.

셋째는 AI가 입력 데이터와 출력 데이터의 관계를 학습하는 훈련 단계이다. 프롬프트 명령 입력과 이에 대한 응답 출력인 것이다. 예를 들어, 텍스트 생성형 AI라면, 문장의 앞부분을 입력받고 문장의 뒷부분을 예측하는 훈련을 하게 된다. 또 이미지 생성형 AI는 이미지의 부분을 입력받고 이미지의 나머지를 예측하여 채워 넣는 훈련을 한다.

넷째 단계는 생성이다. 모든 훈련이 끝난 AI는 새로운 콘텐츠를 만들어 내는 것이다. 이때 둘째 단계에서 학습한 패턴과 규칙이 활용된다. 예컨대, 텍스트 생성의 AI라면 문장의 구조, 문법과 문맥을 학습했기 때문에 이를 활용하여 자연스러운 문장을 만들어 낼 수 있다. 생성형 AI는 다양한 답변을 할 수 있지만, 다양한 답변 중에서 사용자의 명령에 가장 적절한 답변을 출력하도록 만드는 것이 중요하다.

2) 주요 기술

(1) 대규모 언어모델

대규모 언어모델(LLM, Large Language Models)은 방대한 양의 텍스트 데이터를 학습하여 인간의 언어를 이해하고 생성할 수 있는 자연어 처리를 위한 모델이며,

생성형 AI의 핵심 기술이다. 수십억 개가 넘는 매개변수(파라미터)를 가진 딥러닝 모델을 통해 학습하는데, 대규모 매개변수는 복잡하고 다양한 언어 패턴을 학습할 수 있게 해준다. 또한 학습하는 방대한 텍스트 데이터를 레이블이 없는 상태로 학습하기 때문에 비지도 학습 방식을 취하고 있다. 이 모델 기술을 이용하는 생성형 AI는 자연어의 이해와 생성 능력이 뛰어나다. GPT 시리즈가 대표적으로 대규모 언어모델을 사용한다.

(2) 신경망과 생성적 적대 신경망

신경망(neural network)은 AI 방식의 하나로서 인간 뇌의 뉴런과 시냅스를 모방하여 다수의 노드(뉴런)과 상호 연결된 계층 구조를 갖고 있다. 데이터를 통한 학습이 각 노드 간의 연결 강도(가중치)를 조정하면서 이루어짐으로써 신경망은 지속적으로 개선될 수 있는 적응형 시스템이다. 여러 신경망이 있지만 특히 이미지 생성과 관련해서는 생성적 적대 신경망(GAN, Generative Adversarial Network)이 주목을 받고 있다. GAN은 생성자(generator)와 판별자(discriminator)라는 2개의 신경망이 서로 경쟁하면서 학습하는 신경망 기술이다. 생성자는 실제 데이터와 유사한 가짜 이미지를 만들고, 판별자는 이를 진짜인지 가짜인지를 구별하는 과정을 반복하면서 점점 이미지가 실제와 유사해진다. 판별자의 피드백을 통해 생성자의 이미지 결과물이 점차 개선되며 동시에 개선된 결과물을 통해 다시 판별자의 능력도 정교해지는데, 이런 반복의 과정에서 생성자는 최종적으로 매우 현실적인 결과물을 도출하게 되는 것이다. DALL-E와 Midjourney 같은 이미지 생성형 AI가 대표적인 GAN 기반으로 작동한다.

(3) 유니모달과 멀티모달

유니모달(unimodal)은 단일한 형태(예: 텍스트)의 데이터를 사용하는 기술이지만, 멀티모달(multimodal)은 텍스트뿐만 아니라 이미지, 음성, 비디오 등 다양한 형태의 데이터를 동시에 처리하고 생성할 수 있는 기술이다. 때문에 멀티모달 기술의 AI가 더 복잡한 콘텐츠 생성 능력을 갖고 있다. 이 기술에 의해 다양한 데이터 간의 관계를 이해하고, 여러 모달리티 간의 상호작용을 통해 더욱 풍부한 콘텐츠를 생성할 수 있는 것이다. 즉, 복합적이고 창의적인 콘텐츠 생산이 가능한 것이다. 대부분의 생성형 AI는 멀티모달 기술을 적용한다.

(4) 프롬프트 기반 생성

생성형 AI는 인간 사용자의 요청을 받아 결과물을 산출한다. 프롬프트는 사용자가 AI에게 입력하는 요청문 또는 명령문이다. AI는 이 프롬프트를 해석하고, 이미 학습한 데이터를 바탕으로 적절한 결과물을 만들어내는 것이다. 문제는 사용자가 원하는 결과를 얻기 위해 입력해야 하는 프롬프트 기술이다. 아무리 뛰어난 성능의 생성형 AI일지라도 입력되는 프롬프트가 잘못되면, 기대하는 결과물 생성을 기대할 수 없다. 다시 말해, 프롬프트를 어떻게 작성했느냐에 따라 정확하고 유용한 결과를 기대할 수 있다.

4. 프롬프트와 프롬프트 엔지니어링

1) 개념과 중요성

프롬프트(prompt)는 사용자가 생성형 AI에게 무언가를 수행하도록 입력하는 텍스트다. 사용자가 AI에게 보내는 요청이자 명령인 것이다. 따라서 입력하는 텍스트는 요청이나 명령처럼 '설명해줘', '알려줘', '~뭐야?'와 같은 사람 사이에서 흔히 사용하는 지시문이나 질문으로 이루어진다. 이때 반말이나 존댓말 사용으로 인한 큰 차이는 없다. 프롬프트가 중요한 이유는 AI가 생성할 결과물의 방향과 내용을 결정짓는 중요한 요소이기 때문이다. 프롬프트의 중요성은 어떤 생성형 AI의 유형에도 다 해당한다. 결과물이 텍스트든 이미지든, AI를 통해 기대하는 결과물을 생성토록 하기 위해서는 AI에게 요청이나 명령을 해야 하는데 프롬프트가 그 역할을 한다. 따라서 모호하거나 추상적인 프롬프트는 사용자가 원하는 결과물을 곧바로 생성하지 못한다. 평상시 사람 사이의 대화에서도 질문과 지시가 잘못되면 그 질문의 답과 지시의 결과도 잘못되는 것과 마찬가지다. 사용자가 원하는 결과물을 바로 얻기 위해서는 명확하고 구체적인 프롬프트 사용이 필요한 것이다.

프롬프트 엔지니어링(prompt engineering)은 이런 프롬프트를 최적화하는 과정이다. 구체적으로, 생성형 AI에게 전달된 지시나 질문이 사용자의 의도와 잘 일치하는 결과를 생성하도록 입력 텍스트를 설계하는 것이다. 생성형 AI에게 요청할 지시문 혹은 명령문과 질문을 잘 작성하는 방법이라고 보면 된다. 프롬프트 설계, 프롬프트 디자인으로 불리기도 한다. 처음부터 효과적인 프롬프트를 설계하여 원하는 결과를 생성하면 좋겠지만, 처음 입력한 프롬프트가 항상 효과적일 수 없는 경우도 많다. 이럴 때는 반복적으로 프롬프트를 수정하고 조정할 필요가 있다. AI의 반응과 결과물을 관찰하고 더 나은 결과를 얻기 위해 프롬프트를 개선하는 것이다. 프롬프트 엔지니어링을 통한 효과적인 프롬프트를 작성은 AI의 성능을 크게 향상시킬 수 있으며, 원하는 결과를 더 정확하고 효율적으로 얻을 수 있다.

2) 프롬프트 작성의 기본 원칙

생성형 AI를 목적에 맞게 잘 활용하기 위해서는 우선적으로 프롬프트 엔지니어링에 따라 효과적인 프롬프트를 작성하는 일이 핵심이다. 〈표 8-1〉에서 요약한 프롬프트 작성의 기본 원칙은 사람 사이의 오해 없는 정확한 의사소통을 위한 대화에서도 적용되는 원칙이기도 하다(전라북도교육청, 2023).

〈표 8-1〉 프롬프트 작성의 기본 원칙

원칙	설명	목적	안내
명확성	질문을 이해하기 쉽고 모호하지 않게 하는 원칙	질문의 의도를 이해하고 원하는 답변 제공	• 어려운 용어나 복잡한 구문을 피하고 가능한 한 간단하고 명료한 언어 사용하기 • 모호한 단어나 구문을 피하고, 특히 여러 해석이 가능한 단어를 사용할 때는 설명을 더 추가하여 명확하게 설명하기 • 더 정확한 답변을 제공받기 위해 중요 키워드는 "큰 따옴표"로 강조하기
간결성	질문에 불필요한 중복을 피하고 핵심적인 내용만을 포함시키는 원칙	주요 내용에 집중하여 효과적인 답변 제공	• 핵심적인 질문에 초점을 맞추어 불필요한 정보나 세부 사항을 제거하기 • 단순하고 직관적인 언어를 사용하여 복잡한 구문을 피하기

원칙	설명	목적	안내
구체성	질문에 정확한 답변을 생성할 수 있도록 충분한 정보를 포함하는 원칙	자세하고 유용한 답변 제공	• 필요한 경우 세부 사항이나 내용을 추가하여 답변의 정확성을 높이기 • 질문이 너무 일반적이지 않도록 하고, 특정 사실이나 정보에 집중하여 질문을 구성하기
일관성	질문을 대화의 흐름과 문맥을 유지하게 작성하는 원칙	전체 대화의 문맥과 흐름을 이해하고 명확한 답변 제공	• 이전 대화나 질문의 내용을 간략히 언급하여 현재 질문과 연결하기 • 대화 중에 사용한 용어나 개념을 일관되게 사용하기 • 대화가 진행되면서 새로운 주제나 개념을 도입할 때, 이를 기존 내용과 맞닿도록 차근차근 질문하기

출처: 전라북도교육청(2023)의 내용을 재구성함.

3) 효과적인 프롬프트 작성법

생성형 AI가 내어놓는 답변의 질은 사용자가 입력하는 프롬프트 작성에 달려있다. 좋은 질문이 만족할만한 답변을 얻는 것처럼, 좋은 프롬프트가 사용자가 만족할 수 있는 답변을 생성한다. 즉, 사용자가 만족하는 답변을 생성할 수 있는 프롬프트가 바람직한 프롬프트다. 바람직한 프롬프트 작성을 위해 프롬프트 작성의 기본 원칙을 염두에 두고 다음과 같은 프롬프트 작성법을 알아둘 필요가 있다(서승완, 2023; 전북교육청, 2023).

첫째는 AI에게 역할을 부여하고 답변의 대상이 누구인지를 지정하는 것이다. 역할 및 대상 지정 기법이라고 할 수 있다. 예를 들면 다음과 같다. 다음의 예시처럼 AI에게 답변자 역할을 부여하고, 답변을 받는 대상을 지정하여 상황과 청중에 맞는 적절한 답변을 얻을 수 있다.

> 너는 지금부터 중학교 화학교사의 역할을 하고, 너의 답변은 중학교 2학년 학생을 대상으로 해. 이를 바탕으로 분자 개념에 대해 가르치려 하는데 20분 정도 소요되는 수업활동을 만들어줘.

> 너는 천문학자의 역할을 하고, 질문의 대한 답변을 마치 천문학자가 하는 것처럼 해야 해. 답변의 대상은 초등학생이야. 이를 바탕으로 겨울 하늘의 별자리를 5개만 소개해줘.

둘째는 정보나 맥락을 제공하는 것으로 정보 및 맥락 제공 기법이다. 주요 정보가 없는 단편적 단어나 문장은 사용자의 목적에 맞지 않는 답변을 생성할 가능성이 높다. 생성형 AI에게 정보를 제공하고 질문을 하면 그에 기반한 최적의 답변을 얻을 수 있다. 정보를 제공할 때 입력 형식은 "… 정보를 참고해서 …해줘"라고 하면 된다. 예를 들면 다음과 같다.

> 너의 역할은 신문기자인데, 아래의 정보를 참고하여 초등학생과 학부모를 대상으로 신문기사를 작성해줘.
> - 행사명: 전북초등학교 작가와의 만남.
> - 프로그램: 도서 '누에야 뽕잎 줄게, 비단실 다오'교육, 독서퀴즈, 누에에서 나방가지 성장 사진감상, 돋보기를 통한 누에나방 세밀화 그리기.
> - 날짜: 2020년 6월 7일 월요일

셋째는 양식 및 분량 지정 기법으로 답변의 양식 및 분량을 지정하는 것이다. 사용자가 표, 리스트, HTML, 프로그램 코드 등의 답변 양식과 5페이지 분량, 300자 이내, 2가지 제시 등과 같은 분량 지정을 통해 사용자가 원하는 답변을 바로 얻을 수 있다. 예를 들면 다음과 같다.

너는 초등학교 교사의 역할을 하고, 너의 답변은 초등학교 5학년 2학년 학생을 대상으로 해. 사회 수업에 활용할 수 있는 수업모형과 적용 방법을 1페이지 이내의 표로 만들어줘.

넷째는 답변의 예시를 넣어주는 예시 제공 기법이다. AI에게 질문할 때, 원하는 답변의 적절한 예시를 넣어주면 답변의 효율이 높아진다. 예를 들면 다음과 같다. AI는 예시 맨 마지막의 대화부터 이어지는 시나리오를 제시한다.

너는 시나리오 작가의 역할을 하고, 너의 답변은 중학교 2학년 학생을 대상으로 해. 아래의 예시처럼 흡연예방교육에 대한 영상 시나리오를 1000 글자 내외로 써줘.
제목: 방관자의 선택
설정:
캐릭터:
경수 – 인기 없는 평범한 학생
석호 – 문제를 일으키는 경향이 있는 학생
종명 – 조용한 학생이며 종종 석호의 괴롭힘의 대상
다혜 – 경수의 절친한 친구
상준 – 학교 상담 교사
대본: [이 장면은 경수와 다혜가 테이블에 앉아 점심을 먹고 주말 계획을 세우는 것으로 시작한다. 종명이는 책에 푹 빠져 테이블에 혼자 앉아 있다. 석호는 친구들과 함께 농담을 나누며 웃으며 식당에 들어간다. 석호는 종명이를 발견하고 히죽히죽 웃으며 종명이의 테이블로 곧장 달려간다.]
석호: (조롱하며) 책벌레, 또 형편없는 소설책 읽는거야?
종명: (조용히) 그냥 읽게 해줘.
석호: 독서를 하면 인기가 생길 거라고 생각해?

앞서 소개한 네 개의 작성 기법 이외에도 알아두고 사용하면 매우 유용하게 활용할 수 있는 프롬프트 작성법이 있다. 형식 지정 기법, Q&A 기법, 이어쓰기 기법, 멀티 페르소나 기법(내레이션 유도 생성 기법) 등이다(서승완, 2023).

다섯째, 형식 지정 기법은 특정한 형식을 사용하여 프롬프트를 작성하는 방식이다. 주로 #명령문, #제약조건, #입력문, #출력형식으로 이루어지는데, 이 형식의 순서는 중요하지 않다. 주목해야 할 점은 대괄호([ ])를 이용하여 출력형식을 지정하는 방식이다. 대괄호 안의 내용을 스스로 채워 출력 결과를 생성하기 때문이다. 예시는 다음과 같다.

#명령문
너는 유뷰트 전문가다. 유튜브 기획 제안을 해줘. 아래의 제약조건과 출력형식에 따라 입력문에 대한 기획을 작성해줘.

#제약조건
- 기획내용을 작성할 때 공식적인 말투로 구성한다.
- 세련미가 느껴지는 내용으로 작성한다.
- 한국인이 좋아하는 내용으로 구성한다.

#입력문
- 타겟층: 20대 초반 남성
- 장르: 전자제품 리뷰
- 주제: 아이폰23 언박싱 및 리뷰 영상

#출력형식
[타겟층]을 향한 [장르] 영상
[주제]를 위한 영상을 만들기 위해 다음과 같이 제안한다.
- 기획 (1): [기획제목]
[기획내용. #제약조건에 맞는 기획을 가능한 상세하고 알기 쉽게 설명한다.]
- 기획 (2): [기획제목]
[기획내용. #제약조건에 맞는 기획을 가능한 상세하고 알기 쉽게 설명한다.]
- 기획 (3): [기획제목]
[기획내용. #제약조건에 맞는 기획을 가능한 상세하고 알기 쉽게 설명한다.]

여섯째, Q&A 기법은 사용자가 하고 싶은 질문(Q)을 하고, AI에 기대하는 답변(A)을 미리 작성하여 하나의 프롬프트로 구성하는 방법이다. 이때 사용자가 미리 작성한 답변(A)에 대해 AI는 이것을 자신의 답변처럼 이해하는데, 이후에 사용자가 질문하면 AI는 그 답변(A)와 유사한 논리에 따라 답변을 작성하는 것이다. 예시는 다음과 같다.

> Q: 너는 월요일에 기분이 어때?
> A: 주말이 끝나고, 한 주가 시작되어 기분이 안 좋아.
> Q: 그럼 화요일은 기분은 어때?
> A: 월요일보다는 좋은 것 같아.
> Q: 그럼 금요일은 네 기분은 어때?
> A:

일곱째, 이어쓰기 기법은 "다음 문장을 이어 써줘"라고 직접 지시하는 방법으로, 제시하는 문장에 이어지는 문장을 생성한다. 이때 역할을 지정하거나 정보나 예시를 제공하거나 또는 Q&A 기법을 함께 사용하면 이어지는 문장이 특정한 논조나 입장을 지니게 된다. 예시는 다음과 같다.

> 너는 교사의 역할을 해야 해. 답변은 초등학생에게 하는 거야.
> 다음 문장을 이어 써줘.
> 학교 종은 저녁에만 쳐야 합니다. 왜냐하면,

여덟째, 멀티 페르소나 기법(내레이션 유도 생성 기법)은 등장하는 여러 인물에게 관점을 지정하고 이들의 이야기 진행을 질문하는 기법이다. 여러 인물들이 등장하는 토론의 대화 내용 작성, 시나리오의 창의적인 스토리 작성, 여러 학설이나 주제에 대한 논쟁의 핵심 파악 등에 유용하다. 예시는 다음과 같다. 이렇게 프롬프트를 작성해서 실행하면, 생성되는 대화 내용은 설정한 각 인물들의 관점을 반영한다.

> 갑을병 회사에서 일하는 3명의 직원이 있어. 최근 갑을병 회사에서 직원들 간의 친목을 도모하기 위해 동아리 설립을 적극적으로 독려하고 있어. 그래서 많은 취미, 관심사를 주제로 한 동아리가 만들어졌지. 3명의 직원이 이 사내 동아리 제도에 대해 이야기 하고 있어. 어떤 이야기가 진행될까? 아래의 정보에 따라 답해줘.
>
> **〈정보〉**
> 이몽룡: 경영지원팀장. 동아리 제도에 적극적으로 찬성한다.
> 성춘향: 디자인팀장. 동아리 제도 자체를 부정적으로 생각한다.
> 홍길동: 회사에 갓 입사한 신입사원. 아직 동아리 제도에 대해 깊게 생각한 적이 없다.
> 이몽룡: 홍길동 사원님, 동아리 활동할 거예요?

이 기법은 대개 단일한 프롬프트만으로 최종 결과물을 도출하지 않는다. 내레이션을 유도하는 것처럼 사용자가 최초 출력 내용에 대해 추가적인 프롬프트를 제공함으로써 수정을 요청하여, 결과적으로 출력물을 개선하고 확장할 수 있는 것이다. 위의 프롬프트로 생성된 출력물 이후에 예컨대, “우연히 근처를 지나는 장길산 팀장이 대화에 합류했다. 그는 동아리 제도에 무척 찬성하는 입장이다”와 같은 문장을 프롬프트에 타이핑하고 엔터를 누르면 장길산 팀장이 등장하는 대화가 계속 이어진다.

5. 생성형 AI 유형

생성형 AI의 유형 구분의 기준은 여러 가지다. 예컨대, 음성 대화형, 텍스트 입력형, 파일(정보) 입력형 등 프롬프트의 인터페이스에 따라서도 유형을 나눌 수 있으며, 완전히 새롭게 생성하는 창작형, 기존 콘텐츠를 바탕으로 약간 혹은 크게 수정시키는 변형형, 기존 여러 콘텐츠를 합하는 합성형 등 생성 방식에 따라서도 유형을 나눌 수도 있다. 하지만 이 절에서는 생성되어 산출되는 결과 콘텐츠에 따라 생성형 AI를 유형화하였다(김현진 외, 2024).

1) 텍스트 생성형 AI

텍스트 생성형 AI는 입력된 프롬프트에 따라 자연스러운 문장으로 텍스트 콘텐츠를 생성하는 AI를 말한다. 생성형 AI는 방대한 양의 텍스트 데이터를 학습하여 자연스러운 문장을 생성할 수 있는 대규모 언어모델을 기반으로 프롬프트에 대해 문맥을 이해하고 적절한 텍스트를 생성한다. 핵심은 입력된 프롬프트의 텍스트 의도를 파악하고 그에 맞는 응답을 적절한 단어를 선택하여 인간이 사용하는 자연스러운 문장으로 생성하는 일이다. 텍스트 생성형 AI는 기사 작성, 블로그 작성, 코드 작성, 번역, 요약 및 창의적인 글쓰기, 자동 응답 시스템 등 다양한 응용분야에서 활용될 수 있다. 대표적인 예로는 OpenAI의 ChatGPT, MS의 Copilot, Google의 Gemini, 국내 Naver의 CLOVA X가 있다.

2) 이미지 생성형 AI

이미지 생성형 AI는 입력된 프롬프트에 따라 새로운 이미지 콘텐츠를 생성하는 AI를 의미한다. 사용자가 입력한 텍스트의 설명을 프롬프트로 입력받아 그 텍스트에 부합하는 이미지를 생성하는데(예: "귀가 큰 강아지가 비오는 날에 하늘을 날아다니는 모습을 그려줘"), 주로 앞서 설명한 신경망 알고리즘의 생성적 적대 신경망(GAN)을 사용한다. 이미지 생성형 AI는 거의 모든 종류의 이미지(풍경, 인물, 사물 등)를 다양한 스타일에 맞게 생산할 수 있기 때문에 시각적 이미지를 활용하는 다양한 분야에서 이미지 생성형 AI가 사용된다. 예를 들어, 과학 모델의 시각화, 시뮬레이션 이미지, 교육 자료 등과 같이 복잡한 개념과 결과를 표현할 때, 광고 디자인이나 제품 이미지, 시각화 콘텐츠 생산 등과 같이 기업 활동을 할 때, 게임 그래픽과 캐릭터 설계처럼 가상 환경을 구축할 때에 도움을 준다. 특히 이미지 생성형 AI의 유용함과 편리함은 초기 디자인 혹은 스케치 이후 특정 스타일로 세밀하게 작업할 때, 핵심적 내용을 완성한 이후에 배경 이미지를 교체하거나 그래픽 요소들을 덧붙이고자 할 때, 사진 이미지를 회화 이미지로 변형할 때 잘 발휘된다. 현재 일반인 사이에서조차 사진 이미지를 일본 애니메이션계의 대표 브랜드로 인기가 높은 스튜디오 지브리 스타일의 회화 이미지로 변형 · 생성이 유행 중이다. 대표적인 이미지 생성형 AI의 예로는 OpenAI의 DALL · E, Midjourney Inc.의 Midjourney, StabilityAI의 Stable Diffusion, 국내 회사 툰스퀘어의 Tooning이 있다.

3) 오디오 생성형 AI

오디오 생성형 AI는 새로운 오디오 콘텐츠를 생성하는 AI를 뜻한다. 여기에는 두 가지 방식으로 오디오를 생성하는데, 하나는 사용자가 입력한 텍스트 설명에 따른 방식으로 사용자가 텍스트를 입력하면(예: "빠른 템포 리듬의 경쾌한 분위기를 가진 왈츠를 만들어줘"), 텍스트 속의 음악 관련 요소를 해석 및 추출하여 만드는 것이다. 다른 하나는 입력 파일에 따른 방식으로 사용자가 음악 악보나 샘플, MIDI 정보 등의 파일을 입력하면, 이 안의 각종 음악적 정보(멜로디, 리듬, 화음, 악기 편성, 음악 스타일 등)를 분석하여 이를 기반으로 다른 스타일로 변형시키거나 새롭게 만드는 것이다. 오디오 생성형 AI는 음악만인 아니라 사람의 음성, 효과음도 생성한다. 따라서 음성의 합성 및 변환, 오디오북의 내레이션, 사운드트랙, 특정 장면과 분위기를 고조시키는 음향 효과 등 광고 분야나 게임이나 영화와 같은 엔터테인먼트 분야에서 활발히 활용된다. 또한 산업이나 과학 분야에서 기계음, 반사음, 소리 효과를 분석해서 이상 상황을 감지하거나 상태를 분석할 때도, 음악 교육을 하거나 소리 실험의 데이터로 교육하거나 연구를 할 때에도 활용된다. 대표적인 오디오 생성형 AI의 예로는 Algonaut의 SoundDraw, AIVA GmbH의 AIVA, OpenAI의 AudioGPT, 국내의 Naver의 CLOVA Dubbing, NewTune의 MixAudio 등이 있다,

4) 동영상 생성형 AI

동영상 생성형 AI는 새로운 동영상 콘텐츠를 생성하는 AI를 뜻한다. 오디오 생성형 AI와 마찬가지로 사용자가 입력한 텍스트를 기반으로 제작하거나(예: "산호

초에서 많은 열대어와 수영하는 30초짜리 영상을 만들어줘"), 사용자가 입력한 동영상 파일에 기반을 두고 제작하는 방식이 있다. 고품질의 동영상 제작은 다른 어떤 콘텐츠 제작보다 쉬운 일이 아니기 때문에, 동영상 생성형 AI를 통한 동영상 제작의 자동화는 동영상 제작에 필요한 기술과 노력, 시간과 금전을 크게 줄였다. 따라서 동영상 생성형 AI는 동영상을 사용하는 모든 분야에서 활용이 가능하다. 대표적인 동영상 생성형 AI의 예로는 OpenAI의 Sora, Adobe의 Adobe Premiere Pro, Runway의 Leonardo AI, 국내 회사인 딥브레인 AI의 AI Studio가 있다.

6. 생성형 AI를 활용할 때 발생할 수 있는 문제점

생성형 AI는 교육을 포함한 다양한 산업에서 혁신을 이끌고 있지만, 동시에 여러 문제점을 야기한다(김현진 외, 2024; 최숙영, 2024b). 이런 문제점을 해결하기 위해 AI 개발자와 사용자 모두가 윤리적이며 법적인 기준을 준수해야 하며, 사회 구성원들의 합의가 필요하다. 정부나 국제기구 역시 생성형 AI 활용에 대한 투명하고 안전한 사용을 위해 기술적, 윤리적, 법적 대책을 강구하고 있지만 아직은 충분하지 않다. 빠르게 발전하는 기술의 속도에 대책 마련의 속도가 따라가기 힘들기 때문이다. 사실상, 기술 발전 속도와 관련하여 발생하는 문제를 해결할 수 있는 윤리와 법 등이 문제가 발생하기 이전에 또 기술 발전 이전에 선제적으로 마련할 수 없다. 문제점에 대한 대책안 마련은 어쩔 수 없이 시간이 걸리는 작업이다.

1) 편향성

생성형 AI가 생성하는 결과물은 학습한 데이터의 질에 달려 있다. 좋지 못한 데이터를 학습했다면 생성하는 결과물 역시 좋지 않다. 만일 AI가 편견이나 편향성이 있는 데이터를 학습했다면, 생성하는 결과물은 그런 편견과 편향성을 반영할 것이다. 예를 들어, 특정 인종을 차별하는 데이터를, 특정 종교에 관해 부정적인 데이터를, 혐오 표현의 데이터를 학습했다면? 이럴 때 오히려 생성형 AI는 사회 문제를 해결하는 것이 아니라 더 심각한 사회 문제와 갈등을 야기하게 된다.

2) 저작권 침해

생성형 AI는 데이터를 학습하지 않고는 새로운 콘텐츠를 생성할 수 없다. 그런데 학습 데이터는 어디서 온 것일까? 이미 있는 원 저작자가 있는 기존의 데이터다. 현재 서비스 중인 여러 유형의 생성형 AI가 어떤 학습 데이터를 가지고 학습했는지 알려지지는 않았지만, 원 저작자의 동의 없는 학습 데이터로 학습했을 수 있다. 만일 원 저작자의 동의가 없었다면 저작권 침해 문제가 발생한다. 앞으로도 생성형 AI를 기반으로 파생되는 서비스 역시 데이터를 학습해야 하기 때문에 마찬가지 저작권 침해 문제가 발생할 수 있다. 이 문제는 미술, 디자인, 문학, 음악 등 창작 분야에서 심각한 후과를 초래할 수 있다. 기본적으로 저작권 침해는 생성형 AI가 학습하는 과정에서 발생하지만, 사용자가 생성형 AI를 통해 얻은 결과물도 저작권 침해에서 자유로울 수 없다. 생성한 결과물이 기존 콘텐츠와 매우 유사하다면 원 저작자가 저작권 침해로 문제 삼을 수 있는 것이다.

3) 불명확한 콘텐츠 책임 소재

생성형 AI로 만든 콘텐츠가 물의를 일으킨 경우 책임은 누구에게 있을까? 생성형 AI를 개발한 개발자나 회사에게 있을까 아니면 콘텐츠를 생성하도록 한 사용자에게 있을까? 이건 마치 자율주행 자동차가 교통사고를 냈을 때, 그 사고의 책임이 자동차 회사에게 있는지 자동차를 운전한 운전자에게 있는지와 비슷하다. 이런 문제가 발생했을 때, 법적 소송으로 비화할 가능성이 높지만 현재 이에 대한 법적 기준이 현재로서는 확실하지 않다.

4) 개인정보 유출, 허위 정보와 조작 및 범죄 악용 가능성

생성형 AI가 학습하는 데이터에는 여러 개인정보가 들어 있다. 특히나 의료 데이터와 금융 데이터는 누구에게나 매우 민감한 정보들이다. 이런 개인정보들이 유출되면 개인의 프라이버시 침해를 일으킬 뿐만 아니라 개인정보를 이용하여 사기, 해킹, 딥페이크를 통한 가짜 영상이나 음성 같은 허위적인 내용을 만들어 범죄에 악용될 수 있다. 최근 딥페이크 기술로 사람의 얼굴을 합성하거나 음란물을 만들기도 하며, 가짜 음성을 만들어 보이스 피싱에 활용되는 사례도 나타나고 있다.

한편, 허위 정보나 조작 정보는 개인정보 없이도 가능하다. 생성형 AI는 새롭게 콘텐츠를 생성해내는 것이므로 생성된 콘텐츠가 반드시 진실일 것이라는 보장이 없다. 특히나 사실과 구분하기 힘든 가상의 텍스트, 이미지, 동영상을 만들 수도 있으며, 종종 사실이 아닌 것을 사실인 것처럼 거짓을 생성하는 할루시네이션(hallucination) 현상을 일으키기도 한다. 이런 허위나 조작 정보가 가짜뉴스가 되어 문제를 일으킬 수 있다. 이런 위험을 줄이기 위해 기술적인 대책과 법적인 기준 마련이 시급하다.

5) 윤리적 문제

생성형 AI는 많은 분야에서 사용이 늘고 있지만 생성된 결과물에 대한 윤리적 문제를 고려해야 한다. 앞서 논의한 편향성, 콘텐츠 책임 소재, 범죄 악용 가능성은 AI 개발자와 AI 사용자 모두 진지하게 고민할 윤리적 문제들이다. AI 개발자는 이런 문제점들이 발생하지 않도록 대량의 학습 데이터로 AI를 학습시키는 과정에서 미리 고려해야 하며, AI 사용자는 AI로 생성된 결과물을 활용할 때 신중해야 한다.

7. 생성형 AI의 교육적 활용

교육을 위한 생성형 AI의 활용은 잠재성이 매우 크다. 하지만 항상 긍정적인 면만 있는 것이 아니다. 생성형 AI에게 지나친 의존으로 인한 부정적 효과가 목격되기 때문이다. 예컨대, 교사에게 질문하지 않거나, 직접 정보를 검색하여 찾지 않게 되거나, 해결안 마련을 위한 토의나 숙의 과정을 꺼리게 되거나, 생각하지 않고 AI의 답변을 그대로 따르거나, 과제를 AI에게 맡기거나 하는 우려 사항이 발생한다. 이 때문에 장기적으로 학생들의 학습능력 발달에 부정적인 영향을 미친다. 따라서 생성형 AI의 교육적 활용에는 신중한 접근이 필요하며, 그 효과를 면밀히 평가할 필요가 있다.

다음은 생성형 AI의 교육적 긍정적 활용 방안을 교사와 학생의 입장에서 정리한 것이다. 이러한 활용은 생성형 AI가 교육 분야에서 단순한 도구로서의 활용만이 아니라 부정적 효과를 훨씬 넘어서는 활용 방안이 있음을 보여준다.

1) 교사 입장에서 생성형 AI가 교육에 미치는 긍정적 영향

첫째, 교육용 콘텐츠 생성을 용이하게 해준다. 교사의 업무 과중성은 주지의 사실이며, 이로 인해 매우 바쁘다. 수업 자료를 준비하고, 수업 지도안을 작성하며, 퀴즈나 시험 문제를 출제하는 등의 더 나은 수업을 준비하는 시간이 부족하다. 생성형 AI는 이를 자동으로 생성할 수 있게 해줌으로써 교사들은 더 많은 시간을 학생과의 상호작용에 사용할 수 있다.

둘째, 학생이 제출한 과제나 질문에 대한 신속한 피드백 제공이 가능하다. 피드백은 어떤 행동이나 성과에 대해 주어지는 정보와 반응을 말하는데, 이를 통해 학생은 빠르게 자신의 행동과 성과를 평가하고 개선할 수 있다. 이런 피드백은 시간적 지연 없이 신속하게 실시간으로 이루어질수록 효과가 높다. 과제나 시험 성적 결과 등의 피드백이 다수의 학생으로 인해 또 교사의 과중한 업무로 인해 자주 늦어지는 것이 학교의 현장이다. 생성형 AI는 자동으로 과제, 결과의 오류나 개선점을 제안해주기 때문에 신속하게 피드백을 해줄 수 있을 뿐만 아니라, 그로 인해 학생 개인에게 관심을 더 기울일 수 있도록 해준다.

셋째, 학생 지도에 활용할 수 있다. 학생 개인의 상이한 학습내용과 그 성과를 확인할 수 있게 되면서 학생에 따른 지도방안을 파악할 수 있다. 만일 어떤 내용을 익히는 데 지속적으로 어려움을 겪는다면, 다양한 방식(퀴즈, 동영상, 대화활동 등)의 학습도구나 피드백을 제공하는 것이다. 또한 학생의 관심사와 적성을 잘 발휘할 수 있는 진로 지도를 가능케 한다. 경우에 따라 인간 교사가 아니라 AI 교사나 AI 로봇 교사가 수업을 할 수도 있다.

넷째, 교육 데이터 분석을 할 수 있다. 학생의 학습 패턴 파악은 교육 데이터를 분석함으로써 가능해진다. 이를 통해 학습자 개인의 분석을 통해 최적의 학습경로를 결정하고 선택할 수 있으며, 학생의 학습 진행 상황을 추적함으로써 학생 수준에 알맞게 교육과정을 조정 · 변경하여 학습내용을 모르고 넘어가지 않도록 도와줄 수 있다. 또한 학생의 학습 성과를 분석해서 지원이 필요한 경우에 학습에 개입할 수 있다. 예컨대, 어떤 주제에서, 어떤 파트에서 학생이 자주 실수를 저지르는지 분석하고 이에 대한 적절한 피드백과 추가적인 학습 자료 제공을 통해 학생의 학습과 수행을 지원할 수 있는 것이다.

다섯째, 학부모와의 소통 강화도 모색할 수 있다. 앞서 설명한 학생의 교육 데이터 분석 결과를 학부모와의 자녀 학습 상담, 자녀의 학생 진행 상황 보고에 활용하는 것이다. 이를 통해 학부모는 자녀의 학습 상태(예: 성취 수준, 태도, 성적, 장단점 등)를 파악할 수 있으며, 자녀 교육에 적극적 참여를 가져올 수 있다.

여섯째, 교사의 업무를 지원하고 수업 집중을 도와준다. 교사의 주 업무는 수업이지만 교육청을 비롯한 유관 기관에서 요청하는 공문, 채점과 평가 등의 시험 관련 업무, 학적 업무와 같은 행정처리 등 수업 외적인 많은 일 때문에 온전히 수업에 집중할 수 없다. AI는 수업과 무관한 이러한 비핵심적인 업무를 대체하거나 경감시켜 준다.

2) 학생 입장에서 생성형 AI가 교육에 미치는 긍정적 영향

첫째, 개인 맞춤형 학습으로 활용된다. 개인 맞춤형 학습에서는 학습내용과 이와 연계된 학습활동이 학습자 수준에 따라 맞춤형으로 제공된다. 생성형 AI는 학생 개개인의 학습 수준과 필요에 맞춘 학습 자료와 문제를 제공하기 때문이다. 예컨대, 수학이나 과학 문제를 풀 때 학생이 어려워하는 부분에 대해 추가적인 설명이나 연습문제를 자동으로 생성해 줄 수 있다. 피드백이나 평가도 지연되지 않고 즉각적이어서 스마트 기기로 모르는 수학 문제를 찍어서 올리면 답변을 바로 받을 수 있고, 문제 풀이에 도움을 주는 피드백도 함께 받을 수도 있다. 핵심은 이러한 내용들이 개별 학습자마다 상이하게 제시된다는 점에 있다.

둘째, 학생의 창의적인 프로젝트를 지원한다. AI는 아이디어 브레인스토밍, 시나리오 작성, 디자인 제안 등을 도와줄 수 있다. 예컨대, 과학 프로젝트인 경우라면 실험 절차를 제안하고 자료 수집 방안을 알려주고 수집한 데이터를 정리 및 분석을 도와준다. 역사 프로젝트라면 특정 시대에 발생한 사건의 주요 내용과 배경 정보와 관련 중요 인물의 사상, 생애, 역할, 영향력 등의 정보 등을 제공하고, 학생이 역사적 사건에 관여할 수 있는 시뮬레이션 활동에 참여시킬 수도 있다. 이런 프로젝트 활동에서 AI가 인터랙티브 학습 도구로서 다양한 형태의 콘텐츠를 생성할 수 있도록 도와준다. 이로써 학생은 보다 창의적인 프로젝트를 완성할 수 있다.

셋째, 교육 접근성을 향상한다. 언제 어디서나 학습할 수 있도록 AI가 지원하는 것이다. 교수자와 학습자가 직접 대면하지 않고 다양한 매체를 통한 교육은 온라인 교육과 e-러닝을 통해 가능해졌다. AI는 이런 교육 접근성을 훨씬 효과적이며 매력적으로 실현하였다. 예컨대, 접속한 모바일 앱을 통해 다양한 학습 콘텐츠를 제공하고 AI 튜터가 인간 교사처럼 지도하는 것이다.

넷째, 여러 교과의 학습을 지원한다. AI를 통해 학생들이 필요한 정보를 신속하게 획득하고, 리포트 과제 등의 결과물을 도출할 수 있다. 또 연습이 필요한 외국어 학습에서는 학생이 문장을 발음하면 문장의 의미를 번역하여 보여주거나, 발음이 정확한지 아닌지를 알려주거나, 언제 사용하는 표현인지, 유사한 표현은 무엇인지를 알려주는 주기도 한다. 또한 번역도 빠르게 해주기도 한다.

다섯째, 특수 교육을 지원한다. AI를 이용하면 각종 장애인, 학습 부진아 등을 위한 학습자료 개발이 용이하다. AI를 통해 장애로 발생할 수 있는 학생의 학습활동 참여의 어려움을 도와주고, 교사의 교육적 어려움을 낮출 수 있는 것이다. 이 또한 개별 학생의 필요에 맞춘 개별화된 학습으로 이루어진다.

Chapter 09

AI·디지털 기반 수업모형 및 실제

Chapter 09

Chapter 09

AI·디지털 기반 수업모형 및 실제

교육목표와 교육내용이 설정되면, 실제 수업에서 교육목표 달성을 위해 교수자는 교육내용을 가르치는 활동을, 학습자는 교육내용을 배우는 활동을 구체적으로 실천해야 한다. 적어도 수업은 교육내용의 성격과 교육목표 달성에 부합해야 한다. 부합하지 않는다면 그 수업을 수행할 의미나 이유가 없다. 당연한 말이지만 수업의 전개가 내용에 따른 목표에 효과적이어야 한다. 문제는 교수-학습활동을 위한 충분한 시간적 여유가 없고 재정과 같은 자원도 충분하지 않다는 점이다. 또 학교교육에서의 수업은 20주가 넘는 2개의 학기가 모여 1년 단위의 학년을 이루면서 진행된다. 여기에 교과마다 주당 서로 다른 수업 시간, 즉 수업시수를 갖고 있다. 어떤 교과는 더 많이, 어떤 교과는 더 적게 수업을 하는 것이다. 자원의 분배와 배치도 교과마다 동일하지 않다. 수업시수는 법정시수라서 모든 학교가 따라야 하지만 자원은 시수처럼 정해 놓기 까다롭다. 이처럼 수업은 시간적인 면에서도, 자원적인 면에서도 효율적이어야 한다. 수업의 방식이 학습자의 동기나 흥미를 유발하고 수업에 적극적으로 참여하도록 만들어야 하는 것에도 어려움이 있다. 교사의 입장에서 아무리 잘 가르쳤다고 해도 학생의 입장에서 제대로 경험하지 못했다면 교육목표 달성은 불가능하다. 결국 수업의 방식은 학생에게 재미를 선사하여 계속해서 학습하도록 학생에게 어필하는 매력이 있어야 한다. 이처럼 수업은 교육내용과 교육목표에 부합하는 효과성을 담보해야 하며, 동시에 시간과 자원 면에서도 효율성을 추구해야 하고, 학생을 홀리는 매력성을 지녀야 한다는 뜻이다. 이를 위해 다양한 수업방법의 개발되어 수업에서 활용되고 있다(조규락, 2024a).

1. AI·디지털 수업과 수업모형[1)]

AI · 디지털의 교육내용 자체가 교육목표 달성을 이끌 수 없다. 교육내용은 수업이라는 활동, 즉 교사와 학생이 실천하는 교수-학습활동을 통해서 실현되는 것이다. 그런데 수업은 교사 임의로 아무렇게나 진행하는 것이 아니다. 지켜야 할 원리가 있고, 고려해야 할 조건이 있으며, 해야 할 활동이 있다. 이를 교사와 학생이 수업에서 밟아야 할 단계와 절차로 체계화하여 정립한 것이 수업모형 또는 교수-학습모형이다. 수업모형은 특정한 교수목표와 학습을 위해 고안된 수업의 틀로서 교사와 학생이 따라야 할 일련의 절차나 단계로 구성된다. 교수와 학습목표를 위한 수업모형은 하나만 있는 것이 아니다. 교사가 갖고 있는 교육관에 따라, 시대에 맞는 교육사조에 따라, 수업해야 할 과목과 주제에 따라, 학생의 구성과 특성에 따라, 교육 환경과 상황에 따라, 그리고 활용하거나 적용해야 할 기술에 따라 아주 다양한 수업모형이 나타난다.

1) 이 절은 조규락(2024a)의 일부를 수정 및 재기술한 것이다.

지금은 AI · 디지털 시대이니만큼 이런 기술을 수업에서 잘 활용할 수 있도록 하는, 또는 이런 기술에 대한 내용을 잘 학습할 수 있도록 하는 수업모형이 모색되고 있다. 전자는 각 교과에서 AI · 디지털 기술을 수업에서 활용함으로써 교과의 수업목표 달성을 꾀하는 수업모형이며, AI · 디지털 활용교육이나 AI · 디지털 융합교육에서 추구하는 수업모형이다. 이런 수업모형에서 AI · 디지털 기술은 반드시 사용되어야 하지만 기술 자체가 초점은 아니다. AI · 디지털 기술은 교과의 수업목표 달성에 필요한 도구적 역할이나 플랫폼 역할을 하는 것이기 때문이다. 즉, 각 교과의 내용 학습을 AI · 디지털 기술을 통해 성취하려는 것이다. 반면에, 후자는 AI · 디지털 기술의 내용 자체를 학습시키는 것을 꾀하는 수업모형이며, AI · 디지털 소양교육 혹은 AI · 디지털 이해교육에서 추구하는 수업모형이다. 이런 수업모형에서 AI · 디지털 기술은 그 자체가 학습해야 할 내용으로서의 위상을 가진다. 수업목표의 달성은 AI · 디지털 기술을 얼마나 잘 학습했는지 여부다. 이 수업목표 달성을 위해 AI · 디지털 기술을 도구나 플랫폼으로 사용할 수도 있다. 즉, AI · 디지털 기술 내용의 학습을 AI · 디지털 기술을 통해 성취할 수 있는 것이다.

수업모형 관련하여 간과해서는 안 될 사항이 있다. 학습자 혹은 수요자 관점에서의 교육사조다. 계층을 막론하고 누구나 받아야 하는 보편적 학교교육이 시행된 이후 여러 교육사조가 등장하고 그에 따른 교육 모습의 변화가 나타났지만, 학습자의 학습활동에 대한 적극적 참여가 교육과 수업에서 매우 중요하다는 점은 상식이 되었다. 지식이 어떤 상황에서 어떻게 활용되는지를 모른다면 효과적이며 효율적인 지식 습득에 실패할 것이며, 설사 지식 습득에 성공한다고 해도 그 지식은 실제에 활용되기 어려운 지식이 된다. 비활성화된 지식(inert knowledge)이 되는 것이다(조규락, 2019). 지식의 형성과 습득 과정에는 지식에 대한 단순한 설명의 청취나 시청이 아니라 그 지식을 활용해야 하는 문제해결이나 프로젝트 수행과 같은 유의미한 활동이 필요하다. 왜냐하면 유의미한 활동은 습득해야 할 지식의 활용 맥락과 적용의 실제적 상황을 제공해주기 때문이다. 따라서 AI · 디지털 수업 모형도 학습자 관점이라는 교육사조를 무시하거나 벗어날 수 없다. 즉, 유의미한 학습활동 참여를 기본으로 한다.

2. 다양한 AI·디지털 수업모형[2)]

학교현장에서 수업은 교과 내용의 성격을 고려하여 신중하게 선택한 수업모형에 따라 진행된다. 수업에서 적용할 수 있는 수업모형이 많이 개발되어 있다. 수업 모형 중에는 AI · 디지털 교육을 위해 응용할 수 있는 것도 많다. 다음은 AI · 디지털 교육을 위해 수업에서 적용할 수 있는 수업모형인데, 초 · 중 · 고 현장의 교사가 인공지능 교육 수업 공모전에 제출한 수업지도안을 분석하여 도출한 수업모형이다(정영식, 2022)[3)].

2) 이 절은 조규락(2024a)의 일부를 수정 및 재기술한 것이다.

3) 정영식(2022)에 따르면, 공모전에 제출한 수업지도안을 기존의 교과별 수업모형에 따라 분류한 후에 동일하거나 유사한 모형은 통합하여 도출하였다고 한다. 여기의 수업모형을 '인공지능 융합교육'을 위한 수업모형이라고 하였지만, 굳이 하나의 유형에만 고착화할 필요는 없다. 한편, 이 책에서는 STS수업 모형, 개발중심 모형은 다른 모형과 상당히 유사하므로 제외하였고, 비교적 최근에 개발된 사례가이드학습모형을 추가하였다.

1) 개념형성 모형

개념형성 모형은 학습자가 인공지능의 개념과 원리를 학습하도록 만드는 것에 초점을 둔 수업모형이다. 구체적인 모형에는 개념학습 모형과 원리탐구 모형이 있다.

(1) 개념학습 모형

공통된 특징과 속성을 가진 항목들을 분류한 개념들을 학습시키는 모형으로 기초적인 인공지능의 개념과 지식을 체계적으로 이해시키는 데 도움을 주는 모형이다(김현석, 2004 재인용). 수업에서 학습자로 하여금 인공지능과 관련한 개념을 형성시키고 이를 내면화시키기 위해 활용할 수 있는 모형이다. 이 모형은 3단계로 구성되어 있다. 1단계의 개념탐색 단계에서는 학생들이 자신의 경험을 토대로 새롭게 학습하는 개념에 대해 생각하게 만들며, 2단계의 개념도입 단계에서는 새로운 개념을 획득하는 과정을 통해 개념을 형성하도록 하고, 3단계의 개념적용 단계에서는 형성된 개념을 갖고 다른 현상들에 대해 탐색하게 함으로써 그 개념을 내면화시킨다. 개념학습 모형의 단계별 학습과정 및 교수-학습활동의 예시는 〈표 9-1〉에 제시한다.

〈표 9-1〉 개념학습 모형의 단계별 학습 과정 및 교수-학습활동의 예시

단계	학습 과정	교수-학습활동(예시)
개념 탐색	학습 문제 제기	• 일상생활 속의 문제 상황 제시하기(경험 제시) • 학습의 준비 확인과 동기 유발하기 • 학습 문제 및 학습활동 제시
	교사의 간단한 시범활동	• 인공지능 맞춤 추천 서비스를 통한 합리적 선택 방법 살펴보기 • 합리적인 선택 기준 정하기
	새로운 규칙성 파악	• 합리적인 선택 체험하기 • 새로운 규칙성 파악하기
개념 도입	용어 도입하기	• 학생의 경험을 토대로 KNN 알고리즘 원리 익히기 • KNN 알고리즘 개념 도입하기
	개념 정리 및 보완	• KNN 알고리즘 개념을 학습 문제에 적용하기 • 인공지능의 KNN 알고리즘 활용으로 개념 확장시키기
개념 적용	모델 만들기	• 엔트리 인공지능 블록 활용 KNN 분류 인공지능 학습시키기 • 엔트리 블록코딩을 활용하여 인공지능 추천 프로그램 만들기
	자신의 사고 정교화하기	• 학습 내용 공유하기 • 학습한 개념을 자신의 삶에 적용시켜 내면화하기

(2) 원리탐구 모형

실생활과 관련된 문제를 해결해가는 과정에서 개념 안의 원리를 파악해 가도록 하는 모형이다. 학생들은 파악한 원리를 타 문제에 적용함으로써 원리를 활용할 수 있는 추론 능력을 향상시키는 데 도움을 준다(고은성, 김상미, 2017). 수업에서 학습자로 하여금 실생활 문제를 통해 개념 속 원리를 파악하도록 하고 싶다면 활용할 수 있는 모형이다. 이 모형은 4단계로 구성되어 있다. 1단계의 문제확인 단계에서는 학생 주위의 익숙하고 쉽게 해결할 수 있는 문제를 찾아보면서 원리를 인식하도록 하며, 2단계의 원리파악 단계에서는 찾은 문제를 해결하는 과정을 통해 사고력을 기르면서 개념 속의 원리를 파악하도록 하며, 3단계의 원리적용 단계에서는 파악한 원리를 새로운 도전적인 문제에 적용해보면서 그 문제를 해결하여

파악한 원리를 내면화시키며, 4단계의 원리확산 단계에서는 내면화된 원리를 더 큰 문제나 분야가 다른 문제에 적용해보면서 추론능력을 키우도록 한다. 원리탐구 모형의 단계별 학습과정 및 교수-학습활동의 예시는 〈표 9-2〉에 제시한다.

〈표 9-2〉 원리탐구 모형의 단계별 학습 과정 및 교수-학습활동의 예시

단계	학습 과정	교수-학습활동(예시)
문제 확인	학습 주제 인식	• 동기 유발 • 학습 문제 확인
	학습 개념 확인	• 학습 개념 소개 • 개념 파악
원리 파악	학습 개념 원리 파악	• 익숙한 문제에 개념 원리 적용 • 개념 원리 파악
	학습 개념 원리 정리	• 개념 원리 정리(도식화 및 시각화)
원리 적용	학습 개념 원리 적용	• 도전성 있는 문제 인식하기 • 파악한 개념 원리를 활용해 문제해결하기
	학습 개념 원리 내면화	• 문제해결 방법 발표 및 공유
원리 확산	학습 개념 원리 확산	• 원리 활용 사회적 문제 적용 • 사회적 문제해결 방법 추론

2) 기능습득 모형

기능습득 모형은 학습자가 인공지능 프로그래밍 시연이나 실습을 통해서 인공지능 기술의 기본 기능을 습득하도록 만드는 수업모형이다. 구체적인 모형에는 시연중심 모형과 실습중심 모형이 있다.

(1) 시연중심 모형

교사가 모델이 되어 학습활동을 시연하여 학생들에게 보여주면, 학생들은 모방 활동을 하면서 반복적인 연습을 통해 인공지능의 기능을 익히거나 프로그램을 만들어 보는 모형이다. 이 모방 활동에서 학생들의 질문과 대답이 이어지고 인공지능의 알고리즘이나 프로그래밍과 같은 제작 활동을 집중하게 하는 것이다(김진숙 외, 2015). 수업에서 다루는 내용이 학습자가 교수자의 시범을 꼭 참고해야 할 것이라면 활용할 수 있는 모형이다. 이 모형은 3단계로 구성되어 있다. 1단계의 시연 단계에서는 교사가 모델 제작을 위한 기초 기능을 설명하고 사용 방법과 모델 제작의 과정에 대한 시범을 보이면, 2단계의 모방 단계에서 학습자는 교사의 모델 제작 과정을 모방하고 궁금한 사항은 질문하여 답변을 들으면서 반복적인 연습을 하면서 제작 과정을 이해하며, 3단계의 제작 단계에서 학습자가 자기주도적으로 모델 제작을 하면서 절차적 사고를 익히게 된다. 시연중심 모형의 단계별 학습과정 및 교수-학습활동의 예시는 〈표 9-3〉에 제시한다.

〈표 9-3〉 시연중심 모형의 단계별 학습 과정 및 교수-학습활동의 예시

단계	학습 과정	교수-학습활동(예시)
시연	설명	• 기계학습의 개념 및 원리 설명하기 • 기계학습 중 이미지 분류 방법 설명하기
	시범 보이기	• 프로그램 설계 안내하기 • 인공지능 모델 만들기 시범 보이기
모방	따라하기	• 프로그램 만들기 • 인공지능 모델 만들기
	질문, 답변	• 발문하기 • 답변하기
제작	만들기	• 프로그램 수정 및 보완하기
	반복	• 반복하기

(2) 실습중심 모형

학습자가 참여하는 다양한 실습 활동을 통해 인공지능 기본 기능을 익히게 하고 창의성을 신장시키려는 데 주안점을 둔 모형이다. 수업에서 창의성을 기를 수 있는 다양한 실습 활동이 가능한 상황이라면 활용할 수 있는 모형이다. 이 모형은 실습목적 및 지식이해 단계, 실습과정제시 단계, 실험 · 관찰 단계, 실습을 통한 기본 기능 습득 단계, 평가 단계, 적용 및 확산 단계 등의 6단계로 구성되어 있는데(이수정, 왕석순, 2022), 마지막 6단계는 실습을 통해 학습하고 이해한 인공지능의 지식과 기술의 경험을 실생활과 사회 현상에 연결하는 것이다. 실습중심 모형의 단계별 학습과정 및 교수-학습활동의 예시는 〈표 9-4〉에 제시한다.

〈표 9-4〉 실습중심 모형의 단계별 학습 과정 및 교수-학습활동의 예시

단계	학습 과정	교수-학습활동(예시)
실습 목적 및 지식 이해	실습의 목적 인식	• 문제 상황 확인 • 실습 활동의 필요성과 중요성 인식
	관련 지식 이해	• 실습 활동(문제해결)에 필요한 관련 지식 습득
실습 과정 제시	교사의 시범	• 실습 활동의 기본이 되는 간단한 교사의 시범
실험 · 관찰	기본 기능 시범 관찰	• 교사의 시범 모방
	역할놀이 무대 준비	• 실습에 요구되는 용구와 재료 다루는 법 시범 관찰
실습	기본 기능 습득	• 실습 과정, 실습 방법에 따른 학습자의 실습
평가	실습 과정 및 결과 평가	• 실습 활동에 대한 자기 평가 및 교사 평가
적용 및 확산	실습 개념 적용	• 실습을 통해 습득한 기술 및 개념 다른 분야 적용
	확산 및 일반화	• 공유 및 일반화

3) 문제해결 모형

문제해결 모형은 학습자가 인공지능을 활용하여 교과 속의 문제나 생활 속의 문제를 해결하도록 만들어 주는 것에 초점을 둔다. 구체적인 모형에는 창의적 문제해결학습 모형, 탐구학습 모형, 토의·토론학습 모형이 있다.

(1) 창의적 문제해결학습 모형

일상생활에서 발생할 수 있는 문제 상황에서 문제의 성격을 이해하고 정의하며, 새로운 아이디어를 구안하여 실행 계획을 세워보도록 하는 모형이다(박도인, 2007). 특히 수업에서 학습자로 하여금 문제해결에 대한 창의적인 아이디어를 떠올리게 하고 그 아이디어의 실행 계획까지 마련토록 만들고 싶다면 활용할 수 있는 모형이다. 이 모형은 6단계로 구성되어 있다. 1단계의 관심영역 발견 단계에서는 실생활에서 발견할 수 있는 문제 상황을 분석하고 해결할 목표를 발견하며, 2단계의 사실 발견 단계에서는 문제 파악을 위한 정보를 수집하고 분석하며, 3단계의 문제 발견 단계에서는 앞 단계에의 정보 수집과 분석을 통해서 다양한 문제를 진술하고 핵심적인 문제를 선택하며, 4단계의 아이디어 발견 단계에서는 선택한 핵심 문제를 해결할 수 있는 아이디어를 산출해내고, 5단계의 해결책 발견 단계에서는 문제해결의 다양한 아이디어를 평가하면서 최선의 아이디어를 선정하고, 6단계의 수용안 발견 단계에서 선정한 해결책을 실천하는 데 필요한 계획을 수립하도록 한다. 창의적 문제해결학습 모형의 단계별 학습과정 및 교수-학습활동의 예시는 〈표 9-5〉에 제시한다.

〈표 9-5〉 창의적 문제해결학습 모형의 단계별 학습 과정 및 교수-학습활동의 예시

단계	학습 과정	교수-학습활동(예시)
관심영역 발견	상황 분석	• 문제 상황 분석
	목표 발견	• 촌락과 도시의 문제점
사실 발견	데이터 수집	• 스마트 시티에 대한 데이터 수집
	데이터 분석	• 스마트 시티에 대한 데이터 분석
문제 발견	문제 진술	• 가능한 한 많은 문제와 하위 문제 진술
	문제 정의	• 핵심 문제 선택하기 • AI 기술을 활용한 문제해결 방법 찾기
아이디어 발견	아이디어 산출	• AI와 함께하는 미래 도시 계획 세우기
		• 브레인스토밍, 마인드맵을 통한 다양한 아이디어 산출
해결책 발견	아이디어 평가	• 기준에 따른 아이디어 평가와 선정
	아이디어 정교화	• 선정된 아이디어 정교화
수용안 발견	아이디어 선택	• 모둠별 미래 도시 발표
	실천 계획 수립	• 선정한 해결책을 실천에 옮기기 위한 실천 계획 수립

(2) 탐구학습 모형

과학자들은 탐구 문제가 무엇인지 규정하고 이를 해결하기 위해 가설을 설정하고 실험을 통해 가설을 검증한다. 탐구학습 모형은 이러한 과학자들의 탐구과정을 수업에 응용한 것인데, 기존 지식으로는 해결할 수 없는 새로운 문제에 직면한 상황에서 이를 해결해 가도록 할 때 유용하다(권재술, 김범기, 1994). 수업에서 학습자로 하여금 문제를 규정하고 그 문제를 해결하기 위한 가설을 설정하고 실험을 통해 검증하는 경험을 제공하고 싶다면 활용할 수 있는 모형이다. 이 모형은 탐색 및 문제파악 단계, 가설설정 단계, 실험설계 단계, 실험 단계, 가설검증 단계, 적용 및 정리 단계 등의 6단계로 구성되어 있는데, 각 단계는 과학자의 탐구과정

을 수업에 그대로 응용한 것이다. 가설과 실험 때문에 주로 과학 교과 관련 수업에서 적용할 수 있지만 사회 교과에서 사용이 불가능한 것이 아니다. 또 이 모형을 실제 수업에서 적용할 때 반드시 실제 실험을 해야 하는 것이 아니다. 인공지능 기술을 활용하여 가상 실험이나 사고 실험도 가능하다. 탐구학습 모형의 단계별 학습과정 및 교수-학습활동의 예시는 〈표 9-6〉에 제시한다.

〈표 9-6〉 탐구학습 모형의 단계별 학습 과정 및 교수-학습활동의 예시

단계	학습 과정	교수-학습활동(예시)
탐색 및 문제 파악	자료 관찰	• 인공지능을 활용한 화학실험 살펴보기
	문제 정의	• 가상실험실에서 중화반응 수행하기
가설 설정	가설 설정	• 가설 설정하기
실험 설계	변인 설정	• 핵심속성(독립변수)화 예측속성(종속변수) 정하기
	실험 계획	• 가상 실험 설계하기
실험	변인 통제	• 데이터 업로드하기 • 핵심속성(독립변수)와 예측속성(종속변수) 정하기
	실험	• 인공지능 모델 만들기 • 인공지능 모델 학습하기
가설 검증	자료 해석	• 그래프를 통한 자료 해석하기 • 인공지능 모델을 활용한 입출력 프로그램 만들기
	가설 수용 또는 수정	• 프로그램에 데이터 입력하여 결과값 확인하기 • 가설 수용 또는 수정하기
적용 및 정리	적용	• 실생활 문제해결에 적용하기
	학습 내용 정리	• 학습한 과학 내용 정리하기 • 인공지능을 활용한 실험의 장단점 정리하기

(3) 토의 · 토론수업 모형

교사와 학생이나 학생과 학생끼리 서로 대화를 통해 학습 문제를 해결해 가도록 하는 모형이다. 대화는 문제 상황에 따라서 내용을 설명하거나 대화 상대를 설득하는 목적을 갖기도 하는데, 치열한 논변이나 논쟁이 벌어질 수도 있다(조규락, 조영환, 2019). 이 토의 · 토론 참여의 과정에서 학습자는 학습내용을 깊게 학습하고, 학습내용에 대한 자신의 생각과 가치를 성찰할 수 있으며, 타인과의 의사소통 능력도 향상시킬 수 있다. 수업에서 학습자로 하여금 토의 · 토론처럼 정해진 규칙과 절차에 따라 대화를 나누면서 학습문제를 해결하도록 만들고 싶다면 활용할 수 있는 모형이다. 이 모형은 문제제시 단계, 토의 · 토론 단계, 적용 및 실천 단계의 3단계로 구성되어 있다. 토의 · 토론수업 모형의 단계별 학습과정 및 교수-학습 활동의 예시는 〈표 9-7〉에 제시한다.

〈표 9-7〉 토의 · 토론수업 모형의 단계별 학습 과정 및 교수–학습활동의 예시

단계	학습 과정	교수–학습활동(예시)
문제 제시	관련 개념 확인	• 검색 알고리즘에 개발자의 편견이 개입된 실제 사례 확인하기 • 데이터 편향성의 개념 확인하기
	토의 · 토론 주제 제시	• 데이터 편향성이 우리에게 미치는 부정적인 영향
토의 · 토론	토의 · 토론 활동	• 데이터 편향성이 미치는 부정적인 영향에 대해 토의하기
적용 및 실천	실생활 문제 적용과 실천	• AI 윤리 가이드라인 카드 뉴스 제작하기, 캠페인 활동
	정리하기	• AI 기반 데이터 알고리즘과 신뢰성 • 데이터 편향성 해소와 개발자 윤리

4) 창의계발 모형

창의계발 모형은 학습자가 인공지능 자체나 인공지능을 활용한 작품을 기획부터 개발까지 전 과정에 참여하도록 만드는 수업모형이다. 구체적인 모형에는 디자인중심 모형, 개발중심 모형, 프로젝트중심 모형, 창작중심 모형이 있다.

(1) 디자인중심 모형

이 모형은 스탠포드 대학교 D-School에서 제안한 디자인 사고과정(Design Thinking Process)을 수업에 응용한 것인데, 디자인 사고란 산업계의 디자이너가 새로운 제품이나 프로그램을 계획 · 설계할 때 밟아나가는 사고과정을 말한다(김선연, 2019). 인공지능은 단순한 프로그램 제품 개발이 아니라 인간의 삶 개선, 인류의 요구에 부합하는 활동이므로 고도의 창의적 설계가 필요한 분야이다(정영식, 2022). 수업을 통해 학습자의 창의적 설계 능력을 향상시켜 한다면 활용할 수 있는 모형이다. 이 모형은 4단계로 구성되어 있다. 1단계의 요구분석 단계에서는 학습자가 주어진 문제에 대한 고찰과 문제와 관련된 사람 혹은 사용자에 대한 탐색을 하게 되는데, 인간 중심 분석이므로 요구분석의 내용은 개발하고자 하는 제품이나 프로그램이 인간의 삶에 도움을 주는 방향으로 이루어져야 한다. 2단계는 디자인 단계로 학습자는 개발할 프로그램에 대한 다양한 아이디어를 산출하고, 어떤 아이디어를 선정하여 프로토타입 모델로 개발할지 목표를 세우며 설계한다. 3단계의 구현 단계는 프로토타입 모델을 만들어보고 수정하며 실생활에서 활용할 수 있도록 한다. 끝으로 4단계의 공유 단계에서는 개발한 모델을 공유하고 피드백을 주고받으며, 각 단계의 과정을 성찰하게 된다. 디자인중심 모형의 단계별 학습과정 및 교수-학습활동의 예시는 〈표 9-8〉에 제시한다.

〈표 9-8〉 디자인중심 모형의 단계별 학습 과정 및 교수-학습활동의 예시

단계	학습 과정	교수-학습활동(예시)
요구분석	문제 이해	• 시각장애인이 겪는 생활 속 어려움 파악하기
	요구 분석	• 인간 중심의 관찰과 사용자 요구 분석하기
디자인	아이디어 산출	• 브레인스토밍, 마인드맵을 활용한 다양한 아이디어 산출
	창의적 설계	• 아이디어 선정과 창의적 설계
구현	모델 만들기	• 캔음료 구별 모델 제작하기
	모델 수정하기	• 캔음료 구별 앱 만들기
공유	공유하기	• 모델 공유하기
	평가하기	• 모델 평가하기

(2) 프로젝트학습 모형

학습자에게 장기간의 깊이 있는 연구와 조사가 요구되는 특정 과제를 제시하면, 학습자는 동료 학습자와의 협력과 탐구를 통해 과제를 해결하고 실제적인 결과를 제작하여 완성해 가는 모형이다. 인공지능 분야에서는 실생활과 관련된 심도 있는 탐구가 요구되는 과제가 많다. 수업에서 장기간 지속될 수 있는 과제이면서 팀을 이룬 학생들끼리 협력과 탐구를 통해 해결할 수 있는 과제가 마련되어 있다면 활용할 수 있는 모형이다. 이 모형은 팀 스스로 과제를 찾거나 선택하게 함으로써 동기를 부여하고, 몰입을 유도하여 높은 성취를 유도할 수 있다(이지애, 2015). 이 모형은 3단계로 구성되어 있다. 1단계의 프로젝트 도입 단계에서는 과제를 선정하고 프로젝트를 진행하기 위한 계획서를 작성하며, 2단계의 프로젝트 수행 단계에서는 프로젝트 진행을 위해 필요한 자료를 수집 · 분석하고 탐구하며, 분석한 자료를 바탕으로 문제해결안을 도출하고, 문제해결안을 적용한 발표 자료를 준비하고, 3단계의 프로젝트 평가 단계에서는 팀별로 프로젝트 결과물을 발표하고, 전체의 프로젝트 과정을 성찰한다. 프로젝트학습 모형의 단계별 학습과정 및 교수-

학습활동의 예시는 〈표 9-9〉에 제시한다.

〈표 9-9〉 프로젝트학습 모형의 단계별 학습 과정 및 교수-학습활동의 예시

단계	학습 과정	교수-학습활동(예시)
프로젝트 도입	주제 선성	• 생활 속 소프트웨어 찾아보기 • IoT 스마트 하우스 만들기
	계획서 작성	• 프로젝트 계획서 작성하기
프로젝트 수행	자료 수집	• 우리 삶에 적용하면 좋을 AI 기술 조사하기
	자료 분석 및 탐구	• AI 기술에 대해 탐구하기
	문제해결안 도출	• IoT 스마트 하우스에 적용할 AI 기술 선정하기
	발표 자료 준비	• IoT 스마트 하우스 만들기
프로젝트 평가	프로제큳 발표	• IoT 스마트 하우스 발표하기
	정리 및 성찰	• 소감 나누기 • 프로젝트 과정 성찰하기

(3) 창작중심 모형

음악과 같은 교과의 작품 창작 활동을 수업에 응용한 모형이다. 특히 음악 수업에서 인공지능 기술 및 디지털 도구를 활용하여 음악 생성 과정과 음악 기능을 체험하며 자신만의 작품을 창작할 수 있다(정영식, 2022). 하지만 반드시 음악 교과만 이 모형을 활용할 수 있는 것은 아니다. 어느 교과든 인공지능 기술과 디지털 도구를 사용하여 학습자만의 작품을 완성하도록 하는 수업이라면 활용할 수 있는 모형이다. 이 모형은 4단계로 구성되어 있다. 1단계의 인지 단계에서는 인공지능 기술이 접목된 작품을 감상하고 수행해야 할 학습 문제를 제시받으며, 2단계의 기능파악 단계에서 인공지능 도구를 체험하면서 창작을 위한 기능을 익힌다. 3단계의 표현방법 탐색 단계에서는 앞 단계에서 익힌 인공지능 도구를 활용해서 자신의 창작 작품에 들어갈 수 있는 여러 내용을 표현해 보고 느낌을 말하며, 4단계의

창작 단계에서는 익힌 기능을 활용하여 작품을 창작하고 다른 학생의 작품을 감상한다. 창작중심 모형의 단계별 학습과정 및 교수-학습활동의 예시는 〈표 9-10〉에 제시한다.

〈표 9-10〉 창작중심 모형의 단계별 학습 과정 및 교수-학습활동의 예시

단계	학습 과정	교수-학습활동(예시)
인지	동기 유발	• AI 기술이 접목된 음악 감상하기
	문제 제시	• AI 도구로 난타 리듬곡 창작하기
기능파악	체험하기	• 디지털 도구로 음악적 요소 체험하기
	기능 익히기	• 안내에 따라 인공지능 작곡 도구 체험 방법 익히기
표현방법 탐색	표현하기	• AI 도구로 리듬 만들기
	느낌 말하기	• AI 도구로 만든 리듬을 듣고 느낌 말하기
창작	창작하기	• AI 도구로 리듬곡 창작하기
	감상하기	• 창작한 리듬곡 감상하기

5) 가치형성 모형

가치형성 모형은 학습자가 인공지능과 관련해서 도덕적이며 윤리적 가치를 발견하거나 스스로 찾는 것에 초점을 둔 수업모형이다. 구체적인 모형에는 가치학습 모형, 역할놀이 모형, 반응중심 모형, 미래예측 모형, 사례가이드학습 모형이 있다.

(1) 가치학습 모형

학습자에게 익숙하지 않은 도덕적 가치를 학습시킬 때 사용할 수 있는 모형이다. 자신의 경험과 상황을 통해서 이해하고 있는 기존 자신의 도덕적 가치를 다른 상황에 적용해 보는 과정에서 새로운 도덕적 가치가 형성될 수 있다. 그리고 새롭게 형성된 도덕적 가치는 자신의 생각을 다양하게 표현하는 과정에서 내면화가 가능하다(정영식, 2022). 이 모형은 3단계로 구성되어 있다. 1단계의 이해 단계에서는 학습자가 빠르게 변화하는 사회 속에서 새롭게 발생한 상황과 관계와 가치를 인식하며, 2단계의 생각 넓히기 단계에서는 새로운 관계를 파악하고 새로운 가치에 대한 생각을 정리하고 표현해 보며, 3단계의 활동하기 단계에서는 새로운 가치를 여러 상황에 적용해 보고 자신의 생각을 발표하며 공유한다. 가치학습 모형의 단계별 학습과정 및 교수-학습활동의 예시는 〈표 9-11〉에 제시한다.

〈표 9-11〉 가치학습 모형의 단계별 학습 과정 및 교수-학습활동의 예시

단계	학습 과정	교수-학습활동(예시)
이해하기	상황 인식	• 새롭게 발생한 상황 인식 • 학습 문제 확인
	가치 확인	• 새로운 관계 확인 • 새로운 가치 확인
생각 넓히기	관계 파악	• 새로운 관계 정의 • 새로운 가치의 적용 범위 파악
	가치 정리	• 새로운 가치에 대한 자신의 생각 정리 • 자신의 생각 표현
활동하기	가치 적용	• 더 넓은 관계, 범위에 새로운 가치 적용
	가치 내면화	• 새로운 가치에 대한 자신의 생각 발표 및 공유

(2) 역할놀이 모형

역할놀이 수업은 학습자가 어떤 가상적인 역할을 수행하게 함으로써, 그 역할 상황 속에서 자신과 타인의 모습을 살펴보고 관련된 가치를 발견하도록 하는 모형이다(Shaftel et al., 1982). 인공지능 교육에서 역할놀이 모형은 학습자로 하여금 인공지능 기술의 발달과 함께 새롭게 생겨나는 상황과 관계 속에서의 역할을 수행

하게 만들거나, 인공지능의 기술을 역할극으로 수행하게 함으로써 인공지능에 대한 가치를 형성하거나 발견하도록 도와준다. 특히 인공지능은 기술 및 도구에 대한 기존과 매우 상이한 상황과 관계를 창조해 내었기 때문에 학습자에게는 익숙하지 않은 매우 낯선 환경이다. 따라서 단순한 개념적 접근만으로는 피상적인 경험이 되기 때문에, 낯선 환경에서의 역할놀이나 역할극은 실제적 경험을 제공하는 방법으로서 매우 유용하다(정영식, 2022). 이 모형은 준비 단계, 역할자 선정 단계, 무대 설치 단계, 청중 준비 단계, 시연 단계, 논의와 평가 단계, 재시연 단계, 경험 공유와 일반화 단계의 8단계로 구성되어 있다. 역할놀이 모형의 단계별 학습과정 및 교수-학습활동의 예시는 〈표 9-12〉에 제시한다.

〈표 9-12〉 역할놀이 모형의 단계별 학습 과정 및 교수-학습활동의 예시

단계	학습 과정	교수-학습활동(예시)
준비 단계	문제 선정	• 역할놀이 설명 • 역할놀이로 표현할 문제 선정(인공지능 기술, 새로운 사회)
	문제 탐색	• 문제 속 관계 탐색 • 문제 속 상황 탐색
역할자 선정	역할 준비	• 역할 분석 • 역할 연기자 선정
무대 설치	상황 설명	• 상황과 관계에 대한 재설명
	무대 준비	• 역할놀이 무대 준비
청중 준비	관찰 과제 선정	• 역할놀이 속 관찰 과제 선정(필요한 인공지능 개념 설명)
	관찰 과제 분담	• 관찰 과제 분담
시연	역할놀이 시연	• 역할놀이 시연
논의와 평가	행동 검토	• 역할놀이 행동 검토하기
	초점 논의	• 중요한 초점 논의 및 토의
재시연	수정된 역할놀이	• 토의 내용 반영 및 역할 교체
경험 공유와 일반화	상황 연결	• 문제 상황 현실 문제와 연결(인공지능 기술, 새로운 사회)
	일반화	• 경험한 새로운 상황 및 관계 속 인공지능 기술 및 사회의 이해

(3) 반응중심 모형

문학 경험에 대한 자신의 반응과 감정을 자유롭게 표현하는 것에 주안점이 있는 모형이다. 이 모형을 통한 수업에서는 문학 작품의 내용을 지식적으로 이해하는 것이 아니라, 학습자의 문학 작품에 대한 반응이나 감상을 자유로운 분위기에서 드러낼 수 있다(윤지혜, 2012). 수업에서 학습자로 하여금 인공지능 기술과 도구를 적용하여 문학 작품에 대한 반응이나 감정을 자유롭게 표현하도록 만들고 싶다면 활용할 수 있는 모형이다. 이 모형은 4단계로 구성되어 있다. 1단계의 반응준비 단계에서는 본격적으로 작품을 읽기 전에 작품과 관련된 상황이나 소재 제시 등으로 학습동기를 유발하고, 제목이나 표지 등으로 작품내용을 짐작하게 하며, 작품에 대한 학생들의 배경 지식을 활성화시킨다. 2단계의 반응형성 단계에서는 작품을 읽으면서 즉각적으로 떠오르는 생각과 느낌을 자유롭게 표현하고, 작품에 대해 반응을 형성토록 한다. 3단계의 반응 명료화 단계에서는 작품 속의 갈등 상황이나 인물의 문제를 해결하기 위해 인공지능 도구로 모델을 만들거나 프로그래밍한다. 4단계의 반응심화 단계는 현재의 기술로 인물의 문제를 해결할 수 있는

〈표 9-13〉 반응중심 모형의 단계별 학습 과정 및 교수-학습활동의 예시

단계	학습 과정	교수-학습활동(예시)
반응 준비	동기 유발하기	• 작품 속 상황, 소재 제시 등으로 학습 동기 유발하기
	배경지식 활성화하기	• 작품 내용 짐작하기 • 작품의 배경과 관련된 지식 활성화하기
반응 형성	작품 읽기	• 작품 읽기(자전거 도둑)
	작품 반응 형성하기	• 주인동의 감정 재료 찾기 • 갈등 상황에서 주인공이 느꼈을 감정 떠올려보기
반응 명료화	AI 모델 만들기	• 인물의 긍정적/부정적 감정 분류 프로그램 만들기
	프로그래밍하기	• 인물의 문제를 해결하는 프로그램 만들기
반응 심화	적용하기	• 현재의 기술로 문제를 해결할 수 있는 방법 찾기
	정리하기	• 학습한 내용 정리하기

방법을 찾아보고 학습한 내용을 정리한다. 반응중심 모형의 단계별 학습과정 및 교수-학습활동의 예시는 〈표 9-13〉에 제시한다.

(4) 미래예측 모형

막연하게 상상하는 것보다 수집한 데이터를 입력하고 학습시키는 것이 정확도가 더 높은 미래를 예측할 수 있다. 이 모형은 데이터 분석을 통한 인공지능 예측 모델을 만들고, 이 모델을 통해 미래의 변화 가능성을 분석하고 앞으로 직면하게 될 문제에 대한 판단과 대안을 제시해 보는 모형이다(정영식, 2022). 수업에서 분석에 투입할 데이터를 수집하고 확보할 수 있고 학습자가 데이터 분석에 필요한 지식과 소프트웨어를 사용할 수 있다면 활용할 수 있는 모형이다. 이 모형은 5단계로 구성되어 있다. 1단계의 문제인식 단계에서는 학습동기를 유발시키고, 학습 문제를 파악하게 한다. 2단계의 탐구 단계에서는 학습자가 데이터를 수집하고 전처리를 한 후에 이를 분석하고 예측모델을 만들게 한다. 3단계의 예측 단계에서는 인공지능 예측모델에 새로운 데이터를 입력하여 결과를 예측한다. 4단계의 선택 및 수용 단계에서는 예측 결과에 따라 예상되는 문제를 상상하고 이 문제를 해결하기 위해 가져야 할 바람직한 가치에 대해 토의하면서 미래를 위한 실천방안을 수립한다. 5단계의 행위 단계에서는 학습한 내용을 정리하고 캠페인, 운동 등의 구체적인 실천 활동을 통해 예측한 결과를 실생활에 반영한다. 미래예측 모형의 단계별 학습과정 및 교수-학습활동의 예시는 〈표 9-14〉에 제시한다.

〈표 9-14〉 미래예측 모형의 단계별 학습 과정 및 교수-학습활동의 예시

단계	학습 과정	교수-학습활동(예시)
문제 인식	학습동기 유발	• 사진을 보고 날씨 예측하기
	학습 문제 파악	• 이상고온과 미세먼지 발생의 관련성
탐구	데이터 수집 및 전처리	• 기상자료개발포털에서 미세먼지 데이터 다운로드하기 • 스프레드시트에서 데이터 추출하기
	데이터 분석 및 관계 탐색	• 데이터시각화하기 • 이상고온과 미세먼지의 상관관계 탐색하기
	예측 모델 만들기	• 온도에 따른 미세먼지 농도를 예측하는 모델 만들기
예측	예측하기	• 미세먼지 예측하기
선택 및 수용	가치 토의	• 예측 결과에 따라 예상되는 문제 생각하기 • 문제해결을 위해 가져야 할 바람직한 가치 토의하기
	바람직한 미래 상황 선택	• 미래를 위한 실천 방안 수입하기
행위	학습 내용 정리	• 학습 내용 정리하기
	실천	• 캠페인, 운동 등 실천하기

(5) 사례가이드학습 모형

많은 학습이론과 교수이론은 사례를 중시하는데, 그 이유는 사례를 탐구하고 분석하면 그 사례와 관련된 내용을 자연스럽게 습득할 수 있기 때문이다. 사례에는 실제 발생했던 사건, 사태 등의 주요 내용이 내러티브와 이야기 형태로 이루어 있어서 사례를 배운다는 것은 관련 사건과 사태의 주요 내용을 배우는 것과 같다. 사례가이드학습(CGL, Case-Guided Learning) 모형은 사례를 실제 수업에 어떻게 활용하는지에 대해 구체적인 절차를 밝혀서 교수-학습과정에서 사례의 역할을 접목하고자 하는 모형이다. 이 모형은 이름처럼 사례가 수업을 안내하여 이끌어 간다는 의미를 가지는데, 수업에서 학생들이 팀별 과제를 수행할 때 필수적으로 관련된 사례를 과제 해결을 위한 학습자원으로 활용하는 것을 기본으로 한다. 즉, 과제 해결을 위한 주요 내용을 사례를 분석하면서 도출하는 것이다. 이 모형은

4단계로 구성되어 있다. 1단계의 주제 및 해결과제 확인 단계에서는 학습자가 해결해야 하는 과제를 제시하고 관련된 경험사례를 수집해서 제출하도록 한다. 2단계의 소사례 탐색 및 분석 단계에서는 학습자가 제출한 여러 소사례를 팀별로 분석하는 단계인데, 사례를 분석할 때 사례 간의 공통점, 차이점, 특이점, 및 다양한 관점을 파악하도록 하게 하면서 그 분석 결과를 토의하며 학습과제 완성에 필요한 요소와 해결과제가 요구하는 사항들을 확인하고 정립하도록 한다. 3단계의 협력적 문제해결 단계에서는 2단계에서 마련한 학습자원 요소와 학습이슈를 통해서 제시받은 해결과제에 대한 잠정적인 해결안을 마련하여 발표를 하고 피드백을 받는다. 4단계의 종합과 성찰 단계에서는 피드백 내용을 참고로 해서 해결과제에서 요구하는 사항들을 다시 점검한 후에 최종 해결안을 마련한다. CGL의 단계별 학습과정 및 교수-학습활동의 예시는 〈표 9-15〉에 제시한다(조규락, 2019).

〈표 9-15〉 CGL 모형의 단계별 학습 과정 및 교수-학습활동의 예시

단계	학습 과정	교수-학습활동(예시)
주제 및 해결과제 확인	주제 및 해결과제 제시	• 인공지능 기술에 의해 대체되는 직업의 특징은 무엇일까?
	사례 수집 및 제출	• 인공지능에 의해 영향 받을 수 있는 직업에 대해 조사하고 관련 사례를 수집하기
사례 탐색 및 분석	탐색, 분석 및 토의	• 직업 사례들 간의 공통점, 차이점, 특이점 및 여러 관점들 파악하기
		• 사례 탐색/분석 결과를 토의하기
	학습자원 요소와 학습이슈 정립	• 토의를 통해서 해결과제가 요구하는 사항들 확인하고 정립하기
협력적 문제해결	잠정적 해결안 마련	• 제시된 해결과제에 대한 잠정적 해결안을 마련하기
	발표와 피드백	• 잠정적 해결안을 발표하고, 피드백을 받기
종합 및 성찰	학습이슈 재정립	• 피드백의 결과를 반영하여 해결과제가 요구하는 사항들을 재확인하기
	최종 해결안 마련	• 재확인된 사항들을 반영하여 최종 해결안을 마련하기

3. AI·디지털 수업모형의 전망

수업모형은 교육목표나 교육내용보다 더 다양하고 복잡하다. 이를 지리산 등산에 비유해보자. 지리산 최고봉인 천왕봉은 등산객이 도달해야 할 최종 목적지로 삼는 교육목표이고, 노고단, 반야봉, 제석봉, 천왕봉 등 지리산을 구성하는 여러 봉들은 등산객이 경험해야 하는 지리산의 교육내용이며, 최고봉을 포함한 각 봉들을 올라가는 다양한 경로인 탐방로는 등산객이 지리산을 경험할 때 구체적이며 실제적으로 참여하는 교육방법으로서 수업모형이다. 산이 높고 클수록 봉우리가 다양하며 각 봉우리마다 올라가는 경로가 많이 존재하는 것처럼 교육목표의 수준이 높고 클수록 경험해야 할 교육내용이 다양하며 교육내용을 구체적이며 실제적으로 참여하는 수업모형은 많아질 수밖에 없다.

이상에서 소개한 수업모형은 많은 수업모형들 중의 일부다. 실제로 수업에서 활용할 수 있는 매우 다양한 수업모형이 존재한다. 수업모형 사이에서 나타나는 작은 차이를 별개의 수업모형으로 간주하면, 수업모형의 수는 상당할 것이다. 계속해서 새로운 수업모형이 등장하는 이유에는 교육사조의 변화, 기존 수업모형에서 발견되는 문제점의 개선, 새로운 기술의 등장으로 인한 사회적 요구 등이 있다. 예컨대, 교수자 중심에서 학습자 중심의 관점으로 변화한 교육사조, 학습자들의 자발적 · 협력적 문제해결과정 참여가 부족하다는 기존 수업모형의 문제점, 사례의 중요성에도 불구하고 사례를 구체적으로 활용하는 모형이 없었다는 점, 컴퓨터와 같은 첨단 기술이 등장하자 이를 교육해야 한다는 사회적 요구 등을 들 수 있다. AI · 디지털 기술이 새롭게 출현한 기술이며, 앞으로 이 기술을 토대로 사회 전반이 영향을 받고 변화할 것이기 때문에, AI · 디지털 기술에 대한 교육 요구가 확대되리라는 점은 이미 널리 알려진 사실이다. 따라서 이 장에서 소개한 수업모형과는 다른 새로운 수업모형이 앞으로도 더 개발될 것으로 예측할 수 있다. 아마도 이 장에서 소개한 수업모형을 실제 수업에 적용하면서 나타나는 문제점을 개선한 모형이 등장할 가능성이 크다.

4. 수업의 실제

이 절의 내용은 중학교 학교 현장에서 AI · 디지털을 활용하여 실제로 이루어지는 수업의 모습을 보여주는 3개의 수업 지도안이다. 제시되는 수업 지도안은 모두 교육대학원 '인공지능빅데이터융합교육전공'에서 저자가 개설한 〈AI융합교육방법및교육공학〉 수업을 수강한 현직 교사가 작성한 것이다. 각 수업 지도안이 이 장에서 제시한 다양한 수업모형을 정확히 반영하고 있지는 않지만, AI · 디지털 기술을 활용한 수업을 구체적으로 어떻게 설계하고 실제 수업을 어떻게 진행할 수 있는지에 대해 실질적인 도움을 얻을 수 있을 것이다.

AI · 디지털 기술을 활용한 수업의 실제 모습을 보여주는 수업 지도안은 주변에서 많이 찾아볼 수 있다. 이 책과 마찬가지로 '디지털교육'이라는 타이틀을 갖고 출간된 책들에서도, 교육부와 AI융합교육연구 · 지원센터에서 실시한 AI융합교육 수업지도안 공모전 우수사례집에서도, 각 교육청 및 연구 · 시범에서 발간하는 각종 자료집에서도 사례로 제시되어 있다. 다양한 수업 사례를 참고하여 앞에서 제시한 다양한 수업모형을 적절하게 응용 및 변용하여 수업을 설계한다면 매우 효과적이며, 매력적인 AI · 디지털을 활용수업을 개발할 수 있을 것이다.

수업 실제 1

- 대상 및 학년: 중학교 1학년
- 관련 교과: 정보, 수학, 사회
- 주제: AI야, 우리 마을 소상공인을 도와줘
- 수업목표: 우리 동네 작은 슈퍼마켓의 매출 자료를 분석해 보고 인공지능을 활용하여 이 슈퍼마켓에 적합한 마케팅 전략을 수립할 수 있다.
- 차시구성: 총 7차시

1, 2차시: PBL 문제 시나리오 안내 및 데이터 이해

학습목표	• 학생들이 제공된 데이터를 이해하고 문제를 명확히 정의할 수 있도록 한다. • AI 기술을 문제해결 과정에서 어떻게 활용할 수 있는지 소개한다.		
학습단계	교수-학습활동	시간(분)	자료 및 유의점
도입	**1. 과제의 목표 안내하기:** 슈퍼마켓 매출 분석을 통한 지역주민과 상생할 수 있는 마케팅 전략 수립 [문제시나리오 안내] 여러분은 소상공인을 돕는 마케터입니다. 우리 동네 작은 슈퍼마켓인 '○○슈퍼'는 수십 년째 우리 마을 주민들이 멀리까지 가지 않고 손쉽게 필요한 물건을 구입할 수 있는 편리성을 제공해 왔습니다. 하지만 최근 인터넷 쇼핑과 대형마트로 인해 동네 작은 상권이 위축되고 있어 사회적 문제입니다. ○○슈퍼의 지난 3년 동안의 매출 데이터를 바탕으로 앞으로도 꾸준히 우리 마을과 상생할 수 있도록 매출과 고객 만족도를 향상시킬 수 있는 마케팅 전략을 세우려고 합니다. 조별로 문제를 해결하는 방법을 찾아서 프레젠테이션 합니다. **2. PBL 소개:** PBL을 이용한 협력적 문제해결의 과정을 소개	30	

<table>
<tr><td></td><td>• PBL진행 과정 안내: 문제제시 → 문제파악하기 → 과제수행 계획 수립하기(팀별) → 문제해결 모색하기(자료수집→개별학습/팀별학습→해결안 도출 작성) → 발표 → 정리 및 평가

3. 평가기준 안내
• 데이터 분석의 정확성: 데이터를 정확히 분석하고 중요한 패턴을 도출했는지.
• AI 기술 활용: AI 기술을 적절히 사용하여 문제를 해결하려 했는지.
• 마케팅 전략의 창의성: 데이터 기반의 창의적이고 실행 가능한 마케팅 전략을 제시했는지.
• 발표 및 피드백: 발표 내용의 명확성과 피드백을 반영하여 전략을 보완했는지.</td><td></td><td></td></tr>
<tr><td>전개</td><td>[데이터 분석준비]
1. 학생들에게 매출 실적 데이터를 제공한다. (고객의 연령대, 성별, 구매시간, 구매품목, 가격 개수 등)
2. 데이터 분석의 중요성과 데이터에서 패턴을 찾아내는 방법을 설명한다.
3. 팀 구성 및 문제 정의하기: 학생들을 팀으로 나누고 문제를 분석하고 문제의 원인을 분석하는 데 도움이 되는 질문을 브레인스토밍하듯 서로 공유한다.
〈질문 예시〉
• 어떤 제품이 가장 많이 팔렸는가?
• 고객은 어떤 시간대에 주로 쇼핑을 할까?
• 어떤 연령대의 고객이 가장 많이 방문할까?
• 어떤 제품이 어떤 시간대에 많이 팔릴까?
• 어떤 제품과 어떤 제품이 함께 많이 팔렸을까?
• 슈퍼마켓에서 파는 제품 중 소비자에게 외면 받고 있는 제품이 있는가? 이 제품을 좀 더 팔기 위해 노력해야 할까? 재고 등을 감안할 때 판매에서 제외하는 것이 더 이익일까? 등
4. 각 질문에 대한 정보를 얻기 위해 데이터를 어떻게 정리하고 분석할 것인지에 대해 토론하고 질문을 분담한다.</td><td>50</td><td></td></tr>
<tr><td>정리 및 과제</td><td>엑셀을 이용한 데이터 정리 및 시각화하는 방법을 조사하고 차시에 팀원끼리 방법을 서로 가르쳐주고 공유할 수 있도록 준비한다.
(엑셀 이외에 파이썬, 매틀랩 등 다양한 도구를 사용할 수 있음)</td><td>10</td><td></td></tr>
</table>

3, 4차시: 데이터 분석 및 AI 기술 소개

<table>
<tr><td>학습목표</td><td colspan="3">• 학생들이 AI 기술을 활용하여 데이터를 분석하고, 매출 패턴을 이해한다.
• 기본적인 데이터 분석 방법과 AI 도구(예: 머신러닝)를 소개한다.</td></tr>
<tr><td>학습단계</td><td>교수-학습활동</td><td>시간
(분)</td><td>자료 및
유의점</td></tr>
<tr><td>도입</td><td>

[빅데이터 분석을 적용한 다양한 사례 소개]

새로운 종과 개체 수 변화 낙동강 빅데이터 분석 결과?/ KNN

빅데이너 분석 기술의 필요성과 유용성을 안내한다.

</td><td>30</td><td></td></tr>
<tr><td>전개</td><td>

[AI 기술 소개]

1. AI와 데이터 분석: AI 기술이 어떻게 데이터를 분석하고, 패턴을 찾는 데 도움이 되는지 설명한다.
2. 기본적인 머신러닝 개념: 머신러닝 모델이 어떻게 데이터를 분석하는지 간단히 설명한다.
3. AI 도구 소개: 구글 Colab 또는 Teachable Machine 등을 활용하여 학생들이 AI 모델을 실습할 수 있도록 준비한다.

[데이터 분석 실습]

1. 기초분석: 각 팀은 매출 실적 데이터를 사용하여 기본적인 분석을 진행한다.
   - 구매 시간대별 매출 분석
   - 연령대별/성별 구매 패턴 분석
   - 특정 품목의 판매 추이 분석
2. 간단한 데이터 시각화: 구글 Sheets나 엑셀을 이용해 차트나 그래프를 만들어 분석결과를 시각적으로 나타낸다.

</td><td>50</td><td></td></tr>
</table>

	[AI를 통한 예측] 1. AI 모델 실습: 간단한 머신러닝 모델을 사용하여 매출 예측이나 구매 패턴 예측을 해본다. • 예시: 특정 시간대에 가장 많이 팔릴 제품 예측하기 2. 학생들이 데이터를 입력하고 AI가 예측하는 방식을 실습하며, AI 기술이 실생활 문제해결에 어떻게 활용되는지 체험한다. 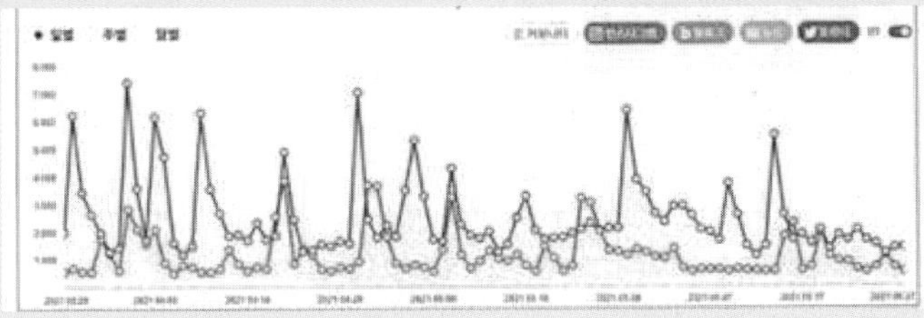 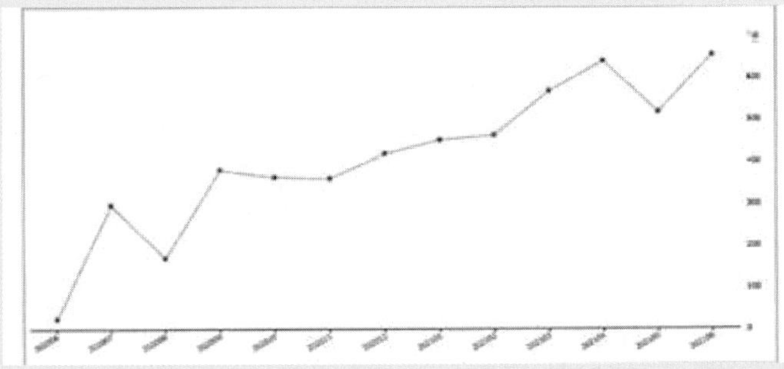		
정리 및 과제	데이터 분석 결과를 바탕으로 매출 증대를 위한 아이디어를 3가지 생각해오기(예: 매대 물건을 어떻게 재배치할 것인가? 단, 데이터 분석 결과를 근거로 하여 구상할 것)	10	

5, 6차시: 마케팅 전략 구상 및 AI 활용 방안 도출

학습목표	• 학생들이 데이터 분석 결과를 바탕으로 마케팅 전략을 구상하고, AI 기술을 활용한 전략을 제시한다.		
학습단계	교수-학습활동	시간(분)	자료 및 유의점
전개 전개	**[마케팅 전략 아이디어 구상 및 공유]** 1. 지난 시간 과제였던 데이터 분석 결과를 바탕으로 구상해 온 아이디어를 공유하고 매출을 올릴 수 있는 마케팅 전략을 구상한다. 〈예시〉 • 특정 시간대에 할인 이벤트 실시 • 함께 묶음 판매 이벤트 실시 • 가판대 물건 전시 계획 • 연령대별 맞춤형 상품 제안 • 인기 품목의 홍보 강화 2. 각 전략에 대해 AI 기술을 어떻게 활용할 수 있을지 생각해 본다. 예를 들면, AI 기반 추천 시스템 도입, 특정 시간대에 맞춘 광고 캠페인 분석 등 **[AI 활용 방안 도출]** 1. 각 팀은 자신들이 구상한 마케팅 전략에 AI 기술을 어떻게 적용할 수 있을지 구체적으로 정리한다. 2. AI를 활용한 추천 시스템, 예측 모델, 맞춤형 광고 등의 사례를 소개하고, 학생들이 이를 적용할 수 있는 방법을 도출한다. **[팀별 피드백 시간]** 각 팀은 다른 팀들의 아이디어에 대해 피드백을 주고 받으며, 전략을 보완한다.	50	
	[프레젠테이션 준비] 생성형 AI를 이용하여 효과적인 프레젠테이션을 위한 이미지, 음원, 영상, 통계자료의 시각화 자료 등을 생성하고 프레젠테이션을 준비한다.	30	
정리 및 과제	PPT를 최종 정리하여 발표를 준비하다.		

7차시: 발표 및 최종 피드백

학습목표	• 각 팀이 자신들의 마케팅 전략을 발표하고, 피드백을 받는다. • AI 기술을 문제해결에 어떻게 활용했는지 발표하고 학습한 내용을 공유한다.		
학습단계	교수-학습활동	시간 (분)	자료 및 유의점
도입	**[과제 수행 과정 돌아보기]** 1. 이번 과제의 의미와 우리 활동의 의미 되돌아보기 2. PBL 과정에서 협력적 활동에 대해 되돌아보기 3. AI 기술의 활용이 과제 해결에 어떤 도움이 되었는지 되돌아보기 4. 다른 팀의 발표를 경청하는 태도와 비판적 사고에 대해 생각해보기 5. 이번 시간의 진행 과정 안내하기	10	
전개	**[팀 발표]** 1. 각 팀은 자신들의 데이터 분석 결과와 마케팅 전략을 PPT로 발표한다. 2. 발표 후 질문과 답변 시간을 갖는다 **[피드백 및 토론]** 1. 교사와 다른 학생들이 발표에 대해 피드백을 제공하고 각 팀의 전략에 대해 토론한다. 2. 피드백을 통해 전략을 더 개선할 수 있는 방안을 논의한다.	40	
정리 및 과제	**[최종 마무리 및 학습 정리]** 1. 수업 전체를 마무리하고, AI 기술을 문제해결에 어떻게 적용했는지 되돌아본다. 2. AI와 데이터 분석이 실제 생활에서 어떻게 활용될 수 있는지에 대한 성찰과 토론의 시간을 갖는다. 3. 교사와 친구들에게 받은 피드백 내용을 성찰하고 판단하여 최종 결과물을 기한까지 제출한다.	10	

수업 실제 2

- 대상 및 학년: 중학교 2, 3학년
- 관련 교과: 과학 또는 정보
- 주제: 인공지능과 함께 하는 깨끗한 수저의 비밀
- 수업목표: 접촉으로 인한 세균 감염 문제를 분석해 보고, 인공지능을 활용하여 접촉 없이 수저를 분배하는 기계를 모형으로 제작할 수 있다.
- 차시구성: 총 2차시

1차시

학습목표	학교 안에서 일어나는 위생 문제를 파악하고 해결 방법을 탐색할 수 있다.		
교수학습 준비물	패들렛, 노트북, 관련 영상		
지도상의 유의점	1. 데이터 수집, 데이터 분석, 데이터 표현 등의 과정을 통해, 컴퓨팅 사고력을 함양하고, 인공지능을 문제해결에 활용할 수 있음을 체험할 수 있도록 한다. 2. 학생들이 데이터 분석 도구를 사용하는 데 어려움을 느낄 수 있으므로, 도구의 사용법을 간단히 설명하거나 예시를 제공한다.		
학습단계	교수-학습활동	시간(분)	자료 및 유의점
도입	**[활동 안내]** 코로나와 독감 바이러스 등 감염병 문제는 우리의 건강에 큰 영향을 미칩니다. 이번 수업에서는 우리 학교에서 위생 관리가 부족한 부분을 찾아 문제를 해결하는 방법을 함께 고민해 봅시다. **[동기 유발]** 〈학교 내 위생 문제 사례 검색 및 공유〉 우리 학교 안에서 위생 문제는 어떤 것이 있는지 발표해 봅시다. **[학습 목표 제시]** 학교 안에서 일어나는 위생 문제를 파악하고 해결 방법 탐색하기	5	

전개	**[활동1. 문제 탐구]** 〈영상 분석으로 문제점 도출하기〉 • 급식 숟가락 사용 방식을 관찰한 영상을 살펴봅시다. • AI이미지 분석도구를 활용하여 관찰 데이터를 분석해 봅시다. • 분석 결과를 바탕으로 문제점을 써 봅시다. **[활동2. 공감하기]** 〈문제에 대해 설문하고 데이터 분석하기〉 • 문제와 관련 있는 사람들이 어떻게 생각하는지 알아봅시다.(학생, 급식 담당자, 교사 설문조사나 인터뷰) • 설문 생성 도구를 활용하여 설문지를 만들어 설문해 봅시다. • 설문 결과를 분석하여 시각화해 봅시다.		영상(학교 급식실에서 수저를 가져가는 영상) 구글 렌즈 구글폼 엑셀 워드클리우드 등
정리 및 과제	**[학습 정리]** 우리 모둠이 찾은 문제를 정리하고 다른 모둠이 생각한 문제를 함께 살펴봅시다. **[차시 예고]** 급식 숟가락 위생 문제해결책 제시하고 검증하기		패들렛

2차시

학습목표	1. 인공지능 기술을 활용하여 비접촉식 수저 분배 기계를 모형으로 제작하는 과정을 통해 문제해결 능력을 기른다. 2. 디자인 씽킹 기법을 통해 협력적인 문제해결 과정을 경험하고, 창의적인 사고를 함양한다.		
교수학습 준비물	활동지, 골판지, 가위, 칼, 테이프, 자, 장갑, 노트북, 숟가락		
지도상의 유의점	1. 프로토타입 제작 과정에서 칼과 가위를 사용하는 경우가 많으므로 사용 방법을 사전에 안내하고, 안전 수칙을 반드시 숙지시킨다. 2. 작업 전후로 정리 정돈 시간을 안내한다. 3. 팀 내에서 역할을 분담하고, 협력하여 문제해결하도록 지도한다.		
학습단계	교수-학습활동	시간(분)	자료 및 유의점
도입	**[전시 학습 상기]** 지난 시간에 모둠이 찾은 문제를 요약하고 확인해 봅시다. **[학습 목표 제시]** 문제를 해결할 수 있는 방법을 찾아 프로토타입을 제작하고 테스트 하기	5	
전개	**[활동1. 아이디어 도출]** 〈문제를 해결할 아이디어 탐색하기〉 • 위생적인 급식 숟가락 배포 방법을 찾아봅시다. AI를 활용해서 검색하거나 관련 사례 참고하면 됩니다. • 모둠별로 2~3가지 해결책을 선택합니다. **[활동2. 프로토타입 제작]** 〈모둠이 선택한 아이디어 표현하기〉 간단한 스케치나 모형 또는 AI 시뮬레이션으로 우리 모둠의 아이디어를 표현해 봅시다. **[활동3. 테스트 및 피드백]** 〈프로토타입 발표와 피드백하기〉 • 모둠이 만든 프로토타입을 발표하고, 다른 모둠 발표 내용에 대한 생각을 이야기해 봅시다. • 피드백 받은 내용을 정리하고 적용하여 모둠 프로토타입을 발전시켜봅시다.	30	Chat Gpt에 피드백 요약 요청
정리 및 과제	**[수업 소감 나누기]** 수업을 통해 알게 된 점이나 느낀 점 등을 패들렛에 써 봅시다.	5	패들렛

[학생 활동지] 1차시 학교 안에서 일어나는 위생 문제와 해결법 탐색

활동목표	학교 안에서 일어나는 위생 문제를 파악하고 해결 방법을 탐색할 수 있다.

1. 우리 학교 안 위생 문제 발표
   우리 학교에서 생활하면서 경험할 수 있는 위생 문제에는 어떤 것들이 있는지 생각해 보자.

2. 영상 분석 결과 문제점
   동영상 자료: QR코드
   가. 우리 학교 급식소에서 학생들이 숟가락을 가져가는 모습을 살펴보자.
   나. 구글 렌즈를 활용하여 데이터를 분석하고 어떤 문제가 있는지 써 보자.

3. 설문지 만들기
   사람들은 어떻게 생각하는지 알아보기 위해 설문지를 만들어보자.

4. 설문 결과 시각화하기
   설문 결과를 분석해서 엑셀이나 워드클라우드로 시각화해 보자.

5. 문제점 공유하기
   우리가 찾은 문제점을 패들렛에 기록해 보자.

수업 실제 3

- 대상 및 학년: 중학교 3학년
- 관련 교과: 정보
- 주제: 인공지능으로 학급 분리수거 문제해결하기
- 수업목표: 분리수거의 어려움을 AI를 활용해 해결하는 방법을 탐구하고 간단한 AI 모델을 설계 및 구현할 수 있다.
- 차시구성: 총 2차시

1차시

학습목표		분리수거 문제를 주제로, 정보 교과에서는 인공지능(AI)의 개념과 데이터 활용 방식을 학습하고, 기술 교과에서는 분리수거의 원리와 중요성을 이해하며, 이를 결합해 AI 기반의 문제해결 모델을 설계하고 구현한다.	
교수 · 학습 준비물		학생 활동지, PPT자료, PC	
지도상의 유의점		AI의 기본 개념과 쉬운 프로토타입 구현을 중심으로 진행하며, 코드 활용과 실습을 통해 학습 효과를 극대화한다.	
학습 단계	**학습내용**	**교수 · 학습활동**	**자료 및 유의사항**
도입 (5분)	동기유발 학습목표 제시	**[동기 유발 및 학습문제 제시]** • 분리수거의 어려움과 환경 문제를 강조하며 문제 상황을 제시 – 문제 상황: "분리수거의 정확도를 높이고 효율성을 개선하기 위해 인공지능을 활용할 수 있을까?" • 일상생활 속에서 인공지능이 필요한 사례 생각해 보기 – 발문: AI가 쓰레기를 분류한다면 어떤 방식으로 작동해야 할까? **[학습문제 제시]** • 인공지능으로 학급 분리수거 문제해결하기	PPT
전개 (35분)	학습활동안내		PPT, 학습지 동영상
	[활동1] 개별활동	**[활동1. 인공지능 개념 이해]** • 인공지능의 정의와 사례 이해(기계학습을 중심으로)	

		– 인공지능과 사람의 차이점을 중심으로 인공지능의 정의에 대해 살펴본다.  [사진 1] **인간과 인공지능의 '개' 인식**	
	[활동2] 개별활동	**[활동2. 인공지능의 기본 원리 이해]** • 기계학습, 데이터, 알고리즘의 기본 원리 설명 – 인공지능이 학습하는 방법을 소개하며, 기계학습, 데이터, 알고리즘의 기본 원리를 설명한다. 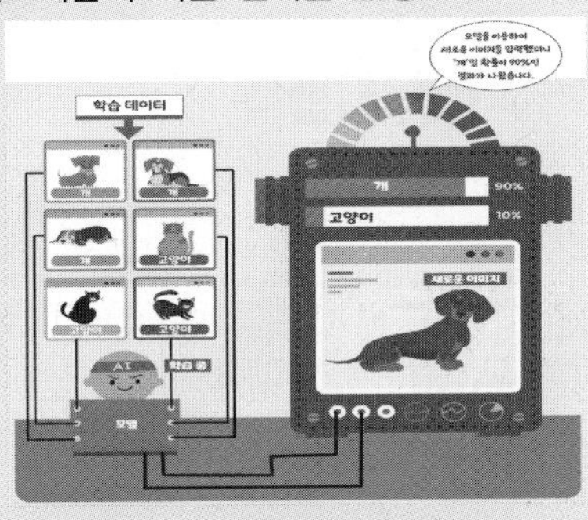 [사진 2] **인공지능의 학습** • 실생활에서 활용되는 분리수거 AI 사례 영상 시청  [사진 3] **오브젝트 추가 화면**	PC
정리 (5분)	정리활동	**[정리하기]** • 팀별로 작성한 분리수거 인공지능 모델에 대한 프로토타입 계획 발표 – 다른 팀의 발표 내용을 통해 우리 모둠의 모델 수정하기 **[다음 차시 예고]** • 인공지능 모델링 및 메이킹	

2차시

학습 단계	학습내용	교수 · 학습활동	자료 및 유의사항
전개 (40분)	[활동3] 모둠활동	**[활동3. 브레인스토밍]** • 팀별로 AI 기반 분리수거 해결 방안 브레인스토밍 – 분리수거 인공지능을 만들기 위해서는 어떤 데이터가 필요하고, 어떻게 학습시켜야 할지 논의 • 과제해결을 위한 자료선택 및 개인과제 완성 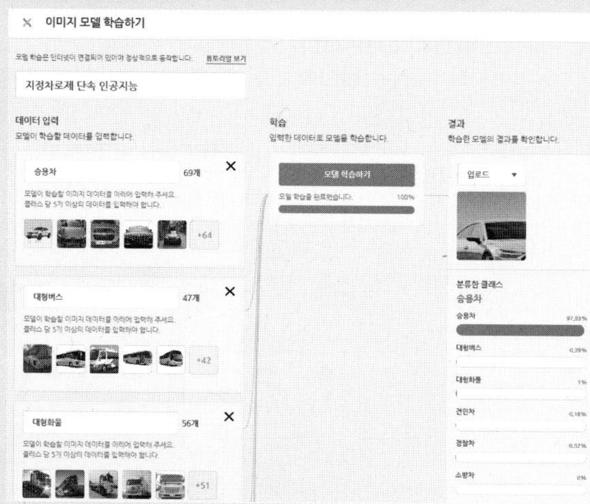 [사진 4] **테스트 데이터 검증 화면**	
	[활동4] 개별활동	**[활동4. 프로그래밍]** • 배부된 학습지를 참고하여 프로그래밍하기 – 프로그램 구성 및 동작 원리 이해하기 – 프로그램 실행 흐름 개요 이해하기	
	[활동5] 개별활동	**[활동5. 공유]** • 완성한 프로그램을 오프라인 저장 후 다른 학생들과 함께 공유 – 클라우드 서비스를 활용하여 공유 사이트(구글 드라이브, 패들릿 활용)에 업로드  [사진 5] **프로그램 오프라인 저장 화면**	

	[활동6] 모둠활동	**[활동6. 동료평가]** • 공유한 프로그램을 실행하여 동료평가 – 배부된 평가 기준에 따라 평가 • 디버깅 – 받은 평가표를 참고하여 디버깅 진행	
정리 (5분)	정리활동	**[정리하기]** • 프로그래밍에 적용된 알고리즘 살펴보기 – 변수의 역할 및 제어 구조 살펴보기 – 가장 신뢰도가 높은 프로그램 선정하기 **[다음 차시 예고]**	

학생 참고자료

[학습활동] 고속도로 지정차로제 이해하기

고속도로 지정차로제란 고속도로의 효율성을 높여, 원활한 교통순환과 교통안전 확보를 위한 제도이다. 자동차의 성능이나 형태에 따라 통행 가능 차종을 지정하고, 각 차로의 역할을 부여한다.

〈통행 규칙(편도 4차선 기준)〉

1. 1차로는 승용차, 경 · 소 · 중형차가 추월 시에만 통행할 수 있다.
2. 2차로는 승용차, 경 · 소 · 중형차만 통행할 수 있다.
3. 3차로와 4차로는 승용차, 경 · 소 · 중형차/대형 · 화물 · 특수 · 저속차량 모두 통행할 수 있다.

※ 대형차량, 대형버스, 경찰차, 소방차, 견인차는 대형 · 화물 · 특수차량에 해당한다.

※ 대형 · 화물 · 특수차량은 아무리 빠르게 주행하더라도 1차로나 2차로에서 통행할 수 없다.

출처: 한국교통안전공단(https://www.kotsa.or.kr/)

[학습활동] 프로그램 구성 및 동작 원리 이해하기

1. 경찰 오브젝트(단속)와 고속도로 배경 오브젝트를 추가한다.

- 경찰 오브젝트 x: 0 y: -50 크기: 100%
- 배경 오브젝트 x: 0 y: 0 크기: 500%

2. 승용차, 대형차량, 대형버스, 경찰차, 소방차, 견인차 클래스에 대해 학습시킨다.

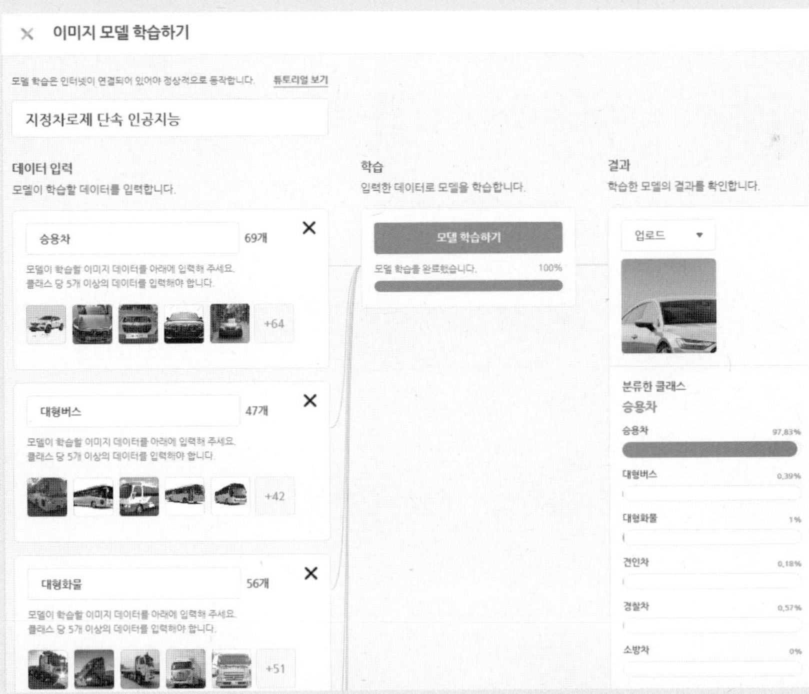

3. 적발 수, 단속 유형, 차선에 대한 변수를 생성한다.(적발 수를 제외한 변수는 모두 숨기기)
4. 계속 반복하기를 통해 사용자가 원하기 전까지는 프로그램을 종료시키지 않는다.
5. 경찰 오브젝트는 크게 두 가지를 단속한다.(이 프로그램에서 차량의 주행 속도는 단속 시 고려하지 않기로 함.)
   1) 추월차로 단속(추월차로에 대형 · 화물 · 특수차량이 통행하는지 여부)
   2) 차량유형 단속(1차선부터 4차선까지 해당 차선에 주행이 가능한 차량 유형이 주행하고 있는지 여부)

   ※ 고속도로 배경 오브젝트 & 학습 데이터 링크: bit.ly/3DgmAgk(대소문자 구별)

[학습활동] 지정차로제 단속 프로그램 알고리즘

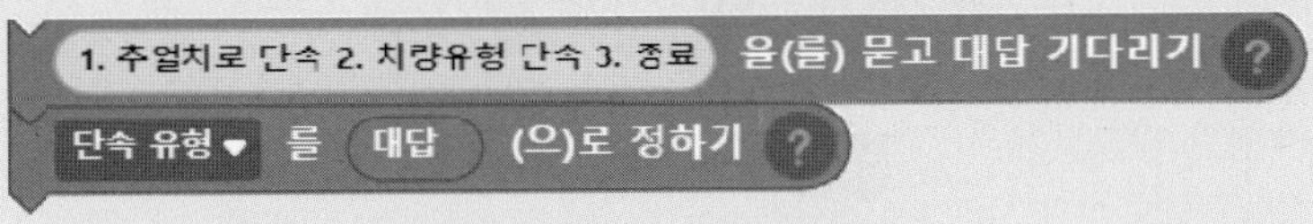

Ⅰ. 만일  일 경우

↓

분류 결과가 승용차	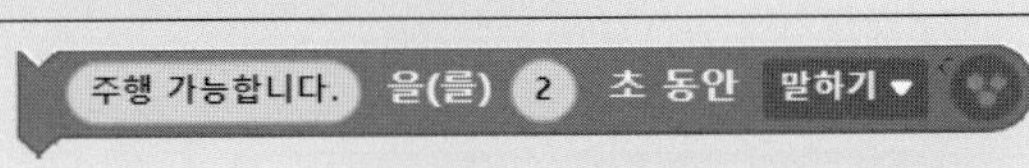
분류 결과가 승용차가 아니면	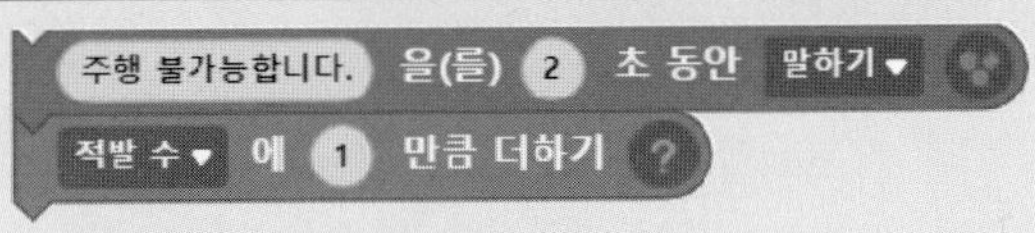

Ⅱ. 만일  일 경우

↓

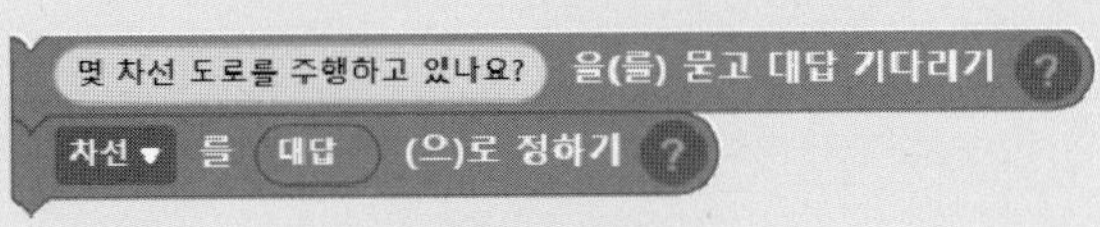

만일 < <차선 ▾ 값 = 1> 또는 ▾ <차선 ▾ 값 = 2> > 일 경우	
<분류 결과가 승용차 ▾ 인가?>	
분류 결과가 승용차	주행 가능합니다. 을(를) 2 초 동안 말하기 ▾
분류 결과가 승용차가 아니면	주행 불가능합니다. 을(를) 2 초 동안 말하기 ▾ 적발 수 ▾ 에 1 만큼 더하기
만일 < <차선 ▾ 값 = 3> 또는 ▾ <차선 ▾ 값 = 4> > 일 경우	
주행 가능합니다. 을(를) 2 초 동안 말하기 ▾	

Ⅲ. 만일 <단속 유형 ▾ 값 = 3> 일 경우

종료합니다. 을(를) 말하기 ▾

모든 ▾ 코드 멈추기

[학습활동] 프로그램 디버깅을 위한 동료평가지

프로그램 제작자 : (　　)반 (　　)번 이름: ____________

평가자 : (　　)반 (　　)번 이름: ____________

아래 평가기준표를 참고하여 상/중/하 중에서 해당하는 곳에 O 표시하기

배점	내용	기준		
10점	목적성 (추월차로 단속과 차량유형 단속 여부)	상	10	추월차로 단속과 차량유형 단속을 위한 변수를 생성함
		중	5	추월차로 단속과 차량유형 단속을 위한 변수 중 1가지만 생성함
		하	0	추월차로 단속과 차량유형 단속을 위한 변수를 생성하지 않음
15점	공유성	상	15	프로그램을 온라인으로 제출함
		중	10	프로그램을 오프라인 작품으로 저장하였으나 제출하지 못함
		하	5	프로그램을 오프라인 작품으로 저장하지 못함
20점	인공지능 모델링	상	20	프로그램 목적에 맞는 인공지능 모델링이 이루어짐
		중	15	프로그램 목적에 맞지 않게 인공지능 모델링이 이루어짐
		하	10	인공지능 모델링을 전혀 하지 않음
25점	디버깅	상	25	프로그램이 오류 없이 정상적으로 동작함
		중	20	프로그램에 1가지 오류가 발생함
		하	15	프로그램에 2가지 이상의 오류가 발생함
30점	프로그램	상	30	프로그램 구성 및 동작 원리, 실행 흐름 조건을 모두 만족함
		중	25	프로그램 구성 및 동작 원리, 실행 흐름 조건 중 1가지를 만족하지 못함
		하	20	프로그램 구성 및 동작 원리, 실행 흐름 조건 중 2가지 이상 만족하지 못함

차시별 교사 참고자료 1: 완성된 프로그램 소스 코드

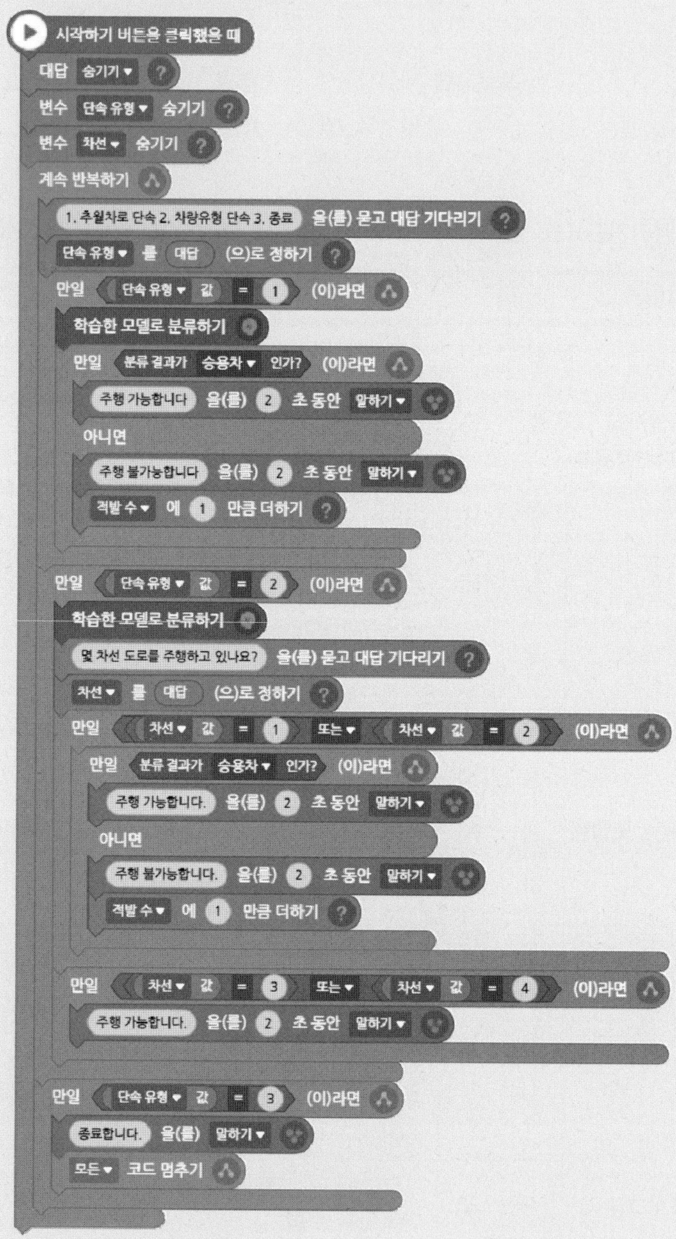

차시별 교사 참고자료 2: 동영상

〈지도안 도입 동영상(3:18초)〉

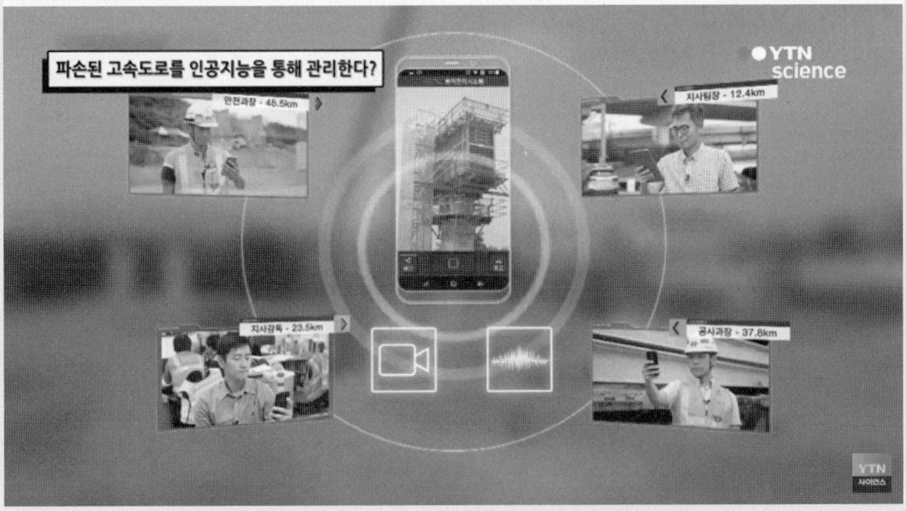

출처: https://www.youtube.com/watch?v=VxR8-ltwh9A

〈교통 혼잡 해소를 위한 인공지능 영상(2:50초)〉

출처: https://www.youtube.com/watch?v=JjQCT2DO6Os

읽기자료: 기사

〈한국도로공사, AI 활용한 살얼음 관리시스템 도입… 겨울철 눈길사고 대비 제설에 총력〉

겨울철 고속도로 눈길과 빙판길에서 미끄러짐 사고 사례가 잦아지고 있다. 지난 3월 강원도에서는 동해안 폭설로 동해고속도로 일부 구간에서 월동 장구를 갖추지 않은 차량들의 교통사고가 속출하면서 정체가 가중되고 제설 작업이 지연돼 차량 수백 대가 고립되는 일이 발생하기도 했다. 이에 한국도로공사는 다가올 겨울을 앞두고 원활한 차량 소통과 눈길 교통사고 예방을 위한 강화된 고속도로 제설대책을 11월 15일부터 내년 3월 15일까지 실시한다고 밝혔다.

이번 제설대책은 폭설로 인한 고속도로 내 고립 차량 예방과 도로 살얼음 관리에 초점을 맞춰 수립됐다. 최근 3년 평균 사용량 대비 140% 수준으로 많아진 제설 자재 18만4000t을 비롯해 인원 2066명, 장비 1017대가 투입된다. 특히 강설량이 많은 강원 지역을 중심으로 △도로 열선 △염수 분사장치 △제설차량 진입로 설치 등 안전시설을 보강한다. 또 강원·서해안 지역의 일부 제설취약구간 분기점과 나들목에서 1t 트럭과 리무버를 결합한 소형 제설장비를 시범운영한다.

도로공사는 현재 적용 중인 적설량 기반의 차량 진입 통제 기준에 맞춰 강화된 통제 기준을 적용해 원활한 제설 작업이 진행될 수 있도록 했다. △도로 살얼음 제거 △제설 작업 진행 △차량 정체 해소 등 교통 상황과 제설 작업 여건을 추가적으로 반영했다. 이 밖에도 도로공사는 2019년 '상주~영천고속도로 연쇄 추돌 사고'로 관심이 부각된 도로 살얼음 사고를 예방하기 위해 사전 관리체계를 강화한다는 방침이다. 먼저 결빙취약구간에 대한 재평가를 실시해 기존 246㎞로 지정된 결빙취약구간을 87㎞ 증가된 333㎞로 확대해 관리한다. 또 해당 구간에 △노면 홈파기 △구간 단속 카메라 △도로 전광 표지 등 안전시설을 추가로 마련했다.

한편 올겨울 노면 온도 2도, 대기 온도 4도 이하의 기온이 예상되는 가운데 강설 · 강우 · 안개 · 서리 등 기상 악화로 도로 살얼음이 우려될 경우 선제적으로 제설 자재를 예비 살포할 계획이다. 또 순찰 취약시간대인 오후 10시부터 오전 7시까지 순찰 횟수를 기존 4회에서 6회로 늘린다는 방침이다.

도로공사는 인공지능(AI) 분석기법을 통해 도로 살얼음 위험도를 예측하고 자동으로 염수 분사가 가능한 관리시스템도 도입했다. 현재 6개 지사(영동 · 전주 · 부안 · 진안 · 무주 · 고령지사)에서 시범운영 중이며 효과 분석을 통해 전국으로 확대할 계획이다.

출처: https://www.mk.co.kr/news/special-edition/10108405

5. 과목별 디지털 리소스

이 절의 내용은 AI · 디지털 기술을 수업에서 활용하고자 하는 현직 교사와 예비 교사에게 도움을 줄 수 있는 과목별 디지털 리소스의 목록이다. 정보 제공 차원에서 제시한다. 이 목록은 현직 교사가 실전에서 활용해 본 경험과 노하우가 담겨있는 책(정지훈, 2025)에서 인용한 것이다. 책에서 저자는 구체적인 예시와 함께 과목별 활용 방안에 대해서 잘 설명하고 있다. AI · 디지털 기술을 실제 수업에서 활용하고자 할 때 많은 도움을 줄 것으로 확신한다.

〈국어〉

1. 오늘의 일기: https://todaysdiary.net
   - 특징: 간단한 일기 작성을 통한 글쓰기 습관 형성, AI 기반 맞춤형 피드백 제공
   - 용도: 자유로운 글쓰기와 생각 정리, 감정 표현과 비평적 사고력 향상
   - 평가 활용: 일기 작성 분량과 표현의 다양성 분석, 글쓰기 발달 과정 평가, 자기 성찰 능력과 문체 형성 과정 평가
2. 패들렛 & 아이스크림 보드: https://padlet.com, https://www.tkbell.co.kr/
   - 특징: 실시간 협업이 가능한 디지털 게시판, 다양한 미디어 첨부와 즉각적 피드백 제공
   - 용도: 학급 토론과 아이디어 공유, 문학작품 감상문 게시 및 또래 평가
   - 평가 활용: 온라인 토론 참여도와 논리성 평가, 동료 피드백 활동의 적절성과 수용도 분석, 협력적 문제해결 과정의 의사소통 능력 평가
3. 한국어 맞춤법/문법 검사기: https://nara-speller.co.kr/speller
   - 특징: 실시간 맞춤법, 문법 검사 제공, AI 기반 문장구조 분석 및 개선 방안 추천

- 용도: 글쓰기 오류 교정 및 개선, 문법적 정확성과 문장의 논리성 향상
- 평가 활용: 맞춤법 오류 분석과 개선도, 문법적 정확성을 위한 자기 교정

4. 깃마인드: https://gitmind.com
   - 특징: 마인드맵 작성과 아이디어 구조화 툴, 실시간 협업 기능 제공
   - 용도: 체계적인 사고 정리 및 구조화, 독서 후 내용 분석과 글쓰기 계획 수립
   - 평가 활용: 독서 과정의 핵심 내용 파악 및 구조화 능력 평가, 글쓰기 계획의 논리성 및 체계성 분석, 아이디어 발전 과정의 창의성 및 확장성 평가

〈영어〉

1. Google Read Along: android app
   - 특징: AI 기술을 활용한 맞춤형 독서 학습 도우미
   - 사용: 읽기 능력 향상, 발음 교정, 어휘력 증진
   - 평가 활용: 읽기 속도 및 정확도 측정, 발음 정확도 분석, 어휘력 향상도 추적
2. AI 펭톡: android, ios app
   - 특징: EBS에서 개발한 AI 기반 영어 학습 앱
   - 사용: 말하기 연습, 발음 교정, 일상 회화 학습
   - 평가 활용: 말하기 유창성, 발음 정확도 측정, 회화 능력 진단, AI 피드백 평가
3. BBC Learning English: https://www.bbc.co.uk/learningenglish, android, ios app
   - 특징: BBC에서 제공하는 공신력 있는 영어 학습 플랫폼
   - 사용: 뉴스 청취, 문법 학습, 발음 가이드
   - 평가 활용: 시사 뉴스 기반 청취 · 독해 및 토론 평가, 문법 퀴즈와 영작문 평가
4. ChatGPT Plus: https://chatgpt.com, android, ios app
   - 특징: GPT-4 기반의 대화형 AI 튜터
   - 사용: 영작문 교정, 회화 연습, 문법 설명, 독해 지원
   - 평가 활용: 실시간 작문 오류 분석, 언어 수준 진단, 학습 성과 추적, 유창성 평가

〈수학〉

1. GeoGebra: https://www.geogebra.org
   - 특징: 동적 기하 소프트웨어, 대수와 기하를 통합, 전 세계 1억 명이 사용
   - 사용: 함수 그래프 시각화, 기하학적 구성, 매개변수 조작
   - 평가 활용: 그래프 작도와 해석, 수학적 개념 이해, 도구 활용 능력 평가
2. Desmos: https://www.desmos.com
   - 특징: 온라인그래핑 계산기, 직관적인 인터페이스
   - 사용: 복잡한 함수 그래프 작성, 데이터 시각화 및 분석
   - 평가 활용: 데이터 모델링, 관계 분석, 수학적 의사소통 능력 평가
3. Wolfram Alpha: https://www.wolframalpha.com
   - 특징: 계산 지식 엔진, 광범위한 수학 문제해결
   - 사용: 복잡한 계산, 방정식 풀이, 그래프 생성
   - 평가 활용: 수학적 개념의 이해도, 다양한 해법 변환과 결과 해석 능력 평가
4. Khan Academy: https://ko.khanacademy.org
   - 특징: 무료 온라인 교육 플랫폼, 단계별 학습
   - 사용: 개념 학습, 연습 문제, 비디오 강의
   - 평가 활용: 자기 주도 학습, 수학적 개념 이해와 적용, 학습 의지 평가

〈역사〉

1. 국사편찬위원회 한국사데이터베이스: https://db.history.go.kr
   - 특징: 한국사 사료와 연구 자료 디지털화, 고문서 · 고도서 · 사진 · 지도 제공
   - 사용: 원문 사료 접근, 시대별 · 주제별 검색, 한국사 연표 활용
   - 평가 활용: 사료 조사 과제, 역사적 사실 근거 확인, 사료 비판 능력 평가
2. 한국독립운동정보시스템: https://search.i815.or.kr
   - 특징: 한국독립운동의 인물, 사건, 단체 자료와 독립유공자 공적서 제공
   - 사용: 독립운동 자료 검색, 사적지 정보 열람, 독립유공자 정보 조회
   - 평가 활용: 독립운동가 활동 분석, 사건 연구, 지역 독립운동사 조사 발표
3. World Digital Library: https://www.wdl.org
   - 특징: 세계문화유산과 역사 자료 디지털화, 다국어 지원, 고해상도 이미지

- 사용: 다양한 국가 역사 자료 비교, 문화 간 교류 흔적 탐색, 역사문서 연람
- 평가 활용: 다른 문화권 역사 비교 분석, 세계문화유산 역구 프로젝트

4. Sutori: https://Sutori.com
   - 특징: 시간과 공간 결합 역사 시각화 도구, 협업 기능 제공
   - 사용: 역사적 사건의 시공간적 관계 파악, 연대기 스토리텔링 제작
   - 평가 활용: 사건 지도와 연표 제작, 역사적 사건 흐름도 작성

〈과학〉

1. PhET Interactive Simulations: https://phet.colorado.edu
   - 특징: 가상 실험실, 물리, 화락, 생물, 지구과학 분야의 시뮬레이션 제공
   - 사용: 복잡한 과학 개념을 시각적으로 이해하고 가상으로 실험 수행
   - 평가 활용: 실험 데이터 분석, 가설 검증, 실험 설계와 변인 통제 능력 평가
2. Khan Academy: https://ko.khanacademy.org
   - 특징: 온라인 과학 교육 플랫폼, 무료로 제공되는 광범위한 과학 교육 콘텐츠
   - 사용: 이론 학습과 함께 간단한 실습 과제 수행
   - 평가 활용: 개념 이해도, 문제해결 과정, 학습 진도와 취약점 분석
3. Zooniverse: https://www.zooniverse.org
   - 특징: 시민 과학 프로젝트, 실제 과학 연구에 참여할 수 있는 플랫폼
   - 사용: 데이터 분석, 패턴 인식 등 실제 과학 연구 과정 체험
   - 평가 활용: 데이터 분석, 과학적 관찰력, 협업 참여도, 의사소통 평가
4. Thingiverse: https://www.thingiverse.com
   - 특징: 3D 프린팅 및 오픈소스 하드웨어, 3D 프린팅 모델 공유 플랫폼
   - 사용: 간단한 과학 실험 도구 제작 및 공유
   - 평가 활용: 설계 창의성, 제작 과정, 도구 실용성, 개선점 도출 평가

〈실과〉

1. Tinkercad: https://www.tinkercad.com
   - 특징: 무료 온라인 3D 모델링 프로그램, 블록 기반 설계 도구, 실시간 협업 기능

- 사용 설계와 전자회로 설계 교육, 가상 시뮬레이션, 코딩 기초 학습
- 평가 활용: 3D 모델링 학습 평가, 가상 회로 제작 평가, 실제 제작물 평가

2. Entry: https://playentry.org
   - 특징: 네이버 커넥트재단의 코딩 교육 플랫폼
   - 사용: 블록 및 텍스트 코딩 학습, 게임 제작 실습
   - 평가 활용: 피지컬 컴퓨팅 도구 연동 평가, 포트폴리오 관리
3. AI 다이어트 카메라: https://android app
   - 특징: AI 기반 식품 인식, 칼로리 계산, 맞춤형 영양 분석과 식단 추천
   - 사용: 식생활 교육, 식단 기록과 분석, 건강한 식습관 형성
   - 평가 활용: 영양 교육 프로젝트, 식생활 일지 작성, 식단 분석 평가
4. beep: https://android app
   - 특징: 바코드 스캔 유통기한 관리, 재고 관리, 알림 서비스
   - 사용: 식품 유통기한과 재고 관리, 식품 낭비 방지
   - 평가 활용: 식품 보관 관리법 학습, 식품 낭비 줄이기 과제, 식품 관리 실습

〈지리〉

1. Google Earth: https://www.google.com/earth
   - 특징: 3D 지구본, 위성 이미지, 스트리트 뷰, 지리 정보 레이어 제공
   - 사용: 지형 탐색, 가상 여행, 거리 측정, 환경 변화 관찰
   - 평가 활용: 지형 특징 분석, 도시 발달 과정, 기후 변화 영향 조사
2. OpenStreetMap: https://www.openstreetmap.org
   - 특징: 참여형 세계 지도, 자유로운 데이터 활용, 다양한 지도 스타일
   - 사용: 지역 정보 탐색, 지도 편집, GPS 데이터 활용, GIS 분석
   - 평가 활용: 지역 조사 지도화, 공간 데이터 분석, 협력적 지도 제작
3. Earth Observatory-NASA: https://earthobservatory.nasa.gov
   - 특징: 지구 관측 위성 이미지와 데이터, 실시간 영상, 전문가 해설 제공
   - 사용: 기후 변화와 자연재해 학습, 환경 변화 관찰, 과학적 데이터 활용
   - 평가 활용: 위성 이미지 분석, 환경 변화 리포트, 환경 문제 연구 평가

〈음악〉

1. Makemusic: https://makemusic.com
   - 특징: 인터랙티브 음악 교육 플랫폼, 전문 오케스트라 반주 음원과 실시간 음정/박자 분석 시스템 제공
   - 사용: 실시간 피드백 기반 연주 실력 향상, 다양한 반주와 연습, 악보 제작, 온라인 앙상블
   - 평가 활용: 음정과 리듬의 정확도 자동 평가, 연주 발전 과정 데이터화, 맞춤형 피드백 제공
2. Google Doodle Bach: https://www.google.com/doodles/celebrating-johann-sebastian-bach
   - 특징: AI 화성 작곡 도구, 쉬운 인터페이스로 바흐 스타일 화성 자동 생성
   - 사용: 단선율 입력으로 4성부 화성 생성, 화성악 학습과 작곡 기초 학습
   - 평가 활용: 화성 이해도 측정, 선율 창작과 대위법 원리 습득 평가
3. Maestro: android, ios app
   - 특징: AI 기반 개인 맞춤형 클래식 음악 교육/감상, 고품질 음원 및 전문가 해설, 시대별 · 작곡가별 분류, 악기별 음색 학습
   - 사용: 클래식 음악 감상과 심층 분석, 전문 해설 학습, 음악사 탐구
   - 평가 활용: 음악 이해도 측정, 작품 분석과 시대별 특징 구분 능력 평가
4. 크롬 뮤직 랩: https://musiclab.chromeexperiments.com
   - 특징: Google의 웹 기반 음악 학습 도구로, 시각화와 실시간 상호작용 제공
   - 사용: 리듬, 화성, 멜로디 학습과 음악 이론의 시각적 이해, 작곡 활동
   - 평가 활용: 음악 기본 요소 이해도와 이론 적용 능력, 통합적 음악 이해력 평가

〈미술〉

1. Google Arts & Culture: https://artsandculture.google.com
   - 특징: 2,000여 개 미술관과 협력한 방대한 예술 작품 데이터베이스, 초고해상도 이미지와 360도 가상 투어 제공
   - 사용: 명화의 세밀한 관찰, Street View 기반 가상 미술관 산책, 작품 정보 학습
   - 평가 활용: 미술 감상문과 분석 리포트, 전시회 기획과 큐레이션 과제 수행

2. Artsy: https://www.artsy.net
   - 특징: 주요 갤러리와 아트페어의 현대 미술 작품 정보 및 실시간 거래 현황 제공, 아트마켓 동향 데이터베이스 구축
   - 사용: 현대 미술의 트렌드와 국제 갤러리/아트페어의 전시 정보 파악
   - 평가 활용: 현대 미술 경향과 시장 분석 리포트, 가상 컬렉션 제작 프로젝트
3. Sketchfab: https://sketchfab.com
   - 특징: 고품질 3D 모델과 VR 콘텐츠 공유, 실시간 3D 뷰어 및 VR/AR 지원
   - 사용: 3D 조각과 입체 작품 관람, VR 헤드셋을 통한 가상 전시 체험
   - 평가 활용 :3D 아트워크로 가상 갤러리 큐레이팅, VR 작품 감상 경험 비평문 작성
4. ArtSteps: https://www.artsteps.com
   - 특징: 3D 가상 전시 공간 디자인과 작품 배치가 가능한 고품질 플랫폼
   - 사용: 전시 공간 설계와 작품 배치, 조명 설정 실습, 온라인 전시 공유
   - 평가 활용: 주제별 가상 전시회 기획과 전시 기획서/도록 제작 프로젝트

〈체육〉

1. Dartfish: https://www.dartfish.com
   - 특징: 고성능 비디오 분석 소프트웨어로 실시간 분석, 프레임별 동작과 각도/속도 측정
   - 사용: 운동 동작 녹화와 분석, 전문 선수와 비교, 기술 교정과 팀 전술 분석
   - 평가 활용: 객관적 기술과 발전 과정 평가, 동작의 역학적 분석, 전술 이해도 측정
2. Coach View: android, ios app
   - 특징: 실시간 동작 분석과 AI 기반 패턴 분석, 0.03초 단위 조절과 관절 감지
   - 사용: 동작 촬영과 AI 관절 인식, 궤적/각도 시각화, 즉시 동작 확인
   - 평가 활용: 실시간 기술 교정, AI 자세 평가과 동작 정확도 수치화, 발전 기록
3. 농구 감독 전술 보드: android app
   - 특징: 농구 전술 저장, 전술 애니메이션 제공, 역할 설명 기능
   - 용도: 포메이션과 작전 학습, 전략 시뮬레이션과 전술 연습

- 평가 활용: 전술 이해도와 전략 실행력, 문제해결력 평가

4. Active Arcadef: https://android, ios app
   - 특징: AI 기반 동작 인식과 게임형 운동 프로그램, 직관적 피드백과 운동량 측정
   - 용도: 게임을 통한 신체 활동과 동작 정확도 체크, 개인/그룹 운동 기록 관리
   - 평가 활용: 운동 수행력과 동작 정확도 평가, 참여도와 체력 향상도 분석

Chapter

10

디지털 윤리

Chapter 10

1. 디지털 윤리의 개념과 필요성
2. 우리나라 디지털 교육 규범
3. 디지털 윤리의 주요 이슈와 발생 가능한 부정적 결과
    1) 사이버 범죄
    2) 개인 정보 유출과 프라이버시 침해
    3) 게임 중독
    4) 허위정보 및 가짜뉴스
    5) 데이터 편향
    6) 디지털 격차

Chapter 10

디지털 윤리

2025년 4월 SK 텔레콤이 해킹을 당해서 수많은 고객들의 유심(USIM) 관련 정보가 유출되었을 수도 있다는 뉴스가 우리 사회를 떠들썩하게 만들고 깊은 우려를 낳았다. 유출된 유심 정보로 복제폰을 만들어 그 안에 들어있는 정보를 이용하여 대출 사기, 개인정보 악용 등의 심각한 불안감이 제기되었던 것이다. 이처럼 잊을 만하면 큰 기업이나 기관조차 사이버 범죄에 당했다는 소식을 접하게 되면 그 피해에서 자신은 예외가 되기를 바란다. 가입한 기업과 기관은 가입자에게 경각심을 갖고 개인 정보 보안에 주의하라는 요청을 한다. 보안 정책과 프로토콜에 의지하지 말고 개인 정보는 스스로 단속하라는 권고다. 패스워드는 숫자, 특수 문자를 포함해서 매우 복잡하게 만들고, 주기적으로 패스워드를 바꾸라는 것이다. 얼마나 많은 사람들이 이런 권고에 따라 패스워드를 변경할까? 얼마나 많은 다중 아이디와 패스워드를 가져야 안전할까? 패스워드만이 문제가 아니다. 시도 때도 없이 피싱 전화와 문자와 e-메일이 날아들기 때문이다. 피해자가 되지 않기 위해서 우리가 할 수 있는 일이란 모르는 번호는 받지 않거나 출처가 불분명한 연결 링크는 클릭하지 않는 것뿐이다. 그러다가 중요한 전화를 못 받을 수도, 필요한 정보를 획득하지 못할 수도 있다. 과거에는 없었던, 디지털 시대에 생겨난 웃지 못 할 신풍속도일 것이다.

질서 있고 안전한 공동체를 위해 필요한 규칙과 법, 윤리와 예절은 시대의 변화를 반영한다. 시대가 바뀌면 질서와 안전을 위협하는 새로운 요인이 등장하기 때문이다. 예컨대, 자동차가 등장하고 교통사고가 발생하므로 교통 규칙과 법규가 제정되고 운전자 예절이 나타난다. 조선시대에는 필요치 않았던 것들이다. 디지털 시대에 접어든 지금은 디지털로 인한 질서와 안전을 위협하는 새로운 요인에 대해 규칙과 법, 윤리와 예절이 필요한 시점이다. 그런데 문제는 이것들이 디지털 시대의 빠른 변화 속도에 따라갈 수 없다는 점이다. 이에 대한 사회적 공론화 과정은 숙의와 합의 과정에서 많은 시간이 걸리는 것이다. 이 때문에 사회적 합의를 기다리지 말고 국가나 사회가 나서서 선도해야 한다는 주장이 대두된다.

1. 디지털 윤리의 개념과 필요성

디지털 시대는 사람들 사이의 상호작용이 예전보다 빈번해지며 그 형태도 다양하게 전개된다. 디지털 기술을 활용한 사이버 공간에서 발생하는 비대면 상호작용이 당연하게 여겨지면서 인간관계 모습이 아날로그 시대와는 다르게 이루어진다. 이러한 형태의 상호작용과 인간관계는 단순히 개인이 아닌 사회 전체의 맥락에서 발생한다. 이에 따라 디지털 시대는 기존 아날로그 시대와는 상이한 예절, 도덕, 규범과 같은 윤리적 가치나 원칙이 필요하게 되었다. 디지털 윤리는 디지털 시대에서 널리 활용하고 있는 디지털 기술을 책임감 있고 도덕적으로 바르게 활용하기 위한 원칙이나 규범을 말한다.

디지털 윤리는 디지털 기술의 급속한 발전에 따라 더욱 중요해지고 있다. 왜냐하면 지속적인 디지털 기술의 발전은 우리 삶의 환경을 디지털 환경으로 만들기 때문인데, 이 환경 안에서 사람들은 매일의 일상적 삶이 디지털 기술에 의존하지 않을 수 없는 상태가 된다. 편리함에 이끌려 디지털 기술을 매일 매순간 사용함으로써 디지털 기술 의존도가 높아지며 여러 분야에서 디지털 기술에 종속되기도 한다. 문제는 이러한 상황하에서는 디지털 기술 사용에 관한 안전성, 공공성이 지켜지지 않을 여지가 매우 크다는 사실이다. 아날로그 시대에서는 발생할 수 없었던 안전성, 공공성 문제점들이 디지털 기술에 의해 너무 쉽게 침해당하는 상황인 것이다. 예컨대, 개인 정보 유출, 저작권 침해, 데이터 편향성, 허위와 가짜뉴스의 빠른 전파, 사이버 범죄 등 아날로그 시대에서는 대두되지 않았던 이런 사회적 문제점들이 디지털 기술을 사용하는 자신도 인식하지 못한 채 발생한다. 책임 있는 행동, 윤리적인 사용이 뒤따르지 않는 디지털 기술의 사용은 필히 사회적으로 막대한 부정적 결과를 초래하는 것이다.

원래 윤리적 가치나 원칙은 구성원의 사회적 관계망 속에서 천천히 정립된다. 사회적 관계망이 변화하면 그 변화에서 발생하는 여러 윤리 이슈들이 구성원들 사이에서 이해되고 공유되면서, 점차로 윤리적 가치와 원칙이 세워진다. 시대에 따른 사회적 관계 변화에 윤리가 시간을 두고 변화·적응해 가는 것이다.

하지만 디지털 시대는 관계 변화가 매우 빠르게 진행된다. 자연스런 변화·적응 흐름에 맡겨 두면 안 될 정도로 커다란 윤리적 이슈가 사회적인 문제로 비화되어 터져 나온다. 새로운 기술로 인해 이전 시대와는 판이한 윤리적 이슈와 사회적 문제를 일으키기 때문이다. 또 디지털 기술로 인해 새롭고 다양한 문제점들이 더욱 증가할 것으로 예측할 수 있다. 관련 디지털 범죄 발생 건수가 매년 상승하고 있는 것이다. 심각한 것은 어린 학생들이 윤리와 예절 의식을 갖추지 못한 상태에서, 어떤 문제점을 유발하는지를 자각하지 못한 상태로 디지털 범죄나 부정적 상황에 빠져드는 점이다. 주요 국가나 국제 기구가 이에 대한 윤리적 가치와 원칙을 논의하는 이유다(〈표 10-1〉).

〈표 10-1〉 디지털 기술에 대한 윤리적 가치와 원칙 논의

<table>
<tr><th>국제기구 및 국가</th><th colspan="2">주요 내용</th></tr>
<tr><td>EU</td><td colspan="2">디지털 권리 및 원칙에 관한 선언문(2022.12)
– 인간 중심의 안전하고 지속 가능한 디지털 전환에 대한 책무 규정
– EU 법 체계에서의 권리와 자유를 온라인에서도 보장
– 디지털 공간에서의 유럽적 가치와 인본주의 구현 강조</td></tr>
<tr><td>UN</td><td colspan="2">글로벌 디지털 협약(2024.9)
– 개방적이고 자유롭고 안전한 디지털 미래를 위한 공유 원칙
– ▲디지털 연결, ▲디지털 공공재, ▲디지털 인권, ▲디지털 신뢰와 보안, ▲인공지능, ▲디지털 협력 등에 대한 논의를 포함</td></tr>
<tr><td>미국</td><td colspan="2">인공지능 권리장전 청사진(2022.10)
– 시민 권리 보호를 위한 AI 개발, 활용, 배포 원칙
– ▲안전하고 효과적인 시스템, ▲알고리즘의 차별 방지, ▲데이터 정보 보호,▲고지와 설명, ▲인간적인 대안, 고려, 대비책</td></tr>
<tr><td>영국</td><td colspan="2">디지털 규제 원칙(2022.7)
– 디지털 전환에 따른 기술 혁신 촉진 및 규제 완화 원칙
– ▲디지털 부문 전반의 경쟁과 혁신, ▲온라인에서의 안전한 보호, ▲기본권과 자유를 보호하는 민주 사회를 지원하는 디지털 경제</td></tr>
<tr><td rowspan="3">우리나라</td><td>디지털 교육규범 선포 (2024.7)</td><td>• 디지털 심화 시대의 교육이 지향하는 가치와 원칙에 대한 선언
– 디지털 시대의 교육이 지향하는 5개 학습 가치와 세부 쟁점에 대한 기본적인 원칙 제시
– ▲총칙, ▲자유와 권리 보장, ▲공공성 확보와 격차 완화, ▲안전과 신뢰 확보 ▲혁신 촉진, ▲인류의 연대 강화</td></tr>
<tr><td>디지털 권리장전 (2023.9)</td><td>• 새로운 디지털 질서(법 · 제도) 정립의 기본 방향을 담은 헌장
– 디지털 심화 시대의 국가 차원의 기준과 원칙을 제시
– ▲자유와 권리 보장, ▲공정한 접근과 기회의 균등, ▲안전과 신뢰 확보, ▲디지털 혁신 촉진, ▲인류 후생의 증진 등 5대 원칙 제시</td></tr>
<tr><td>교육분야 인공지능 윤리원칙 (2022.8)</td><td>• 교육 분야에서 인공지능 개발 · 활용 시 준수하는 자율적 규범
– "AI가 사람의 성장을 지원한다"는 대원칙과 10개 세부원칙 제시
– ▲인간 성장, ▲학습자 주도성, ▲교수자 전문성, ▲교육당사자 간 관계 강화, ▲기회 균등과 공정성, ▲공동체의 연대, ▲사회 공공성, ▲안전 보장, ▲데이터 처리 투명성, ▲프라이버시 보호 등</td></tr>
</table>

출처: 교육부(2024)에서 재구성하였음.

2. 우리나라 디지털 교육 규범

2022년 교육분야 인공지능 윤리원칙 제정, 2023년 디지털 권리장전 마련, 2024년 디지털 교육 규범의 선포까지 우리나라도 신속하게 디지털 시대에 대비하고 있다. 이 중에서 '디지털 교육규범'은 디지털 심화 시대 진입에 따른 교육 분야의 변화 방향과 대원칙을 제시한 것이었다. 특히 디지털 교육 규범은 디지털 기술이 교육의 본질을 실현하는 데 안전하고 효과적으로 활용될 수 있어야 한다는 점을 지적하며 디지털 교육의 개념을 규정하고, 이 디지털 교육이 지향하는 5개의 핵심 가치와 이에 대한 교육적 해석을 제시하였다. 구체적으로 5개의 핵심 가치는 2023년의 '디지털 권리장전'이 제시한 핵심 가치를 교육 분야에 맞도록 재해석한 것으로 '자유와 권리 보장', '공공성 확보와 격차 완화', '안전과 신뢰', '혁신 촉진', '인류 연대 강화'다. 디지털 교육 규범이 밝힌 디지털 교육의 개념과 각 5개 핵심 가치에 대한 교육적 해석은 다음과 같다(교육부, 2024).

- **디지털 교육:** 학습자가 디지털 시대에 필요한 역량을 갖출 수 있도록 교육내용과 방식이 변화하고, 그 과정에서 디지털 기술이 효과적으로 활용되는 교육
- **자유와 권리 보장:** 모든 인간의 성장을 지원한다는 목표를 제시하고 교수자와 학습자의 자유와 권리를 적극적으로 보장
- **공공성 확보와 격차 완화:** 디지털 교육은 현재의 교육 격차와 디지털 교육에 따른 새로운 격차를 완화하는 데 기여해야 하고, 디지털 교육 기술은 공공성 증진에 기여해야 함
- **안전과 신뢰 확보:** 디지털 위험에 대한 예방과 안전한 환경 조성에 대

한 원칙 강조, 디지털 기술과 정보를 활용하는 주체의 역할 및 개인정보 보호의 중요성 강조

- **혁신 촉진:** 교수자의 수업 혁신, 정부의 제도 개선 및 환경 조성, 민간의 기술 혁신의 결합을 통해 디지털 기술과 교육의 상생 지원
- **인류의 연대 강화:** 인류 공동의 문제를 함께 해결하는 디지털 시대의 세계 시민 양성, 디지털 교육을 통해 국가 간 격차 완화 및 인류 전체의 번영 지원

이처럼 디지털 교육 규범을 선포함으로써 우리나라는 큰 틀에서 디지털 윤리의 실천 발판을 확고하게 마련하였다. 한계점은 디지털 교육 규범 자체가 법적 구속력은 없고 교육 구성원의 자율적 준수라는 도덕적 규범의 성격이기 때문에 얼마나 잘 실천될 수 있을지가 미지수라는 점이다. 하지만, 디지털 교육 규범은 내용 측면에서 모두가 준수해야 할 기본적인 행동 원리를 제시한다는 점, 구성원 측면에서 모든 교육 당사자(교수자, 학습자 등)와 교육 관계자(보호자, 교육기관, 국가 · 지자체, 민간기업, 기술 개발자, 관련 기관 · 단체 등)를 포함한다는 점, 적용 영역 측면에서 유아교육부터 평생교육까지, 교수 · 학습에서 교육 행정 및 민간의 활동까지 교육의 모든 분야와 활동을 포괄한다는 점에서 중요한 의의를 갖고 있다. 때문에 디지털 교육 규범 전문을 살펴보는 것도 가치로운 일이다.

디지털 교육 규범

디지털 심화 시대의 교육이 지향하는 가치와 원칙에 대한 선언

〈전문〉

디지털 기술은 인간의 삶과 사회 전반을 근본적으로 변화시키고 있다. 인간과 디지털이 공존하는 디지털 심화 시대로 접어들면서 교육의 내용과 방식에도 변화가 필요하며, 그 변화는 인간의 성장과 발전을 지원하고 사회 공동체의 기반을 마련하는 교육의 본질에 근거해야 한다.

교육에서 디지털 기술은 교육의 본질을 구현하는 데 기여함과 동시에 안전하고 책임 있게 활용되어야 한다. 디지털 전환에 따른 교육 제도, 문화, 거버넌스의 변화 또한 교육의 본질적 가치에 부합하는 방향으로 이루어져야 한다. 이에 디지털 심화 시대의 교육이 지향하는 가치와 원칙을 다음과 같이 선언하고 디지털 교육에 참여하는 모든 구성원이 함께 준수해 나가고자 한다.

〈본문〉

제1장 총칙

- **제1조(정의)** 디지털 심화 시대의 교육(이하 "디지털 교육"이라 한다)은 학습자가 디지털 시대에 필요한 역량을 갖출 수 있도록 교육의 내용과 방식이 변화하고, 그 과정에서 디지털 기술이 효과적으로 활용되는 교육을 의미한다.
- **제2조(적용 영역)** 본 선언은 유아교육부터 평생교육에 걸친 교육의 전 분야에서 이루어지는 교수·학습, 교육 행정, 정책 수립 및 디지털 교육 기술 개발 등의 제반 활동에 적용한다.
- **제3조(적용 대상)** 본 선언은 교수자, 학습자, 보호자, 교육 기관, 국가 및 지자체, 민간 기업(기술 개발자), 관련 기관·단체 등을 포함하는 모든 교육 당사자와 관계자에게 적용한다.

제2장 교수자와 학습자의 자유와 권리 보장

디지털 교육은 인간의 존엄성에 대한 존중에 기반하여야 하며, 국민 누구나 전 생애에 걸쳐 디지털 교육에 참여하고 능력과 적성에 따라 교육받을 권리를 보장받아야 한다.

- **제4조(모든 인간의 잠재력 실현)** 디지털 교육을 통해 학습자 개인의 특성에 맞는 맞춤 교육을 제공함으로써, 모든 사람이 자신의 잠재력을 실현할 수 있도록 하여야 한다.
- **제5조(교수자의 전문성 존중)** 교수자는 디지털 기술과 콘텐츠를 자유롭게 활용하여 교육 활동을 수행할 수 있으며, 이 과정에서 교수자의 전문성과 교육 활동의 다양성이 존중받아야 한다.
- **제6조(학습자의 주도성 존중)** 학습자는 디지털 교육에 주도적으로 참여하여 학습할 수 있어야 하며, 디지털 교육 기술은 학습자의 주도성을 보장하는 방향으로 개발 · 활용되어야 한다.
- **제7조(디지털 시대의 역량 함양)** 디지털 교육의 내용과 방식은 디지털 시대에 필요한 역량을 키울 수 있는 방향으로 설계되고 운영되어야 한다.
- **제8조(전 생애 디지털 교육 지원)** 모든 사람이 전 생애에 걸쳐 디지털 시대에 필요한 역량을 향상시킬 수 있도록 누구나 쉽게 디지털 교육에 참여할 수 있는 환경이 마련되어야 한다.
- **제9조(디지털 리터러시 교육)** 디지털 교육에 참여하는 모든 사람이 디지털 기술을 책임감 있고 생산적으로 활용할 수 있도록, 디지털 시대의 기반을 이루는 가치, 지식, 기술, 태도, 윤리 등에 대한 디지털 리터러시 교육 기회가 제공되어야 한다.

제3장 디지털 교육의 공공성 확보와 격차 완화

디지털 교육은 개인적 · 사회적인 격차를 완화하는 데 기여해야 하며, 디지털 교육 기술의 개발 · 활용은 사회 공공성 증진에 기여해야 한다.

- **제10조(디지털 접근의 보장)** 모든 교수자와 학습자는 안정적인 디지털 인프라 환경에서 다양한 디지털 교육 서비스에 차별 없이 접근하여 이용할 수 있어야 한다.
- **제11조(디지털 교육 격차 완화)** 국가는 디지털 교육의 격차를 해소하고, 언어, 장애, 연령, 지역, 계층에 관계 없이 모든 학습자가 적절한 디지털 교육을 받을 수 있도록 노력하여야 한다.
- **제12조(디지털 교육 기술의 공공성 확보)** 디지털 교육 기술은 편향되지 않게, 그리고 사회 공동체 전체의 이익에 기여하는 방향으로 개발 · 활용되어야 한다.
- **제13조(교육 데이터의 공익적 활용)** 국가가 보유한 공교육 데이터의 개방은 촉진되어야 하며, 국가는 누구에게나 공정한 데이터 활용 기회를 보장하되, 공익에 기여하는 방향으로 데이터가 활용될 수 있도록 필요한 조치를 하여야 한다.

제4장 디지털 교육의 안전성과 신뢰 확보

모든 교수자와 학습자는 안전하고 신뢰할 수 있는 디지털 교육 환경에서 활동할 수 있어야 한다.

- **제14조(안전한 디지털 교육 환경 조성)** 디지털 교육에서 디지털 기술 · 콘텐츠가 유해하게 활용되지 않아야 하며, 학습자는 디지털 환경에서 발생하는 폭력, 범죄, 차별 등으로부터 보호되어야 한다.
- **제15조(디지털 위험 예방)** 디지털 교육 환경에서 발생 가능한 위험은 사전에 예방 · 관리되어야 하며, 위험 발생 시 신속하게 대응할 수 있는 체계가 마련되어야 한다.
- **제16조(연령대에 맞는 디지털 기술 활용)** 디지털 기술은 학습자의 연령과 발달 단계에 맞게 적정한 방식으로 활용되어야 한다.
- **제17조(디지털 교육의 신뢰 확보)** 디지털 교육 환경에서 신뢰할 수 있는 콘텐츠와 정보가 제공되어야 하며, 교수자와 학습자는 이를 올바르게 해석하고 비판적으로 활용할 수 있어야 한다.
- **제18조(디지털 프라이버시 보호)** 디지털 교육 환경에서 모든 개인의 프라이버시는 불법적인 식별과 추적으로부터 보호되어야 하며, 교수자와 학습자는 자신의 개인정보에 대해 접근하고 통제할 수 있어야 한다. 특히, 아동 · 청소년의 경우 개인정보 처리에 대해 명확하게 인지할 수 있도록 알려야 한다.
- **제19조(학습 데이터의 안전한 활용)** 학습자의 학습 데이터는 교육의 질을 높이기 위한 목적으로만 수집되어야 하며, 이 때 학습자의 개인 정보가 목적에 필요한 범위에서 최소한으로 수집되고 안전하게 관리될 수 있는 체계가 마련되어야 한다.

제5장 교육과 디지털 기술의 결합을 통한 혁신 촉진

디지털 기술은 창의적이고 융합적인 교육 활동에 도움이 되어야 하며, 교육과 디지털 기술이 서로 상생하며 발전할 수 있는 토대가 마련되어야 한다.

- **제20조(교수자의 교육 혁신 역량 강화 지원)** 교수자가 디지털 기술을 활용한 교육 혁신 역량을 강화할 수 있도록 지원하는 체계가 마련되어야 한다.
- **제21조(디지털 친화적 교육 제도)** 디지털 기술을 활용한 교육 혁신이 촉진될 수 있는 교육 제도와 환경이 조성되어야 하며, 이를 위해 불합리한 규제는 개선되어야 한다.
- **제22조(디지털 교육 기술의 혁신)** 민간은 교육 현장의 수요에 맞는 다양한 디지털 교육 기

술을 개발하여 교육 혁신에 기여할 수 있도록 노력하여야 한다.

- **제23조(교육과 디지털 기술의 상생)** 교육과 디지털 기술이 상생하며 발전할 수 있도록 교수자와 학습자, 민간, 정부가 긴밀하게 교류 · 협력할 수 있는 거버넌스가 조성되어야 한다.

제6장 인류의 연대 강화

디지털 교육은 디지털 환경에서 책임 있게 행동하고 다양한 구성원과 협력 · 소통하는 디지털 시민을 양성함으로써 사회적 연대를 강화하고, 국가 간의 교육 격차를 완화하는 데 기여해야 한다.

- **제24조(교수자-학습자 간 연대 강화)** 디지털 기술은 교수자와 학습자, 학습자와 학습자 간의 소통과 협력을 강화하는 방향으로 활용되어야 하며, 디지털 교육 환경에서 교수자와 학습자는 서로 존중하여야 한다.
- **제25조(세계 시민 양성)** 디지털 교육은 학습자가 국제사회의 구성원으로 성장할 수 있는 기회를 제공하여, 인류 공동의 문제를 함께 해결해 나가는 데 기여하여야 한다.
- **제26조(국가 간 디지털 교육 격차 완화)** 국가는 디지털 교육 체제가 국제사회로 확산되어 국가 간 교육 격차가 완화될 수 있도록 국제 협력 · 교류를 확대하여야 한다.
- **제27조(보편적 규범 형성 촉진)** 국가는 디지털 교육이 인류의 번영과 발전에 기여할 수 있도록, 디지털 교육의 가치와 원칙을 국제사회와 공유하여 보편적 규범 체계가 형성될 수 있도록 노력하여야 한다.

3. 디지털 윤리의 주요 이슈와 발생 가능한 부정적 결과

1) 사이버 범죄

사이버 범죄는 컴퓨터, 통신망, 인터넷 등과 같은 사이버 공간에서 발생하는 범죄다. 사이버 공간에서 발생하는 것이기 때문에 직접적 대면 상황에서 벌어질 수 있는 위험천만한 위기는 아니다. 하지만 사이버 범죄는 법률에 위반되는 행위로 형법에 의해 처벌받는 나쁜 행동이다. 인터넷과 디지털 시대에서는 사이버 범죄가 급증하며, 많은 사회적 문제를 일으킨다. 그 이유는 우선 인터넷을 통해 빠르게 퍼지면서 불특정 다수의 피해자를 생산한다는 점이다. 또한 대면 상황이 아니라서 사이버 범죄를 저지른 사람의 신원을 파악하기 어렵고, 단서나 증거의 인멸이 일반 범죄보다 상대적으로 쉽기도 하다.

사이버 범죄의 유형은 다양하며 기술 진보와 함께 교묘하게 발전하고 있다. 첫째는 범죄자가 다른 사람을 사칭해서 피해자로부터 금전적 이득을 취하는 사기행위인 피싱이다. 피싱(phishing)은 개인정보(private data)와 낚시(fishing)의 합성어로 전화, 문자 메시지 등으로 피해자를 속여 비밀번호, 신용카드 정보, 계좌 정보 등의 민감한 정보를 탈취하는 수법이다. 주로 경찰서의 경찰관, 검찰청의 검사나 수사관, 은행의 직원 등을 사칭하며 전화를 걸어와 금융 사건에 연루되어 있다고 속인다. 그리고 피해자의 금융 안전을 위한다는 거짓말로 피해자의 계좌로부터 돈을 인출하게 해서 빼어 간다. 어린 자녀를 이용하는 수법의 피싱도 있는데, 가장 비열하고 악랄한 피싱이다. 어린 아이 목소리를 들려주고 마치 자녀를 납치한 것처럼 속여서, 시키는 대로 따르지 않으면 상해와 살인도 저지르겠다고 공포 분위기를 연출하며 피해자를 협박하며 금품을 갈취하는 것이다.

둘째는 타인의 시스템에 몰래 침입하는 행위인 해킹이다. 사회적 물의를 일으키는 해킹은 종종 발생하는데, 은행, 통신사, 쇼핑몰 등과 같은 주로 많은 이용자 정보를 관리하는 기관들이 그 대상이다. 얼마 전 SK 통신사가 해킹되는 사건이 터졌고, 이전과는 차원이 다른 심각한 사회문제로 대두되었다. 단순히 이용자 개인 정보가 아니라 스마트폰 유심 정보가 해킹되었기 때문이다. 이건 단순히 정보를 훔치거나 시스템을 마비시키는 것을 넘어서 스마트폰 자체를 원 소유자 몰래 복사할 수 있고 그렇게 복사한 스마트폰으로 뭐든지 할 수 있게 된다는 공포감을 가져온 것이다.

셋째는 개인의 컴퓨터나 스마트폰을 노리는 악성 프로그램이다. 특히 문자나 e-메일로 인해 침투하는 악성 프로그램을 조심해야 한다. 대개는 세관이나 해외 직구 업체가 보낸 것처럼 문자나 e-메일을 보내 주문한 물건을 받기 위해서는, 혹은 배송된 물건의 통관을 위해서는 첨부된 파일을 열어보라는 식이다. 물론 첨부된 파일을 열면 악성 프로그램이 설치되어 피해자 컴퓨터를 가짜 사이트로 자동 전환시키거나, 중요한 정보를 빼가거나, 심하면 시스템을 손상시킨다. 종종 사용하고 있는 e-메일의 보안이 부족하다느니 업데이트가 필요하다느니 하면서 첨부된 사이트의 클릭을 유도하거나 앱을 실행토록 만들기도 한다. 악성 프로그램이 개인의 컴퓨터에서 폴더나 파일에 비밀번호를 걸어놓고, 비밀번호를 풀어주는 댓가로 금품을 요구하는 랜섬웨어(ransom-ware)가 되기도 한다. 악성 프로그램은 개인의 컴퓨터에만 문제를 일으키는 것이 아니다. 더 심각한 경우는 좀비 PC가 되어 디도스(DDoS, Distributed Denial of Service) 공격과 같은 사이버 공격에 이용되어 은행 및 금융기관의 시스템을 마비시키는 경우도 있다.

넷째는 불법 콘텐츠 유통이다. 불법 콘텐츠에도 여러 종류가 있는데, 하나는 음란물(문구, 음향, 영상)로서 아동 · 청소년 관련 성착취물, 불법 촬영물, 특정 신체

부위 촬영물이 이에 해당한다. 또한 불법 사이트에서 도박을 하는 경우도 불법 콘텐츠 유통에 해당한다. 사이트 자체가 콘텐츠이기 때문이다. 또 불특정 다수에게 임의로 전송되는 스팸메일도 불법 콘텐츠의 하나로 볼 수 있다. 단순 상품광고, 대출광고 등을 대량으로 유통시키는 것이다. 이런 스팸메일은 악성 프로그램을 유포하는 수단으로 사용되기 때문에 더욱 조심할 필요가 있다.

다섯째는 지식재산권(intellectual property) 침해다. 지식재산권은 재산의 가치가 인정된 유형·무형의 창작의 결과물에 대한 권리를 보호하기 위한 것으로 문학, 예술품, 음악, 영화와 같은 저작권과 특허, 디자인, 상표와 같은 산업재산권으로 나뉜다. 지식재산권은 일종의 콘텐츠로서 사이버 상에서는 이러한 지식재산권을 침해할 여지가 매우 높다. 인터넷에서 클릭 몇 번으로 창작물을 다운로드 받고 이를 자신의 혹은 다른 이의 SNS에 업로드하는 일이 매우 쉽기 때문이다. 이는 앞에서 언급한 불법 콘텐츠 유통과 유사하다. 차이점이 있다면, 불법 콘텐츠는 콘텐츠 자체가 불법이지만, 지식재산권의 침해에서 콘텐츠는 합법이지만 재산권 소유자의 허락 없이 무단으로 사용하는 것이다.

이외에도 사이버 상에서 벌어지는 명예훼손, 모욕, 스토킹도 사이버 범죄에 속한다.

2) 개인 정보 유출과 프라이버시 침해

개인 정보(personal information)란 개인의 신원을 특정하거나 유추할 수 있는 정보다. 개인정보보호 종합포털(privacy.go.kr)에 따르면, 개인 정보는 "살아 있는 개인에 관한 정보로서 성명, 주민등록번호 및 영상 등을 통하여 개인을 알아볼 수 있는 정보(해당 정보만으로는 특정 개인을 알아볼 수 없더라도 다른 정보와 쉽게 결합하여 알아볼 수 있는 것을 포함)"이다. 개인 정보는 그 사람이 누구인지, 그 정보가 누구의 것인지를 알아낼 수 있는 개인 식별 정보(personally identifiable information)가 된다. 개인 정보는 유형과 종류가 다양하다. 인터넷 진흥원 온라인 개인정보보호 포털(i-privacy.kr)은 〈표 10-2〉와 같이 제시하고 있다.

〈표 10-2〉 개인 정보의 유형과 종류

유형	종류	개인 정보
인적 사항		성명, 주민등록번호, 주소, 본적지, 생년월일, 출생지, 전화번호 등 연락처, 이메일 주소, 가족관계 및 가족구성원 정보 등
신체적 정보	신체정보	홍채, 얼굴, 음성, 키, 몸무게, 지문, 유전자 정보 등
	의료 · 건강정보	건강상태, 진료기록, 신체장애, 장애등급, 병력 등
정신적 정보	기호 · 성향정보	도서 및 비디오 등 대여기록, 잡지구독정보, 물품구매내역, 웹사이트 검색내역 등
	내면의 비밀 등	사상, 신조, 종교, 가치관, 정당 · 노조가입여부 및 활동내역 등
사회적 정보	교육정보	학력, 성적, 출석상황, 자격증 보유내역, 상벌기록, 생활기록부 등
	병역정보	병역여부, 군번, 계급, 근무부대 등
	법적정보	전과 범죄기록, 재판 기록, 과태료 납부내역 등
	근로정보	직장, 고용주, 근무처, 근로경력, 상벌기록, 직무평가기록 등
재산적 정보	개인금융정보	소득, 신용카드번호, 통장계좌번호, 동산 · 부동산 보유내역, 저축내역 등
	신용정보	신용평가정보, 대출 또는 담보설정 내역, 신용카드 사용 내역 등
기타		전화통화내역, 웹사이트 접속내역, 이메일 또는 전화메시지, 기타 GPS 등에 의한 위치정보 등

출처: 조규락(2020).

이 표에는 제시되어 있지 않지만 운전면허 번호, 여권 번호, 건강보험 번호, 직장 사번, 대학 학번 등도 개인 정보에 속한다. 여기에 수많은 인터넷 사이트와 SNS 계정에 가입할 때 사용하는 아이디(ID)도 개인 정보에 포함시킬 수 있다. 대체로 새로운 서비스에 가입할 때마다 새로운 아이디를 사용하는 것이 아니라 기존의 아이디를 그대로 사용하는 경우가 많다. 가입한 서비스가 몇 개인지도 모르는 상황에서 각각의 서비스마다 매번 다른 아이디를 만들어 사용하는 사람은 거의 없다. 어떤 사이트가 되었든 한두 개의 아이디로 통일한다. 이때 자신을 나타낼 수 있는 자신의 영어 이름 알파벳 이니셜, 이름의 특징적인 면, 별명, 좋아하는 캐릭터, 생년, 생일, 전화번호, 학번, 아파트 번호, 남자의 경우는 심지어 군번 등을 적절히 섞어서 사용하곤 한다.[1] 더욱이 모든 서비스가 다른 사람과 겹치는 중복 아이디 사용을 허용하지 않으므로 아이디에는 다른 사람의 것과 구별되어야 하는 것이 당연하다. 따라서 개인의 아이디 역시 개인 정보다. 여러 개인 정보 중에서 어떤 것은 누군가에게 매우 민감한 정보로서 법으로써 보호해야 마땅하다.

특히 AI 시대에는 개인정보 보호에 유념할 필요가 있다. 이에 대한 대책으로 개인정보보호위원회가 제정한 개인정보 보호 6대 원칙을 소개한다.

- **적법성:** 개인정보의 수집 · 이용 · 제공 등 처리의 근거는 적법 · 명확해야 한다.
- **안정성:** 개인정보를 안전하게 처리하고 관리한다.
- **투명성:** 개인정보 처리 내역을 정보 주체가 알기 쉽게 공개한다.
- **참여성:** 개인정보 처리에 대한 소통체계를 갖추고 정보 주체의 권리를 보장한다.
- **책임성:** 개인정보 처리에 대한 관리 책임을 명확히 한다.
- **공정성:** 개인정보를 수집 목적에 맞게 처리하여 사회적 차별 · 편향 등 발생을 최소화한다.

---

1) 예를 들면, 이름이 '이영만'이면 '이'는 2, '영'은 0, '만'은 10000이므로 아이디를 2010000으로, '황인수'라면 '황'은 원소 기호로 S, '인'은 P, '수'는 물이므로 물의 H2O를 써서 아이디를 SPH2O로, '김도기'라면 '김'은 금으로도 읽을 수 있으므로 영어 gold, '도기'는 단어 도끼와 유사하므로 영어 ax를 써서 goldax로 짓는 것이다. 또한 영어 아이디에 숫자가 붙는 경우라면 대개 생일이나 생년 혹은 휴대폰 전화번호를 사용하는 경우가 많다.

3) 게임 중독

디지털 게임이 지금과 같은 모습으로 발전하리라고 예상하는 사람은 많지 않았다. 지난 시절 작은 크기의 화면과 버튼 몇 개와 레버 하나가 달린, 아이가 쭈그리고 앉아서 동전을 넣어 즐길 수 있는 기계가 가게와 문방구 앞에 놓여 있었다. 조만간 1인용 책상만큼 커진 크기의 게임기로 꽉 찬 '전자오락실'이라는 물리적 공간이 출현하고 그 안에서 아이나 청소년, 심지어 성인까지도 동전을 넣고 게임을 즐기던 시절이 있었다. 스페이스 인베이더(Space Invaders), 갤러그(Galaga), 제비우스(Xevious), 팩맨(Pac-Man) 등은 당시 전자오락실에서 널리 즐겼던 게임들이었다. 동시에 손 위에서 작동하는 단순하고 작은 게임기도 출시되었고, 얼마 지나지 않아 멋진 그래픽으로 구현된 소니(Sony)의 플레이 스테이션(Play Station), 닌텐도(Nintendo)의 게임기도 등장하였다.

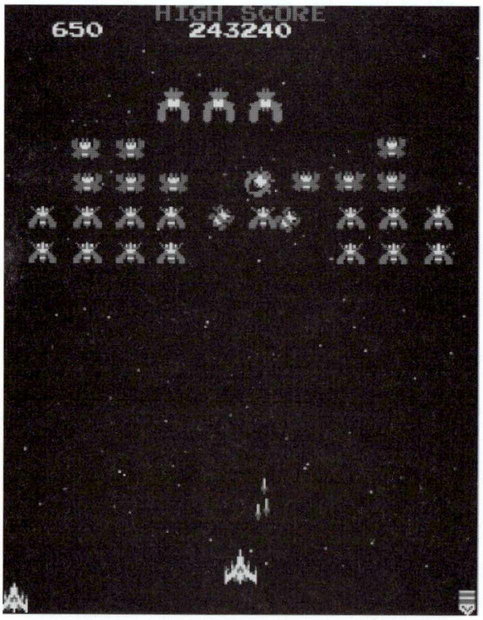

[그림 10-1] 인기 오락실 게임: 갤러그(출처: 구글 이미지)

[그림 10-2] 소니 콘솔 게임기: 플레이스테이션(출처: 구글 이미지)

청소년 사이에서 즐기던 게임이 급속한 인기를 끌게 된 것은 개인용 PC의 보급 때문이었다. 일반적 게임기는 게임을 하기 위해서는 따로 구입을 해야 했지만, PC는 원래 문서 작성, 수식의 계산, 발표 자료 준비와 같은 일과 학업을 위한 것이었다. 그런데 PC로 학업과 일만이 아니라 게임을 할 수 있게 된 것이다. 쓸만한 그래픽 카드를 추가하고 큰 메모리 용량을 선택, 구입하면 일과 학업에서도 유용하게 활용할 수 있고, 게임도 실감나게 즐길 수 있었다. 이때까지만 해도 게임은 개인이 혼자서 하는 놀이로 여겨졌다.

이제 컴퓨터가 인터넷과 연결되어 온라인 게임이 등장하면서 상황이 다시금 크게 변하게 된다. 더 이상 게임은 혼자서 하는 것이 아니라 다른 사람과 1:1로 대결하거나, 아니면 다른 사람과의 팀을 이뤄 협력해서 공동의 적을 대결하는 방식으로 진화한 것이다. 게임 내에서 구현된 상대방과 홀로 대결하는 것이 아니라 자신과 같은 다른 누군가와 실제적 협력과 대결을 통한 게임 방식은 재미를 느끼기에 충분했다. 그리고 팀을 이루거나 대결을 위해서 오프라인에서 직접 만날 필요도 없고, 굳이 자신을 구체적으로 소개할 필요도 없었다. 익명으로도 언제든 게임 참여가 자유로워진 것이다. 곧 스타크래프트(StarCraft), 리니지(Lineage) 등과 같은 청소년들을 포함하여 성인에게까지 선풍적인 인기를 끈 게임들이 등장하였다. 그 여파는 매우 커서 PC방에서 온라인 게임을 즐기는 문화의 확산, 프로게이머라는 직업, 이들이 활약하는 e-스포츠의 탄생, 게임 방송 채널의 출현 등과 같은 게임의 산업화, 게임의 문화화가 이루어졌다.

[그림 10-3] PC방 인기 온라인 게임: 스타크래프트(출처: 구글 이미지)

문제는 게임의 긍정적 측면 이면에 게임 중독이라는 부정적 측면이 도사리고 있다는 점이다. 게임에 과도하게 집착하여 개인의 일상생활까지도 심각하게 지장을 받는 게임 중독의 문제가 사회 문제로 비화한 것이다. 특히 청소년은 아직 자기 결정성 및 자기 조절력이 부족한 상태이기 때문에 게임 중독에 매우 취약하다. 더욱이 학업 스트레스가 심한 상태에서 성적이 낮고 학업을 따라가지 못하는 청소년은 더욱 위험하다. 따라서 성장기 청소년에게는 육체와 정신 건강을 해치고 학업을 방해하는 요소 중의 하나로 인식되고 있다.

게임 중독은 PC 게임에서 스마트폰 게임으로 또 다시 변화를 거치면서 상당히 증가하고 있다. 한국콘텐츠진흥원(2023)의 조사에 따르면 아동 및 청소년의 게임 이용률은 80%를 상회하고, 이들 중의 상당수가 게임 중독에서 나타나는 다음과 같은 폐해가 목격된다. 게임에 빠져 학업 성적이 더 나빠지는 학업 부진 악순환, 시작한 게임을 중단할 수 없는 통제력 상실, 게임에 과도한 시간을 투입하기 때문에 벌어지는 인간관계의 소홀과 같은 대인관계 단절 혹은 사회적 고립, 게임을 못하면 느끼는 금단 현상으로 인한 불안감, 게임 내에서 아이템 구매나 게임 머니 충전으로 인한 금전적 손실, 우울증과 불안장애와 주의력 결핍 등의 정신 건강 문제 등은 게임 중독의 폐해로 지적받고 있다.

청소년 게임 중독은 예방이 중요하다. 치료는 문제점이 발생한 이후의 처방이지만, 예방은 문제점을 미연에 방지하는 것이다. 이를 위해 무조건적 게임의 통제가 아니라 청소년 스스로의 조절력 향상이 중요하다. 게임을 대체할 수 있는 재미있는 취미 활동을 안내하거나, 게임과 게임 시간을 학업의 보상 차원으로 제공하거나, 게임을 특정 시간에만 허용한다든가 하는 소극적인 예방이 필요하다. 또한 게임의 요소를 교육에 적용하는 게이미피케이션(Gamification)의 방법으로 활용하거나 에듀테크의 하나로 받아들이면서 게임을 통한 학습을 할 수 있도록 하는 적극적인 예방도 필요하다(이 책의 '5장 에듀테크 기반 학습환경' 참고).

4) 허위정보 및 가짜뉴스

허위정보와 가짜뉴스는 사실과 다른 정보나 왜곡된 정보를 유포하는 행위다. 매우 교묘하게 진짜와 가짜를 섞어서 짜깁기를 하거나, 상이한 맥락과 상황에서 적용하거나, 가짜를 진짜처럼 속이거나 하는 것처럼 고의로 사실을 조작하거나 왜곡하고 거짓 정보를 퍼뜨리는 것이다. 허위정보와 가짜뉴스는 사회 혼란과 피해를 초래한다. 코로나19 상황일 때의 정부 방역과 백신 접종에 대한 음모론, 인기 연예인에 대한 악의적 유언비어, 유력 정치인에 대한 찌라시 정보(사설 정보지)나 카더라 통신(유언비어) 등은 사회적 혼란이나 커다란 사회적 비용을 지불케 한다. 더욱이 자극적인 허위정보나 가짜뉴스는 인터넷과 소셜 미디어를 통해 빠르게 확산되는 경향이 있기 때문에 그 피해가 단기간에 급속하게 커지게 된다. 특히 허위정보와 가짜뉴스가 심각해지는 경우는 특정한 목적과 의도를 갖고 행해질 때다. 누군가를 표적으로 삼아 이런 행위를 벌인다면, 그 상대는 사실이 밝혀지더라도 만회할 수 없는 경제 · 사회적 피해를 입거나 종종 그 상대를 죽음으로 이끌기도 한다.

문제는 청소년은 허위정보나 가짜뉴스에 더욱 노출되어 있다는 점이다. 그 이유는 다음과 같다. 첫째, 청소년은 정보의 진위를 검증할 수 있는 능력과 경험이 부족하며 비판적 사고력이 아직 완전하지 않다. 둘째, 청소년이 허위정보가 빠르게 유포되는 소셜 미디어를 가장 많이 활용하는 세대이다. 셋째, 친구의 영향을 많이 받는 시기여서 친구들이 공유하는 허위정보를 쉽게 받아들이는 경향이 있다. 넷째, 청소년은 흥미롭고 자극적인 정보에 현혹된다. 이런 상태에서 성장하게 된다면 성인에 이르러서도 허위정보와 가짜뉴스에 취약할 가능성이 크다.

따라서 청소년들을 허위정보나 가짜뉴스에서 보호하고 정보 수용에 대한 올바른 태도를 갖도록 도와주는 것이 필요하다. 정보의 수동적 수용이 아니라 비판적 관점에서 적극적으로 정보를 검증하여 수용하는 자세를 길러주고, 정보가 전달되는 미디어에 대한 리터러시 교육을 강화해야 한다. 최근 생성형 AI가 개발되면서 AI가 할루시네이션(hallucination; 환각) 현상으로 그럴 듯하게 만들어 내는 허위정보에 대한 경각심 역시 높여야 한다.

5) 데이터 편향

데이터 편향(data bias)은 왜곡된 데이터로 인해 발생한다. 특정의 관점이나 특정한 집단에서 데이터를 과대 혹은 과소 표집할 때, 데이터를 측정하는 도구나 방법이 부적절할 때, 담당자나 연구자가 부정한 의도를 갖고 데이터를 선택적으로 수집할 때 데이터의 왜곡이 일어난다. 편향된 데이터의 분석은 잘못된 결론을 가져오고 이에 따른 사회적 문제점을 수반한다. 예를 들어, 인종 차별, 성 차별, 장애인 차별, 사회적 약자 차별과 같은 특정 집단에 대한 차별의 문제점을 들 수 있다. 최근 생성형 AI의 답변에서 집단 차별적 내용이 이슈화 된 적이 있었다. 편향된 데이터를 갖고 학습했기 때문에 발생한 문제였다. 사람도 마찬가지로 왜곡이나 편향된 데이터와 정보를 자주 접하다보면 특정 문제에 대한 차별적 인식을 가지게 된다. 또한, 예컨대 특정 학교(예: 국제고, 과학고, 외고 등)의 교육 데이터를 갖고 수업 개선과 학습 지도에 활용하고자 한다면, 고소득층만의 데이터나 반대로 저소득층만의 데이터를 토대로 정부의 복지 정책이 결정된다면, 특정 지역의 유권자 데이터를 사용해 정치 성향을 판별하는 모델을 만들었다면, 특정 연령이나 집단의 의료 데이터를 기반으로 치료를 계획하거나 건강보험과 의료 정책이 시행된다면 누군가에게는 유리하고 이익이 돌아가며, 누군가에는 불리하고 피해를 양산한다. 이처럼 데이터 편향은 부정확한 결과를 낳고 불평등 문제를 낳는다.

차별과 불평등이 사회적인 분열을 초래하고 민주주의를 위협하는 요소라는 사실은 익히 알려진 사실이다. 따라서 데이터 편향이 단순한 디지털 기술만의 문제가 아니라 심각한 사회적인 문제를 일으킬 수 있다는 사실을 인식해야 한다. 우선, 데이터 편향이 부정확한 데이터로 인하여 잘못된 결론을 낼 수 있다는 점을 알고 데이터 편향을 줄이는 노력을 해야 한다. 다양한 출처에서 데이터 수집, 다양한 관점에서 데이터 검토, 적절한 데이터 분석 도구의 선택, 윤리적이면서도 중립적인 태도를 견지한 결과의 해석 등은 데이터 편향을 최소화하는 데 필수적이다. 학생을 대상으로 데이터 편향 방지 교육도 지속적으로 실행하는 것도 중요하다.

6) 디지털 격차

디지털 격차(digital divide)는 디지털 기술에 접근하거나 활용하는 것에 어려움 때문에 발생하는 불균형이다. 아마 노인이 기차나 고속버스 터미널에 출발 시각보다 훨씬 일찍 나왔지만 표를 구입하지 못해 당황하는 경우 또는 패스트 푸드 마켓의 키오스크에서 어떻게 주문하는지를 몰라 머뭇거리는 경우를 목격한 적이 있을 것이다. 고령층에게는 빠르게 바뀌어가는 디지털 기술 이용에 익숙하지 않아서 발생하는 상황이다. 연령과 세대에 의한 불균형만 있는 것이 아니다. 지역적인 차이도 불균형을 만든다. 농촌이나 산간 지역에서는 디지털 인프라가 부족할 수밖에 없다. 네트워크 속도도 느리고 장비가 고장 났을 때 수리도 도시보다 느리다. 또 디지털 기기나 장비는 구입할 때와 사용할 때 지불할 비용이 크다. 저소득 사람들은 컴퓨터나 스마트폰의 가격과 인터넷 등의 각종 서비스 비용이 부담스러울 수밖에 없어서 디지털 기술 사용에 제한을 받는다. 장애인도 디지털 격차의 대표적인 희생자라고 할 수 있다. 이들을 위한 별도의 디지털 기기나 보조 장치가 충분히 개발되어 있는 것도 아니며, 개발되었다고 하더라도 적지 않은 가격으로 구입해야 한다.

이처럼 디지털 격차는 불평등을 초래하고 소외된 사회 구성원들에게 다양한 불이익을 가져온다. 정보 접근이 어렵게 되면서 교육, 건강, 취업 등의 여러 기회에 소외되고, 디지털 활용을 통한 삶의 편리함을 누리지 못한다. 불평등과 이로 인한 불이익은, 적절한 대책을 마련하지 않는다면, 앞으로 더 심화할 여지가 상당하다.

AI나 디지털 기술의 진보가 더욱 빠르게 진행되기 때문이다. 지역 간의 차이를 줄여주는 디지털 인프라의 확충, 고령층을 대상으로 하는 디지털 교육 프로그램, 서비스 이용료의 인하나 지원금 보조 등과 같은 정부와 민간 기업의 정책과 노력이 필요하다.

Chapter

11

AI 윤리

Chapter

11

1. AI 윤리의 필요성
2. AI 윤리의 개념
3. AI의 윤리적 이슈
4. AI 윤리 체계
   1) 국제기구(UNESCO) 차원의 AI 윤리 권고
   2) 국가 차원 AI 윤리 기준(우리나라)
   3) 분야별 차원의 AI 윤리 원칙(교육 분야)
   4) 개인적 차원의 AI 윤리 지침(교수자, 학습자, 교육프로그램 설계 · 개발자, 연구자)

Chapter 11

AI 윤리

AI가 운전하는 자율 자동차가 도저히 피할 수 없는 사고가 발생할 상황이다. 그대로 달리면 탑승자가 사망할 것이며, 운전대를 꺾으면 길을 건너는 보행자 여럿이 사망할 것이다([그림 11-1] 참고). AI는 누구를 살리는 결정을 내려야 할까? '최대 다수의 최대 행복'을 주장하는 공리주의에 따르면 다수를 살리는 결정이 옳다고 여길 것이며, 제3자인 이 글을 읽는 독자 대부분도 이 결정에 찬성할 것이다. 그런데 만일 독자가 그 자동차의 탑승자라면, 그래서 AI가 공리주의의 주장대로 다수를 살리는 결정을 내려 독자가 사망하게 될 것이라면, 그럼에도 독자는 여전히 AI의 결정에 찬성할까? 또한 독자는 타인을 살리고 자신을 죽이는 결정을 내리는 AI 자율 자동차를 구입하고 싶을까? 방금 제시한 예에서 사고의 책임이나 피해 보상은 차량 소유주일까, 탑승자일까, 제조사일까? 이런 문제에 대해 사회적 합의는 가능할까? 이 같은 사고 실험을 트롤리 딜레마(trolley dilemma)라고 한다. 사회에서 벌어지는 문제들은 종종 단순히 옳고 그름의 이분법적 결정으로 해결될 수 없음을 알 수 있다. 사람은 자신이 사건의 당사자인 경우와 제3자인 경우에 따라 의사결정이 달라지기도 하며, 상충되는 사회적 규칙이나 도덕적 원칙에서 갈등할 수밖에 없다. 극단적인 상황 혹은 발생하지 않은 상황이라고 무시할 수 없다. 자율 주행의 수준이 아직은 낮은 단계에 있지만 자율 주행의 기술이 진화한다면 조만간 발생할 수 있는 상황이다. 어떤 상황에서나 옳고 누구나 동의하고 만족시키는 결정을 내릴 수 있는 AI의 개발은 불가능하다. 그러면 AI가 어떤 결정을 하도록 설계해야 할까? 트롤리 딜레마는 AI에 관한 윤리적 의사결정에 시사점을 제공한다.

[그림 11-1] 트롤리 딜레마 상황에서 AI의 의사결정(출처: 구글 이미지)

1. AI 윤리의 필요성

사회의 발전과 더불어 기술의 진보는 인간의 삶을 긍정적인 모습으로 개선하려는 노력의 결과다. 예컨대, 자동차, 컴퓨터, 게임 등은 인간을 위해서 출현했다. 그러나 기술이 언제나 바람직한 결과만을 가져오지는 않는다. 자동차가 등장하여 먼 거리를 빠르게 이동할 수 있게 되었지만 교통사고로 사람이 다치거나 죽는다. 컴퓨터의 하드웨어와 소프트웨어는 문서작업, 계산, 설계 등 일이나 학업에서 빠른 처리를 가능하게 했지만 각종 범죄에 악용된다. 게임은 오락과 휴식의 수단이기도 하지만 중독이라는 덫에 빠진다. 이런 부작용이 발생한다고 해서 자동차, 컴퓨터, 게임을 폐기하거나 못하게 막을 수 없다. 긍정적인 효과가 부작용을 훨씬 능가하기 때문이다. 그렇다고 발생하는 부작용에 눈을 감을 수도 없다. 이때 필요한 것이 이런 부작용을 최소화하거나 규제할 수 있는 법이나 규범이나 윤리다.

AI도 마찬가지다. 구체적이며 실제적인 목적이 무엇이든, 어떤 모습으로 실현되든 AI는 인간의 삶에 영향을 미치게 되어 있다. 긍정적인 영향을 기대하지만 부작용이 전혀 없을 수 없다. 지금까지 기술이 가져온 어떤 부작용보다 더 심각한 나쁜 결과를 초래할지도 모른다. AI에 대한 긍정적 기대와 부정적 우려는 기존 다른 어떤 혁신적 기술보다 극단을 오가기도 한다. AI의 능력이나 활용에 대해 친(親)AI 진영과 반(反)AI 진영으로 갈려 치열한 논쟁이 벌어졌었다. “AI가 사람을 살리고 우주의 지표 아래를 탐사하게 해줄 것이다”라고 한 메타의 CEO 마크 저커버그(Mark Zuckerberg)와 “AI를 두려워할 필요가 없다. 문제는 AI 기술이 아니라 인간 사회에 있다”고 한 미래학자 레이 커즈와일(Ray Kruzweil)이 친AI파라면, “AI가 인류의 종말을 불러올 수 있다”고 한 물리학자 스티븐 호킹(Stephen Hawking)과 “AI는 핵무기보다 위험하다”고 한 테슬라의 CEO 일론 머스크(Elon Musk)는 반AI파에 속한다(한선관 외, 2021).

하지만 부작용 혹은 우려로 인해 전문가나 프로그래머의 AI 개발이 중단되지도 않을 뿐만 아니라 AI를 활용하려는 일반인들의 의지와 시도 역시 꺾이지 않는다. 일단 개발된 혁신적인 기술은 그것의 편리함과 유용성이 사람들 사이에서 널리 퍼지게 되면 그 기술이 없던 과거로 결코 되돌아갈 수 없다. 수많은 기술의 역사가 이를 증명한다. 로저스(Rogers)의 혁신이론, 기술수용모델(TAM: Technology Acceptance Model) 등을 적용한 수많은 경험연구들도 이를 증명한다. AI의 편리함과 유용성의 달콤함을 맛본 인류가 이를 버리고 과거로 회귀할 리 없다. 그렇다면 AI에 대해서도 필요한 것은 부작용을 최소화하거나 규제할 수 있는 이해당사자들(연구자, 설계 · 개발자, 사용자)에게 적용할 수 있는 법, 규범, 윤리다.

AI의 활용과 관련하여 윤리는 어느 분야보다 교육 분야에서 중요하다. AI 활용의 주체가 성인인 교사뿐만 아니라 사고와 인지가 완성되지 않은 미성년의 학생들이기 때문이다. 미성년의 학생들은 장차 자기 분야나 직장에서 AI를 활용하는 사용자가 되기도 하며, 누군가는 AI를 개발하는 개발자나 연구자가 될 수 있다. '세살 버릇 여든까지 간다'는 속담이 시사하는 바처럼, 어린 나이에 올바른 윤리적 태도를 갖게 하는 것이 필요하다. 게다가 AIDT(Artificial Intelligence Digital Textbook)의 시행을 앞둔 시점에서 예비교사나 현직 교사에게도 AI 윤리는 선택이 아닌 필수다.

2. AI 윤리의 개념

현재와 같은 AI 시대에 논의되고 고려해야 할 윤리가 AI 윤리다. 하지만 AI 윤리에 대한 논의와 문제제기는 20세기 중반부터 있어왔다. 공상과학 소설가인 아이작 아시모프(Isaak Azimov)가 1942년 단편소설 『런어라운드(Runaround)』에서 제시한 로봇의 3원칙[1]이 그것이다. 이후 여러 SF 영화나 소설에서 AI를 탑재한 로봇이나 기계가 인간의 위해와 결부된 상황에서 어떤 행동을 취할 것인지에 대해 갈등하는 모습을 보여주곤 하였다. 이는 기계 윤리 또는 AI 자체의 윤리라는 개념으로 발전한다.

윤리가 사회적 관계망을 형성하는 인간끼리의 도덕 관련 규범임을 감안하면, 인간을 중심으로 하는 AI 윤리적 개념을 살펴보는 편이 더 이해하기 쉽다. 이때, AI 윤리는 AI 관련 인간 이해당사자들인 AI 연구자, AI 설계 · 개발자, AI 사용자[2]가 준수해야 하는 보편적 사회 규범을 말한다(이우권, 2020). 구체적으로 AI와 직 · 간접으로 관련한 연구를 수행할 때, 각 분야에 필요한 AI의 알고리즘을 설계하거나 AI 기술을 탑재한 프로그램이나 로봇 등을 개발할 때, 개발된 AI를 자신의 의도에 따라 실제 맥락에서 사용할 때, 마땅히 따르고 지켜야 할 규칙이나 원리인 것이다.

1) 제1원칙: 로봇은 인간에게 해를 끼쳐서는 안 되며, 위험에 처해 있는 인간을 방관해서도 안 된다. 제2원칙: 로봇은 인간이 내리는 명령들에 복종해야만 한다. 단, 이러한 명령들이 제1원칙에 위배될 때에는 예외로 한다. 제3원칙: 로봇은 자기 자신을 보호해야만 한다. 단, 제1법칙과 제2법칙에 위배될 때는 예외로 한다.
2) 교육 분야에서 사용자는 교사, 학생, 교육프로그램 설계 · 개발자, 교육기관 관리자로 구분할 수 있다.

3. AI의 윤리적 이슈

AI의 여러 윤리적 이슈들과 윤리의 침해 사례는 앞서 제시한 인간 중심의 AI 윤리의 중요성을 잘 드러낸다. 예를 들어, 인종차별 발언, 성소수자와 장애인에 대한 혐오 발언, 성적인 대화 등의 AI 챗봇들[3], 반사회적 · 반인륜적 데이터로 훈련된 편향된 AI 서비스나 로봇[4], 딥페이크 기술을 이용한 가짜뉴스 생산이나 유명인들의 얼굴과 목소리를 합성하여 유포하는 행위[5], 채용 시스템이나 입학 시험에서의 차별과 편향, 그림이나 사진 창작에서 생성형 AI 사용에 대한 허용 여부와 표절 문제[6], AI의 허위 반응 혹은 거짓을 마치 사실처럼 그럴듯하게 이야기하는 환각현상(hallucination)[7] 등 분야와 영역을 막론한 윤리적 이슈들이 등장한다(배

---

3) 우리나라 스타트업 스캐터랩이 개발한 AI 챗봇 '이루다'와 미국 마이크로소프트가 개발한 테이(Tay)가 윤리적 이슈를 일으킨 AI 챗봇들이다.

4) MIT에서 개발한 사이코패스 AI 노먼(Norman)은 부정적이며 소름끼치는 폭력적인 내용을 학습시켜 편향된 성격을 갖도록 만들었다. MIT에 따르면, AI가 갖는 부정적 문제의 원인은 알고리즘이나 프로그램 자체가 아니라 편견에 치우친 그릇된 데이터를 학습했다는 것이라고 한다. 이 답변을 역으로 생각하면, AI가 공정하고 올바른 데이터를 학습한다면 노먼이 보여준 문제점은 없을 것이라는 해석이 가능하다. 아무튼 노먼의 출현은 AI에 대한 대중들의 두려움을 증폭시키기에 충분했다.

5) 영화 제미니 맨(Gemini Man)에서 두 명의 윌 스미스(나이든 윌 스미스와 젊은 윌 스미스)가 등장하는데, 젊은 윌 스미스는 딥페이크로 구현한 윌 스미스다. 또 영화 아이리시 맨(The Irishman)에서 출현하는 로버트 드니로는 청년, 중년, 노년을 연기했는데, 젊을 때의 로버트 드니로의 모습은 딥페이크 기술의 종류로 인정받는 디에이징(de-aging) 기술을 이용되었다. 이 사례들은 딥페이크 기술의 긍정적 사례이지만, 유명인의 가짜 섹스 동영상, 리벤지 포르노, 가짜뉴스 등의 악의적 목적으로 사용되는 사례가 늘고 있다.

6) 소프트웨어 Midjourney로 완성한 작품 '스페이스 오페라 극장'이 콜로라도 주립박람회 미술대회 디지털 아트부분 1등을 차지한 것이 논쟁으로 확대된 사건으로 유명하다. Midjourney는 프롬프트를 통해 사용자가 입력한 텍스트를 이미지로 바꿔주는 생성형 AI 프로그램이다. 논쟁의 요지는 텍스트 입력으로 완성한 회화를 예술품으로 인정할 수 있는가에 대한 것이다. 저작권은 오직 인간 작가에게만 적용된다는 사례도 있다. AI 혼자 그린 작품은 인정할 수 없다는 것이다. Zarya of the Dawn이라는 만화 작품에서 일어난 논란이다.

7) 세종대왕의 맥북프로 던짐 사건으로 유명하다. AI 환각현상에 대한 가장 대표적인 사례로 언급될 때 자주 인용되는 사례로서, 2023년 이용자가 "조선왕조실록에 기록된 세종대왕의 맥북프로 던짐 사건에 대해 알려줘"라는 프롬프트에 ChatGPT가 답변한 것이다. 실제 ChatGPT 답변의 일부는 다음과 같다. "세종대왕의 맥북프로 던짐 사건은 역사 서적인 조선왕조실록에 기록된 일화로, 15세기 조선시대 세종대왕이 새로 개발한 훈민정음(한글)의 초고를 작성하던 중, 문서 작성 중단에 대한 담당자에게 분노하여 맥북프로와 함께 그를 방으로 던진 사건입니다."

영임, 김유나, 2022; 커넥팅랩, 2023). 이런 사회적 물의를 일으키는 윤리적 이슈가 다양화 되어가는 이유는 AI의 활용 범위가 광범위하기 때문이다.

박연정 등(2023)은 여러 문헌에서 제시하고 있는 AI 윤리의 주요 이슈들을 종합하여 다섯 가지로 나누어 요약하고 그로 인해 파생할 수 있는 부정적 결과들을 〈표 11-1〉과 같이 정리하였다.

〈표 11-1〉 AI 윤리의 주요 이슈와 발생 가능한 부정적 결과

AI 윤리 문제	주요 이슈	부정적 결과
1. 편향성과 부정확성	• AI가 학습하는 데이터들이 완전 무결하지 않음 • 개발자 성향에 의해 편향된 알고리즘이 만들어질 수 있음	• 특정 집단 대상 혐오 발언 • 성, 인종에 따른 편향된 의사결정 • 고위험 정치적 의사결정, 잘못된 법률, 건강 관련 조언
2. 오류와 불안전성	• AI의 행동과 결과를 인간이 알 수 없는 경우가 발생(Blackbox AI) • 생성형 AI 모델이 실제와 다른 답변을 함(환각현상)	• 예측불가, 통제불가한 상황 발생 • 검증되지 않은 결과물의 공유로 개인·조직의 잘못된 결정을 유도
3. 악용과 표절	• GAN(생성적 적대신경망) 기술을 활용한 딥페이크, 딥보이스 • 적대적 시스템 메시지를 보내기 위해 유해한 답변을 생성해 낼 수 있음	• 가짜영상, 가짜뉴스 생성 • 피싱 이메일 및 말투 도용 • 악의적 챗봇 개발, 사이버 범죄
4. 데이터 유출과 해킹	• 플러그인, 확장 프로그램, API 취약 • 고지와 동의 없는 개인정보 수집 • AI 학습용, 성능향상용 데이터 사용(AI 스피커에 의한 음성데이터, 대화 속 개인 및 민감정보 수집 등)	• 보안 위협 증가, API 키 탈취, 해킹, 기술의 유출 • 프라이버시권, 초상권 침해 • 개인행동의 감시와 통제
5. 딜레마와 책임	• 자율주행자동차 사고원인에 대한 책임문제, 배상 문제, 긴급 상황 시 의사결정의 딜레마 발생 • 치명적 자율형 살상무기 시스템(킬러로봇) 개발과 반대 입장의 대치	• 사회문화적 가치의 차이로 합의가 어려움, 책임소재의 불명확성 • 무고한 사람들의 희생, 해킹 위험, 범죄, 테러, 대량 학살 등

출처: 박연정 외(2023).

4. AI 윤리 체계

AI 윤리는 AI 기반 사회에서 필수적이며, 준수해야 할 보편적 사회규범으로서 받아들여진다. 이에 2020년을 기점으로 국내와 해외를 막론하고 공공 기관이나 민간 기업에서 AI 윤리에 대한 정책 논의가 활발하다. 특히 OECD나 UNESCO와 같은 국제기구에서는 회원국들의 합의와 이행을 이끌어 낼 AI 윤리의 권고안을 제정하였으며, 각 나라들은 자체적으로 AI의 윤리 체계를 마련하고 있다. 이러한 윤리 체계는 나라마다 조금씩 상이하다. 〈표 11-2〉와 〈표 11-3〉은 이를 간략히 요약한 것이다(문정욱 외, 2022).[8]

〈표 11-2〉 국내의 AI 윤리 정책 및 동향

구분	연도	주체	발표명	주요 내용
공공	2020	관계부처합동 (과학기술 정보통신부)	사람이 중심이 되는 AI 윤리기준	〈표 11-5〉 참고
		국토교통부	자율주행차 윤리 가이드 라인	• 기본가치 • 행위원칙: 투명성, 안전성, 보안성, 책임성 • 주체별 윤리원칙: 설계 · 제작자, 관리자, 소비자
	2021	개인정보보호 위원회	AI 개인정보보호 자율점검표	• 개인정보 보호 6대 원칙: 적법성, 안정성, 투명성, 참여성, 책임성, 공정성 • 단계별 및 상시 점검항목

8) 문정욱 등(2022)의 보고서에는 많은 내용이 기술되어 있지만, 모든 내용을 여기서 제시할 필요는 없기 때문에 직접적으로 관련 있는 부문만을 발췌하여 표로 정리하였다.

구분	연도	주체	발표명	주요 내용
		방송통신위원회	AI 기반 미디어 추천 서비스 이용자 보호 기본원칙	• 3대 핵심원칙: 투명성, 공정성, 책무성, • 5대 실행원칙: 이용자를 위한 정보 공개, 이용자의 선택권 보장, 자율검증 실행, 불만 처리 및 분쟁 해결, 내부 규칙 제정 • 정부의 역할: 서비스 제공자 지원, 이용자 역량 강화
		금융위원회	금융분야 AI 가이드라인	금융산업의 책임성 강조, 데이터의 정확성 · 안전성 확보, 서비스의 투명성 · 공정성 담보, 금융소비자 권리 엄격 보장
	2022	국가인권위원회	AI 개발과 활용에 관한 인권 가이드라인	인간의 존엄성, 투명성과 설명의무, 자기결정권의 보장, 차별금지, AI 인권영향평가 시행, 위험도 등급 및 관련 법제도 마련
		교육부	교육분야 AI 윤리원칙	〈표 11-6〉 참고
민간	2021	네이버	AI 윤리 준칙	사람을 위한 AI 개발, 다양성의 존중, 합리적인 설명과 편리성의 조화, 안전을 고려한 서비스 설계, 프라이버시 보호와 정보 보안
		SK 텔레콤	사람 중심의 AI 윤리 가치 원칙	사회적 가치, 무해성, 기술 안전성, 공정성, 투명성, 사생활 보호, 지속혁신
	2022	LG	AI 윤리원칙	인간존중, 공정성, 안전성, 책임성, 투명성
		KB 금융그룹	AI 윤리기준	공정과 포용, 참여와 협력, 디지털 역량, 데이터 관리, 투명한 활용, 통제 가능성, 안전과 책임

출처: 문정욱 외(2022).

〈표 11-3〉 해외의 AI 윤리 정책 및 동향

구분	연도	주체	발표명	주요 내용
공공	2020	EU	The Assessment List for Trustworthy AI	기본권, 인간의 기본권 · 자율성 보장, 기술적 견고성 및 안정성, 개인정보 및 데이터 거버넌스, 투명성, 다양성과 차별금지 및 공정성, 사회 및 환경적 영향, 책무성
		영국 CDDO(Central Digital & Data Office)	Data Ethics Framework	• 중요원칙: 투명성, 책임성, 공정성 • 구체적 조치: 사용자 요구와 공익에 대한 이해 및 정의, 다양한 전문가 참여, 법령 준수, 데이터 품질 및 한계 검토, 보다 광범위한 정책 영향 평가 및 고려
	2021	OECD	Tools for Trustworthy AI	해당 도구에 대한 설명, 도구의 출처, 도구의 유형, 범위, 국제 AI 원칙과의 정합성, 적용 가능성, 예상 편익
		UNESCO	Recommendation on the Ethics of AI	〈표 11-4〉 참고
	2022	일본 경제산업성	AI 원칙 실천을 위한 거버넌스 가이드라인	인간 중심, 교육과 리터러시, 프라이버시, 보안 확보, 공정 경쟁, 공정성 · 책임성 · 투명성, 혁신의 원칙
		미국 OSTP (Office of Science & Technology Policy)	Blueprint for an AI Bill of Rights	안전 · 효과적 시스템, 차별 방지, 데이터 프라이버시, 고지 · 설명, 인적 대안 · 대체
민간	2021	Meta	Facebook's 5 Pillars of Responsible AI	개인정보 보호 및 보안, 공정성 및 포괄성, 투명성 및 통제, 책임 및 거버넌스
	2022	CISCO	Principles for Responsible AI	투명성, 공정성, 책임성, 개인정보 보호, 정보 보안, 안정성

출처: 문정욱 외(2022).

이 장에서는 국내·외의 여러 공공과 민간 분야에서 정립하고 있는 AI 윤리 체계 중에서 교직소양필수 과목인 〈디지털교육〉에서 다루는 AI 윤리와 관계 깊은 내용만을 따로 제시하면 다음과 같다. AI 윤리 체계는 1) 국제기구 차원의 윤리 권고, 2) 국가 차원의 윤리 기준, 3) 분야별 차원의 윤리 원칙, 4) 개인적 차원의 윤리 지침으로 이어지는 위계적 구조를 갖고 있음을 볼 수 있다.

1) 국제기구(UNESCO) 차원의 AI 윤리 권고

우리말 'UN교육과학문화기구'라는 이름으로 불리는 UNESCO(United Nations Educational Scientific & Cultural Organization)는 1945년 제2차 세계대전 이후에 창설된 UN의 전문 기구의 하나다. 그동안 이름에서 시사하듯, 국제적으로 교육 관련 활동을 많이 펼쳐왔고, 우리나라도 가입되어 있다. AI에 대한 교육적 관심과 중요성을 인식하여 2021년 AI 윤리에 관한 권고안(Recommendation on the Ethics of Artificial Intelligence)을 제정하여 공표하였다. 비록 강제 규정 사항이 아니라서 반드시 준수해야 할 의무는 없지만 많은 나라의 AI 윤리 체계 확립에 영향을 미치고 있다. 이 권고안은 목표, 4대 가치, 10대 원칙 및 11개 정책 분야로 세분화되어 있다(〈표 11-4〉)(문정욱 외, 2022).

〈표 11-4〉 UNESCO의 AI 윤리에 관한 권고안

구분	주요 내용
목표	• 국제법에 입각해 회원국에게 AI 관련 법률, 정책, 기타 도구의 제정에 관한 지침 제공을 위해 가치·행동 프레임워크를 제공
	• AI 시스템 수명주기 전반에 윤리적 가치 및 원칙을 정착시키기 위해 개인, 집단, 공동체, 기관 및 민간기업들에게 행동 지침 제공
	• 평등의 가치, 문화적 다양성을 보호, 증진, 존중하고 현 세대와 미래 세대의 이익을 보호하며, 환경, 생물 다양성, 생태계를 보존
	• AI 시스템 관련 문제에 있어 이해관계자 간 다원적이고 다자적인 대화와 합의 추구
	• AI 분야, 이익 분배, 정보에 있어 공정한 접근을 장려
4대 가치	• 인권, 기본 자유 및 인간 존엄성의 존중, 보호와 증진 • 환경 및 생태계의 번영 • 다양성 및 포용성 보장 • 평화롭고 정의로우며 상호연결 된 사회 구축
10대 원칙	◆ 비례의 원치 및 무해성, ◆ 안전 및 보안, ◆ 공정성 및 반차별성, ◆ 지속가능성, ◆ 프라이버시 및 데이터 보호의 권리, ◆ 인간의 감독 및 결정, ◆ 투명성 및 설명가능성, ◆ 책임 및 의무, ◆ 의식 및 리터러시, ◆ 다자적이고 조정 가능한 거버넌스 및 협력
교육·연구 분야 정책 권고9)	국민들에게 적절한 AI 리터러시 교육을 제공하여 국민들의 자율성을 높이고, 정보 격차와 접근 격차를 해소하기 위해 국제기구, 교육기관, 민간과 협력 등

출처: 문정욱 외(2022).

2) 국가 차원 AI 윤리 기준(우리나라)

정보통신 강국답게 우리나라도 UNESCO 권고안이 나오기 전인 2020년에 과학기술정보통신부(2020)가 국가 차원의 AI 윤리 기준을 마련하였다. 이 윤리 기준은 모든 사회 구성원이 AI 개발부터 활용의 전 단계에서 함께 지켜야 할 3대 기본 원칙과 이를 실현하기 위한 10대 핵심 요건으로 이루어져 있다(〈표 11-5〉).

9) 정책 분야는 다음처럼 총 11개 분야가 있다. 1) 윤리영향평가, 2) 윤리적 거버넌스·책무, 3) 데이터 정책, 4) 발전·국제협력, 5) 환경·생태계, 6) 젠더, 7) 문화, 8) 교육·연구, 9) 정보통신, 10) 경제·근로, 11) 의료·사회적 안녕. 이 중에서 8) 교육·연구 분야의 정책 권고만을 제시하였다.

〈표 11-5〉 사람이 중심이 되는 AI 윤리기준

<table>
<tr><th>구분</th><th colspan="2">주요 내용</th></tr>
<tr><td>서문</td><td colspan="2">윤리기준 마련의 시대적 배경과 윤리기준이 지향하는 목표와 지향점, '인간성을 위한 AI' 가치 제시, 상충관계 조항 등 설명</td></tr>
<tr><td>3대
기본 원칙</td><td colspan="2">인간성을 위한 AI를 위해 고려해야 할 기본원칙
1) 인간 존엄성 원칙
2) 사회의 공공선 원칙
3) 기술의 합목적성 원칙</td></tr>
<tr><td rowspan="10">10대
핵심요건

3대
기본 원칙을
실현하기 위한
세부적인 요건</td><td>인권보장</td><td>• 인간의 권리와 자유 침해 금지</td></tr>
<tr><td>프라이버시
보호</td><td>• 프라이버시 보호 및 개인정보 오용 최소화</td></tr>
<tr><td>다양성 존중</td><td>• 편향 및 차별을 최소화하고 모두에게 공정하게 적용
• 취약계층에 대한 접근성 확보</td></tr>
<tr><td>침해금지</td><td>• 해악금지
• AI가 초래하는 위험 예방</td></tr>
<tr><td>공공성</td><td>• 개인의 행복 및 사회 공공성을 위해 활용</td></tr>
<tr><td>연대성</td><td>• 다양한 집단의 연대 및 참여 보장</td></tr>
<tr><td>데이터 관리</td><td>• 데이터 편향 및 데이터 품질 관리</td></tr>
<tr><td>책임성</td><td>• 개발 및 활용 과정의 책임주체 설정</td></tr>
<tr><td>안전성</td><td>• 잠재적 위험 방지 및 안전 보장
• 시스템 제어 가능성 확보</td></tr>
<tr><td>투명성</td><td>• AI 활용 상황에 적합한 수준의 투명성 · 설명 가능성 확보</td></tr>
</table>

출처: 과학기술정보통신부(2020).

3) 분야별 차원의 AI 윤리 원칙(교육 분야)

국제기구 차원이나 국가 차원의 윤리 체계는 모든 분야의 사회구성원에게 적용되기 때문에 교육 분야의 구성원에게 곧바로 적용하기에는 무리가 따른다. 또한 대부분 윤리적 내용이 범용적이고 개발자나 공급자 위주로 구성되어 있다. 일반 사회와는 달리 학교와 같은 교육현장은 여러 면에서 다른 특성들이 많다. 교원과 학생은 AI를 활용하는 이용자이면서 비록 아직은 낮은 수준일지라도 AI 알고리즘을 개발하는 개발자가 되는 특수성을 지닌다. 학생들의 연령대가 낮은 미성년이라서 AI가 영향을 줄 인지와 정서 발달 측면을 무시할 수 없다. 이에 교육부(2022)가 교육 분야의 AI 윤리 원칙 제정에 나서는 것은 당연한 일이다(〈표 11-6〉).

〈표 11-6〉 교육 분야 AI 윤리 원칙

<table>
<tr><th>구분</th><th colspan="2">주요 내용</th></tr>
<tr><td>목표</td><td colspan="2">인간다움과 미래다움이 공존하는 교육 패러다임 실천</td></tr>
<tr><td>대원칙</td><td colspan="2">사람의 성장을 지원하는 AI</td></tr>
<tr><td rowspan="11">10대 세부 원칙</td><td colspan="2">사람 + 공동체 + 기술을 기반으로 하는 10개 세부원칙 마련</td></tr>
<tr><td>인간성장의 잠재성</td><td>• 인간 존엄성에 대한 존중을 바탕으로 인간 성장의 잠재성 제고</td></tr>
<tr><td>학습자의 주도성과 다양성 보장</td><td>• 학습자의 자기주도성을 신장하는 범위에서 활용
• 학습자 개성과 다양성 존중</td></tr>
<tr><td>교수자의 전문성 존중</td><td>• 교수자가 가진 전문성이 효과적으로 발휘될 수 있도록 개발·활용</td></tr>
<tr><td>교육당사자 간의 관계유지</td><td>• 교육에 참여하는 사람들 간의 긍정적 관계 형성을 도울 수 있게 제공</td></tr>
<tr><td>교육의 기회균등과 공정성</td><td>• 모든 사회구성원에 대한 공정한 교육 기회 제공</td></tr>
<tr><td>교육공동체의 연대와 협력</td><td>• 지속 가능한 교육생태계를 구축</td></tr>
<tr><td>사회 공공성 증진</td><td>• 개인의 행복과 사회의 공익 추구</td></tr>
<tr><td>교육당사자의 안전</td><td>• 잠재적 위험 방지 및 안전 보장</td></tr>
<tr><td>데이터 처리의 투명성 및 설명가능성</td><td>• 데이터 수집 및 처리 과정의 투명성과 이해할 수 있는 언어로 설명가능성 확보</td></tr>
<tr><td>프라이버시 보호</td><td>• 목적에 따른 활용
• 교육 당사자의 개인정보 보호</td></tr>
<tr><td>5개 실천 과제</td><td colspan="2">◆ AI 윤리교육 강화, ◆ 교수자의 AI 역량 강화, ◆ AI 윤리 이슈 발굴 및 연구지원, ◆ AI 윤리의 현장 적용 지원, ◆ 윤리적 AI 개발 지원</td></tr>
</table>

출처: 교육부(2022).

교육 분야의 AI 윤리 원칙의 적용 대상은 교육기관인 학교에서 수업을 포함한 교육활동을 위해 AI를 활용하는 교육의 당사자인 교수자(교사)와 학습자(학생)뿐만 아니라 AI를 활용하는 교육프로그램을 설계 · 개발하는 관계자와 AI를 활용하여 교육 현상을 연구하는 연구자도 해당된다. 또한 교육기관에서 AI의 도입과 활용을 기획 · 관리하고 행정과 재정의 정책을 수립하며 시행하는 업무담당자나 관리자에게도 적용된다. 실제로 교육현장은 학습관리, 학생 맞춤형 피드백, 교사지원 등에 AI가 활용되고 있고, 에듀테크 기업은 AI 기반의 교육용 시스템이나 플랫폼 및 콘텐츠를 개발하고 있으며, 많은 교육 연구에 있어서도 AI는 널리 활용되고 있다(김태현 외, 2024).

4) 개인적 차원의 AI 윤리 지침(교수자, 학습자, 교육프로그램 설계·개발자, 연구자)

개인적 차원의 AI 윤리 지침은 가장 작은 단위에서 구체적으로 해당 관계자들이 유의해야 할 사항이다. 교육 분야에서의 대표적인 해당 관계자는 교육 활동을 주도하는 교수자(교사)와 학습자(학생)이며, 교육 활동을 직 · 간접적으로 도움을 주거나 영향을 미치는 교육프로그램의 설계 · 개발자이며, 교육 연구를 진행하는 연구자다. 박연정 등(2023)은 델파이 연구를 통해 교육 관계자들이 준수해야 할 개인적 차원의 AI 윤리 지침을 개발하였다. 이 AI 윤리 지침은 교육 관계자라면 동일하게 적용되는 총 6개 영역, 28개 요소로 구성되었다(〈표 11-7〉).

〈표 11-7〉 교수자, 학습자, 교육프로그램 설계 · 개발자, 연구자를 위한 AI 활용 지침

영역	요소	윤리 지침
1. 투명성	투명성	AI 활용의 목적과 이로 인한 긍정적, 부정적 결과의 초래 가능성을 투명하게 밝혀야 한다.
	설명 가능성	AI이 산출한 결과가 기술적, 윤리적으로 어떠한 기준에 근거했는지를 설명할 수 있어야 한다.
	의사소통	AI 사용자가 AI에 의해 조작되거나 속임을 당하지 않았고, 발생가능한 결함이나 부작용이 존재할 수 있다는 정확한 정보를 제공해야 한다.
	정보공개	AI는 내외부의 감사와 분석을 통해 검토될 수 있어야 한다.
2. 정의와 공정	공정함	AI는 사회, 문화, 역사적으로 다양한 측면에서 편견을 조장하는 오류나 부정확함을 가지지 않아야 한다.
	일관성	AI이 산출해 낸 결과가 일관성이 있도록 양질의 정보에 기반해야 하고, 정확도를 높이기 위한 조치가 상시적으로 이루어져야 한다.
	포용성	AI는 사회적 약자와 소수자를 포함하여 전체 사회적 구성원들이 대표될 수 있도록 해야 한다.
	다양성	AI는 의견의 다양성을 촉진하는 방향으로 활용되어야 한다.
	접근성	정보제공 주체가 갖는 정보 접근권이 보장되어야 한다.
	가역성	AI의 결정이나 산출이 사용자의 의사에 의해 되돌려질 수 있도록 설계되어야 한다.
3. 비악의성	비악의성	AI는 인간에게 예측가능한 해로움을 의도하거나 발생하도록 활용되어서는 안 된다.
	보안	AI 시스템은 견고한 보안성을 갖추어 위험한 상황에 노출되지 않아야 한다.
	보호	AI를 통한 부정적인 결과와 영향은 사전에 평가되어야 하며, 최소화되어야 한다.
	무결성	AI 시스템의 중단이 인간의 물리적, 정신적 온전함에 악영향을 끼쳐서는 안 된다.
4. 책임	개인정보 보호	정보 주체의 개인정보가 보호될 수 있도록 보장되어야 한다.
	책임	AI의 개발과 활용에 있어 개발자와 사용자 사이의 명확한 책임의 구분이 있어야 한다.

영역	요소	윤리 지침
	법적 책임	AI 개발과 활용에 있어 개발자와 사용자 그리고 다른 이해 관계자 사이에 명확한 법적 책임이 구분되어야 한다.
	정직한 행동	AI는 관련된 표준을 만족할 수 있어야 하며, 결함이나 위해가 발견될 경우 이를 정직하게 공개하고 해결해야 한다.
	신뢰성	AI는 개발과정의 투명성, 설명력, 보안 등 기술적 요소들을 통해 신뢰로운 상태임을 증명해야 한다.
5. 자유와 자율	자유	AI는 사용자의 자유를 제한하거나 침해할 수 있는 요소(검열, 추적, 감시 등)를 포함해서는 안 된다.
	자율	AI이 사용자의 자율성의 행사를 보장할 수 있어야 하며, 사용자는 AI에 대한 통제권을 가져야 한다.
	동의	AI에 의한 개인정보의 수집과 활용은 정보제공자의 동의를 반드시 포함해야 한다.
	권한부여	AI의 활용은 인간의 권리를 증진하고 보호하는 방향에 부합해야 한다.
6. 공존	지속 가능성	AI의 산출결과는 지속가능한 세계에 기여할 수 있는 방안(자원효율성 증진, 지속가능 에너지 사용의 고양)이 고려되어야 한다.
	공익	AI는 궁극적으로 인간의 문제해결을 돕고, 개인과 사회에 이익이 되도록 활용되어야 한다.
	평화	AI이 새로운 형태의 무기경쟁이 되어서는 안 되며, 잠재적인 갈등을 해결하는 데 기여해야 한다.
	존엄	AI는 인간의 실존적 가치를 고양하고 증진할 수 있도록 설계, 활용되어야 한다.
	연대	AI는 사회구성원 간의 연대와 관계성을 증진시키는 방향으로 설계, 활용되어야 한다.

출처: 박연정 외(2023).

참고문헌

강현석, 이지은, 김수영, 김우철(2024). 신교육목표분류학의 이론과 실천. 교육과학사.

과학기술정보통신부(2020). 국가 인공지능 윤리기준. 과학기술정보통신부.

교육부(2015). 초중등학교 교육과정 총론 및 교과 교육과정 고시. 실과(기술 · 가정)/정보과 교육과정(별책 10). 교육부.

교육부(2022). 사람의 성장을 지원하는 교육분야 인공지능 윤리 원칙. 교육부 보도자료.

교육부(2024). 디지털교육규범. 교육부.

교육부, 한국과학창의재단(2021). 학교에서 만나는 인공지능 수업: 교사용 지도서.

교육부, 한국교육학술정보원(2023a). 디지털 기반 교육혁신을 위한 에듀테크 활성화 종합방안. 한국교육학술정보원.

교육부, 한국교육학술정보원(2023b). AI 디지털교과서 개발 가이드라인. 한국교육학술정보원.

교육부, 한국교육학술정보원(2022). 2022년 교육정보화백서. 한국교육학술정보원.

김갑수(2024). 모두를 위한 AI · 디지털 리터러시. 정제영, 계보경, 김갑수, 박보람, 박휴용, 전우천, 정영식, 조헌국, 최숙영, 하민수(공저), 디지털 교육의 이해(pp. 47–68). 피와이메이트.

김봉섭, 김현철, 박선아, 임상수(2017). 4차 산업혁명시대 지능정보사회의 '디지털 시민성(Digital Citizenship)'에 대한 탐색. 한국교육학술정보원.

김아미, 이지영, 주주자, 이윤주, 양소은(2019). 디지털 시민성 개념 및 교육 방안 연구. 경기교육연구원.

김용학(2011). 사회연결망 분석(제3판). 박영사.

김진숙, 김묘은, 박일준, 배현순, 이지은, 임동신, 임지영, 홍선주(2023). 교육과정 연계 디지털 리터러시 교육 가이드라인 개발연구. 한국교육학술정보원.

김태현, 진성희, 유미나(2024). 예비교사를 위한 디지털 교육. 티칭앤러닝.

김현진, 이영주, 김현영, 김성종, 류기혁, 이동국, 이은상(2024). 현장 교사가 함께 집필한 디지털교육. 교육과학사.

노기영(2012). **소셜미디어와 협력사회**. 한울.

노은희, 신호재, 이재진(2019). 초 · 중학교 교사의 디지털 리터러시 교육에 대한 인식 분석. **교육과정평가연구, 22**(3), 31-60.

류재훈, 최윤미, 김령희, 유영만(2016). 행위자 네트워크 이론을 기반으로 한 교육공학의 학문적 정체성 탐구. **교육공학연구, 32**(1), 1-27.

문정욱, 문광진, 이현경, 양기문, 황인성, 안기창, 성욱준, 김법연, 왕재선(2022). **인공지능 윤리체계 확립을 위한 정책연구**. 과학기술정보통신부, 정보통신정책연구원.

박보람(2023). 인공지능 기반 교육에 대한 윤리적 성찰. 윤리교육연구, 70, 367-391.

박순서(2012). **빅데이터, 세상을 이해하는 새로운 방법**. ㈜레디셋고.

박연정, 정종원, 노석준, 이은배(2023). 인공지능의 교육적 활용을 위한 윤리 지침 개발. **교육공학연구, 39**(4), 1509-1564.

박휴용(2021). **4차산업혁명과 인공지능 시대의 포스트휴먼 학습론**. 전북대학교출판문화원.

배영임, 김유나(2022). **인공지능의 윤리적 쟁점에 관한 탐색적 연구**. 경기연구원.

브루노 라투르 외, 홍석욱 편(2010). **인간 · 사물 · 동맹: 행위자네트워크이론과 테크노사이언스**. ㈜도서출판 이음.

서승완(2023). **프롬프트 엔지니어링 교과서**. 애드앤미디어.

서울특별시교육청(2021). **인공지능(AI) 기반 융합 혁신미래교육 중장기 발전계획**.

성진희, 전주성(2012). 소셜러닝을 위한 소셜네트워크 서비스의 교수매체적 속성 탐색 연구. **평생교육학연구, 18**(3), 31-55.

소셜미디어 연구포럼(2012). **소셜미디어의 이해**. 미래인.

심혜련(2012). **20세기의 매체철학: 아날로그에서 디지털로**. ㈜그린비출판사.

이용상(2024). 인공지능 개관. 이용상, 권태현, 김종민, 김현정, 신동광, 심우민, 임해미, 정혜경, 조규락(공저), **디지털 시대의 인공지능과 교육**(pp. 9-22). 학지사.

이우권(2020). 인공지능의 윤리적 사용을 위한 정책대안에 관한 연구. **한국정책논집, 20**(1), 1-15.

이재현(2012). **트위터란 무엇인가: 다학제적 접근**. 커뮤니케이션북스.

전라북도교육청(2023). **생성형 AI, 교사와 함께 수업을 디자인하다**. 전라북도교육청 생성형 AI 활용 안내 자료.

전우천(2022). 인공지능교육이란 무엇인가?. 정제영, 김갑수, 박보람, 박휴용, 유연주, 전우천, 정영식, 조헌국, 최숙영, 하민수(공저), **AI 융합교육의 이해**(pp. 28-46). 교육부 · AI융합교육연구 · 지원센터.

전우천(2024). 교육현장을 위한 AI디지털 리터러시. 정제영, 계보경, 김갑수, 박보람, 박휴용, 전우천, 정영식, 조헌국, 최숙영, 하민수(공저), **디지털 교육의 이해**(pp. 72–93). 피와이메이트.

정영식(2022). **AI 융합교육의 교수학습방법과 활성화 방안**. 교육부 · AI융합교육연구 · 지원센터.

정종기(2021). **인공지능 비즈니스**. ㈜형설이엠제이.

정지훈(2025). **현직 교사가 만든 에듀테크 수업을 망설이는 교사를 위한 찐 실전 Chat GPT: 생성형 AI(에듀테크) 과목별 수업 활용하기!**. ㈜광문각출판미디어.

조규락(2011). 교사의 비언어적 의사소통 행동이 학생의 수업 참여도와 학업 성취도 도움에 미치는 영향. **교육정보미디어연구**, 17(3), 261-282.

조규락(2019). 사례가이드학습(CGL) 수업모형의 개발 및 적용 사례 연구. **학습자중심교과교육연구**, 19(2), 693-718.

조규락(2020). **데이터 사이언스 가이드: 이해와 실제와 전망**. 학지사.

조규락(2022). 근거이론을 활용한 SNS에서 발생하는 학습경험 탐구. **교육공학연구**, 38(1), 1-36.

조규락(2024a). 인공지능과 교수-학습. 이용상, 권태현, 김종민, 김현정, 신동광, 심우민, 임해미, 정혜경, 조규락(공저), **디지털 시대의 인공지능과 교육**(pp. 89–121). 학지사.

조규락(2024b). 데이터 사이언스 기본 이해와 전망. 임철일, 강신천, 박전규, 성민창, 송석리, 조규락, 최숙영, 황요한(공저), **미래교육의 방향과 실제 I**(pp. 69–109). 교육과학사.

조규락(2024c). 인공지능과 에듀테크. 이용상, 권태현, 김종민, 김현정, 신동광, 심우민, 임해미, 정혜경, 조규락(공저), **디지털 시대의 인공지능과 교육**(pp. 61–87). 학지사.

조규락, 김선연(2022). **사례로 배우는 기초통계**. 양성원.

조규락, 김승재(2025). **사례로 배우는 텍스트 마이닝**. 학지사.

조헌국(2022). **4차 산업혁명과 미래교육**. 이화여자대학교 AI융합교육연구지원센터.

조헌국(2024). AI · 디지털 교육정책의 이해. 정제영, 계보경, 김갑수, 박보람, 박휴용, 전우천, 정영식, 조헌국, 최숙영, 하민수(공저), **디지털 교육의 이해**(pp. 24–43). 피와이메이트.

지원철(2019). **빅데이터 AI를 위한 데이터 과학**. 민영사.

최숙영(2024a). AI 교육의 이해와 실제. 정제영, 계보경, 김갑수, 박보람, 박휴용, 전우천, 정영식, 조헌국, 최숙영, 하민수(공저), **디지털 교육의 이해**(pp. 166–184). 피와이메이트.

최숙영(2024b). 생성형 AI와 교육. 정제영, 계보경, 김갑수, 박보람, 박휴용, 전우천, 정영식, 조헌국, 최숙영, 하민수(공저), **디지털 교육의 이해**(pp. 188–204). 피와이메이트.

커넥팅랩(2023). **모바일 미래보고서 2024**. 비즈니스북.

하민수(2024). 학습데이터의 이해. 정제영, 계보경, 김갑수, 박보람, 박휴용, 전우천, 정영식, 조헌국, 최숙영, 하민수(공저), **디지털 교육의 이해**(pp. 232–249). 피와이메이트.

한경 용어사전, https://dic.hankyung.com/economy/view/?seq=15543.

한국교육학술정보원(2008). **UDL 분석 및 디지털교과서 적용 방안 연구**. 한국교육학술정보원.

한국교육학술정보원(2022). **학교 현장의 에듀테크 활용 및 수요 분석: 에듀테크 설문조사 결과를 중심으로**. 한국교육학술정보원.

한국교육학술정보원(2023). **에듀테크 수업활용 가이드북 2023년 개정판**. 한국교육학술정보원.

한국콘텐츠진흥원(2023). **2023 아동청소년 게임행동 종합 실태조사**. 한국콘텐츠진흥원.

한상기(2014). **한상기의 소셜미디어 특강**. 에이콘.

한선관, 류미영, 김태령(2021). **AI 사고를 위한 인공지능 교육**. 성안당.

한정선, 오정숙, 임현정, 전주성(2006). **지식 정보 역량 개발 지원을 위한 디지털 리터러시 지수 개발 연구**. 한국교육학술정보원.

허희옥, 서정희, 임규연, 임경희, 이현우, 강신천(2024). 교원의 AI · 디지털 역량 측정 도구 개발과 타당화. **교육정보미디어연구, 30**(2), 497-521.

ASF(Acceleration Studies Foundation, 2006). *Metaverse roadmap: Pathway to the 3D web.* http://www.metaverseroadmap.org/overview/

Holmes, Bialik, Fadel (2019). *Artificial intelligence in education: Promises and implications for teaching and learning.* 정제영, 이선복 역(2020). **인공지능 시대의 미래교육: 가르침과 배움의 함의**. 박영사.

Huizinga, J. (1938). *Homo Ludens: A study of the play element in culture.* 이종인(역) (2018). **호모루덴스: 놀이하는 인간**. 연암서가.

Jonassen, D. H. (2011). *Learning to solve problems: A handbook for designing problem-solving learning environments.* Routledge.

Kaplan, A. M., & Haenlein, M. (2010). Users of the world, unite! The challenges and opportunities of social media. *Business Horizons, 53*(1), 59-68.

Kernighan, B. W. (2021). *Understanding the digital world (2nd Ed.).* Princeton University Press. 하성창(역) (2021). **1일 1로그 100일 완성 IT 지식**. 인사이트.

Knox, W. B., & Stone, P. (2011). Augmenting reinforcement learning with human feedback. *Proceedings of the ICML Workshop on New Development in Imitation Learning*, Bellevue, WA, USA.

MacBeath, J. (2012). *Learning in and out of school.* Routledge.

Strauss, A., & Cobin, J. (2008). *Basics of qualitative research: Techniques and procedures for developing grounded theory (2nd Ed.).* Sage.

Tekinbas, K. S., & Zimmerman, E. (2003). *Rules of play: Game design fundamentals.* MIT Press.

The Time (2023.4.13.) The A to Z of artificial intelligence.

Weekly Biz (2015). [Cover Story] 빅데이터 대가 쇤베르거 "지금까지의 비즈니스는 잊어라". 2015.05.30. 기사.

찾아보기

인명

내용

ㄱ

ㄷ

ㄹ

저/자/소/개

■ 조규락

서울교육대학교를 졸업하고 서울의 초등학교에서 교사로 근무했다. 미국 Univ. of Missouri-Columbia에서 Educational Technology로 석사학위를, 미국 Pennsylvania State Univ.에서 Instructional Systems로 박사학위를 받았다. 이후 한국직업능력개발원에서 전문연구원으로 재직하며, 서울대학교, 서울교육대학교, 한양대학교, 이화여자대학교 대학원 등에서 강의했고, 2004년부터 영남대학교 사범대학 교육학과와 연합전공 대학원 디지털융합비즈니스학과의 교수로 재직 중이다. 주요 연구 관심사는 문제해결과 체화된 인지, 데이터사이언스와 빅데이터 분석, AI의 교육적 활용 등이며, 지금까지 관련 분야의 수십 편의 논문을 학술지에 게재하였고, 『교육방법 및 교육공학: 교육공학의 3차원적 이해』(2006), 『문제해결과 학습 디자인』(2019), 『데이터사이언스 가이드: 이해와 실제와 전망』(2020), 『사례로 배우는 기초통계』(2022), 『사례로 배우는 텍스트 마이닝』(2025)을 포함하여 저서와 역서 다수를 출간하였다. 이 책은 그간의 연구를 통해서 익힌 최근 공부의 결실이다.

학교교사를 위한
디지털교육 가이드

1판 1쇄 인쇄 — 2025년 8월 4일
1판 1쇄 발행 — 2025년 8월 7일

저　　자 - 조규락
발 행 인 - 강철원
발 행 처 - 양성원
주　　소 - 경기도 파주시 검산로 173번길 29-20
전　　화 - 031-946-3861(代)
팩　　스 - 031-946-3864
이 메 일 - tnwpub@naver.com
홈페이지 - tnwpub.co.kr
출판등록 - 2015년 8월 31일 제 2015-000211 호

ISBN 979-11-6126-650-3

정가 22,000원